머 릿 말

구약 성경에서 모세 오경 다음의 자리를 차지하는 여호수아서는 모세 오경과 이후의 역사서를 연결시켜 주는 가교 역할을 한다.

여호수아서는 하나의 예표로서 하나님의 나라의 성취를 보여 준다. 아브라함의 언약을 통하여서 약속된 젖과 꿀이 흐르는 땅 가나안을 이스라엘 나라로서 성취되는 역사는 여호수아 시대에 비로소 이루어진다.

아브라함과 이삭과 야곱의 시대를 이스라엘 족장 시대라고 부른다. 이스라엘의 족장 시대에서는 비록 이스라엘 족속들이 가나안에 살기는 하였으나 하나의 거대한 민족을 이루어서 하나의 고대 국가로 성장하기에는 너무나 세력이 미미하였다.

야곱 족속이 요셉의 인도로 애굽으로 내려갈 때 겨우 70인에 불과하였다. 그 정도 세력으로 가나안에서 하나의 민족 국가를 세우기에는 불가능하였다. 하나님께서는 섭리가운데 이스라엘을 애굽으로 내려가게 하시고 그 가운데서 큰 고난을 당하도록 허락하셨다.

그것은 이미 여호와 하나님께서 아브라함에게 약속하실 때부터 예언되었던 역사였다. 이제 애굽에서 사백 삼십년을 지내고 모세를 통하여서 출애굽 할 때 이스라엘은 유월절이라고하는 매우 중요한 사건을 경험한다. 그것은 이스라엘 건국의 역사이며 하나님의 구속의 역사이다. 여호와 하나님께서 유월절을 통하여서 이스라엘을 구원하시고 광야로 그들을 이끄신다. 이스라엘은 홍해를 건너고 시내 산에서 율법을 받는다. 그것은 이스라엘을 가나안으로 이끄시기 전에 이스라엘과 맺으신 일종의 언약이다. 그래서 그 언약을 율법 언약 혹은 시내 산 언약이라고 부른다.

이제 이스라엘은 광야 40년 기간에 하나님의 백성으로서 연단을 받고 여호수아와 함께 젖과 꿀이 흐르는 땅 가나안의 정복 전쟁을 마치게 된다. 그렇게 여호수아와 함께 이스라엘이 가나안의 정복 전쟁을 마침으로서 이스라엘은 그들의 조상 아브라함이 창세기 15장에 받은 언약을 통하여서 약속된 땅을 차지한다. 하나님이 아브리힘과 맺은 언약이 성취된 순간이다.

그리고 이러한 사건은 하나의 예표가 된다. 사도 바울은 히브리서 4장 8~9절에 여호수아가 가나안을 차지하여서 아브라함의 언약을 성취한 사건을 새 언약의 관점에서 해석하고 있다. "**8 만일 여호수아가 저희에게 안식을 주었더면 그 후에 다른 날을 말씀하지 아니하셨으리라 9 그런즉 안식할 때가 하나님의 백성에게 남아 있도다**"(히 4:8~9) 그렇다. 여호수아가 성취한 아브라함의 언약은 하나의 예표와 모형과 그림자였다. 그리고 사도 바울은 히브리서에서 그 실체가 무엇인가를 자세하게 해석하고 있다. 여호수아의 정복 전쟁은 하나님 나라의 성취의 예표와 모형과 그림자에 불과하다. 궁극적인 실체는 우리 구주 예수 그리스도께서 성취하신 하나님의 나라이다.

그러므로 사도 바울은 히브리서에 하나님의 백성들에게 안식할 때가 남아 있다고 증거한다. 그 말씀은 가나안 땅이 영원한 하나님의 나라가 아니라 궁극적으로 성취될 하나님의 나라는 천상에 있음을 증거하는 것이다. 그래서 사도 바울이 보낸 서신 히브리서의 독자들에게 그것을 상기 시키는 것이다. 이 세상에는 영원한 도성이 없다. 오직 여호수아가 성취한 그러한 예표적 성격을 따라서 완전한 하나님의 나라가 도래할 것이다. 그것이 사도 바울이 히브리서에서 증거하는 것이다. 그러므로 여호수아서는 신약 시대에 거룩한 보편 교회가 어떻게 세워져야 할 것을 증기한다. 그리고 여호수아서는 궁극적으로 성취될 하나님의 나라에 대한 예표적 사건으로 의미가 있다.

그러므로 제 독자들은 본 여호수아서 강해를 통하여서 하나님의 나라가 어떠한 방식으로 세워져야 하며 그러한 하나님 나라의 성취 과정을 통하여서 하나님의 백성들에게 내리시는 축복이 무엇인가를 알아가기를 바란다.

2025년 4월 10일 봄이 오는 길목에

주교 개혁 장로 교회 배현주 목사

차 례

여호수아 1장 5~9절 ·· 1
여호수아 2장 1~14절 ··· 21
여호수아 3장 1~17절 ··· 32
여호수아 4장 1~14절 ··· 51
여호수아 5장 1~9절 ··· 70
여호수아 5장 10~12절 ··· 86
여호수아 5장 13~15절 ··· 103
여호수아 6장 1~9절 ··· 114
여호수아 7장 1절 ·· 131
여호수아 8장 30~35절 ··· 142
여호수아 9장 24~27절 ··· 160
여호수아 10장 40~43절 ··· 173
여호수아 11장 18~20절 ··· 188
여호수아 14장 5절 ··· 203
여호수아 20장 1~9절 ··· 220
여호수아 21장 1~3절 ··· 234
여호수아 24장 14~18절 ··· 250
여호수아 24장 25~28절 ··· 264

SOLI DEO GLORIA
SOLUS CHRISTUS
SOLA FIDE

제목: 좌로나 우로나 치우치지 말라
본문: 여호수아 1장 5~9절

[본 문]

5 너의 평생에 너를 능히 당할 자 없으리니 내가 모세와 함께 있던 것같이 너와 함께 있을 것임이라 내가 너를 떠나지 아니하며 버리지 아니하리니 6 마음을 강하게 하라 담대히 하라 너는 이 백성으로 내가 그 조상에게 맹세하여 주리라 한 땅을 얻게 하리라 7 오직 너는 마음을 강하게 하고 극히 담대히 하여 나의 종 모세가 네게 명한 율법을 다 지켜 행하고 좌로나 우로나 치우치지 말라 그리하면 어디로 가든지 형통하리니 8 이 율법책을 네 입에서 떠나지 말게 하며 주야로 그것을 묵상하여 그 가운데 기록한 대로 다 지켜 행하라 그리하면 네 길이 평탄하게 될 것이라 네가 형통하리라 9 내가 네게 명한 것이 아니냐 마음을 강하게 하고 담대히 하라 두려워 말며 놀라지 말라 네가 어디로 가든지 네 하나님 나 여호와가 너와 함께 하느니라 하시니라

[원문 직역]

5. 너의 살아 있는 모든 날 동안에 네 앞에 서 있을 수 있는 사람이 없을 것이다. 내가 모세와 함께 있었던 것처럼 너와 함께 있을 것이다. 내가 너를 버리지 않을 것이다. 그리고 내가 너를 떠나지 않을 것이다. 6. 너는 네 자신을 강하게 하고 담대히 하라. 그들에게 주겠다고 그

들의 조상들에게 맹세한 그 땅과 이 백성들을 너는 소유하라. 7. 오직 너는 네 자신을 강하게 하고 지극히 담대히 하라. 나의 종 모세가 네게 명령한 모든 율법을 지켜 행하라. 너로 부터 오른쪽이나 왼쪽으로 치우치지 말라. 그래서 네가 걷는 모든 길에 있어서 올바르거라. 8. 이 율법 책이 네 입으로부터 떠나지 않도록 하라. 날마다 밤낮으로 그것을 붙잡고씨름하라. 그리고 그 안에 기록된 모든 것을 지켜 행하라. 그러면 네가 네 길을 전진시킬 것이다. 네 앞길이 열릴 것이다. 9. 내가 네게 명한 것이 아니냐? 스스로 강하고 담대하게 하라. 두려워하지 말라. 낙담하지 말라. 네가 걸어가는 모든 길에 네 하나님 나 여호와가 너와 함께 할 것이다.

[**70인경 역본**]

5. 너의 생명의 모든 날 동안 너희 앞에 사람이 저항할 수 없을 것이다. 그리고 내가 모세와 함께 한 것 같이 너와 함께 할 것이다. 그리고 내가 너를 버리지 않을 것이다. 내가 너를 지나치지 않을 것이다. 6. 너는 강하게 하라. 그리고 너는 남자답게 행하라. 내가 그들에게 주겠다고 너희 조상들에게 맹세한 땅을 이 백성에게 나누어 주거라. 7. 그러므로 너는 강하게 하라. 그리고 나의 종 모세가 너에게 명령한 것을 지켜 행하기 위하여서 남자답게 행하거라. 그리고 너는 그것들로부터 오른쪽으로도 왼쪽으로도 치우치지 말라. 이는 네가 행하는 모든 것들을 이해하기 위함이다. 8. 그리고 너는 이 율법 책이 너의

입으로 부터 멀어지지 않게 하라. 그리고 낮과 밤으로 그 안에서 씨름하라. 이는 기록된 모든 것을 행함에 있어서 이해하기 위함이다. 그때에 네가 잘 될 것이다. 네가 너의 모든 길을 성취하게 될 것이다. 그리고 그때에 네가 이해할 것이다. 9. 보라! 내가 너에게 명령한다. 너는 강하여라 그리고 남자답게 행하라. 비겁하지 말라. 그리고 두려워하지 말라. 왜냐하면 네가 행하는 모든 일에 주 너의 하나님께서 너와 함께 할 것이기 때문이다.

[본문 해석]

오늘 모세의 계승자 여호수아를 통하여서 하나님께서 말씀하시는 바는 이스라엘의 가나안 정복에 대한 것이다. 여호수아서는 모세 오경 그 다음의 위치를 차지하면서 구약에서 역사서의 시작점을 이룬다.

그러므로 여호수아서는 이스라엘의 가나안 정복의 역사를 세밀하게 다루고 있다. 이제 모세의 사후에 여호와께서 여호수아에게 직접 명령하신다. 여호수아서 1장 1~4절이다. "1 여호와의 종 모세가 죽은 후에 여호와께서 모세의 시종 눈의 아들 여호수아에게 일러 가라사대 2 내 종 모세가 죽었으니 이제 너는 이 모든 백성으로 더불어 일어나 이 요단을 건너 내가 그들 곧 이스라엘 자손에게 주는 땅으로 가라 3 내가 모세에게 말한 바와 같이 무릇 너희 발바닥으로 밟는 곳을 내가 다 너희에게 주었노니 4 곧 광야와 이 레바논에서부터 큰 하수 유브라데에 이르는 헷족속의 온 땅과 또 해지는 편 대해까지 너희 지경이 되리라" 여호수아서 1장 1~4절에서 여호와 하나님께서 여호수아에게 명령하신 말씀은 이미 창세기 15장 18~21절에서 하나님께서 아브라함과 맺은 언약에서 약속되어 있었다. "18 그 날에 여호와께서 아브람으로 더불어 언약을 세워 가라사대 내가 이 땅을 애굽 강에서부터 그 큰 강 유브라데까지 네 자손에게 주노니 19 곧 겐 족속과 그니스 족속과 갓몬 족속과 20 헷 족속과 브리스 족속과 르바 족속과 21 아모리 족속과 가나안 족속과 기르가스 족속과 여부스 족속의 땅이니라 하셨더라"(창 15:18~21) 그러므로 이제 여호와 하나님께서 이미 아브라함이 받은 언약의 약속 가운데 예언하신 말씀을 성취하시고자 여호수아를 세우셨던 것이다. 여호수아는 여호와 하나님의 명령을 따라서 이스라엘 군대를 이끌고 가나안에 들어가서 가나안 전체 지경을 초토화 시킨다. 이것을 **진멸 정책**이라고 부른다. 그리고 이것을 히브리어로 **헤렘 정책**이라고 부른다. 이 **헤렘 정책**은 가나안 가운데 생명이 붙어 있는 모든 사람들을 진멸하는 실로 오직 여호와 하나님 홀로 그의 절대 주권적 권능으로 행할 수 있는 가공할 대심판이다.

그러므로 여호수아가 진행하였던 이러한 가나안 정복의 역사는 가나안 족속에게는 천지를 창조하신 전능하신 하나님의 대 심판의 날이다. 이것은 세상의 종말과 유사한 것이다. 세상의 종말에는 남녀노소 할 것이 모두 진멸을 당하는 것 처럼 이스라엘의 가나안 정복의 역사는 그야말로 가나안 일곱 족속에게는 하나님의 대심판의 날이다.

그렇다고 하면 왜 가나안 일곱 족속은 그 때에 하나님의 심판을 피할 수 없었는가 하는 것이다. 이것은 두 가지 관점에서 보아야 한다.

첫째는 하나님께서 그의 백성들의 구속의 역사를 이루어 가는 장소로서 가나안을 선택하셨다. 그래서 가나안 정복 이후에 이스라엘의 역사는 팔레스타인 지역에서 계속되어 오게 된다. 그러므로 가나안 정복의 역사는 이스라엘에게 구약 경륜의 시대에 하나님의 나라를 이루어가는 시발점과 같은 역사이다.

둘째로는 가나안의 상태이다. 가나안이 아브라함이 기거하던 시대에는 아직 그 죄악이 관영치 않았다. 창세기 15장 16절이다. **"네 자손은 사 대 만에 이 땅으로 돌아오리니 이는 아모리 족속의 죄악이 아직 관영치 아니함이니라 하시더니"**(창15:16) 히브리어 원문을 직역하면 이러하다. **"그리고 그들이 여기로 사대 만에 돌아올 것이다. 왜냐하면 아모리 족속의 죄악이 아직 다 차지 않았기 때문이다."** 70인경은 이렇게 역본된다. **"그리고 그들이 4 세대 만에 여기로 돌아올 것이다. 왜냐하면 지금까지는 아직 아모리 족속의 죄악이 가득하지 않기 때문이다."** 그러므로 하나님께서 아브라함의 시대에는 아직 그들의 죄악이 심판을 받을 만큼 채워지지 않았기 때문에 내버려 두셨다. 그리고 이스라엘 백성들이 애굽을 탈출하여서 광야 40년의 기간 동안 하나님의 연단 가운데서 강성한 나라로 탈바꿈 하였고 이제 하나님께서 이스라엘의 군대를 통하여서 가나안을 심판하실 때가 되었다는 것이다. 이는 여호수아의 시대에는 가나안의 죄악이 관영하였다는 것을 의미한다. 가나안이 어느 때에 심판 받아도 변명할 여지가 없을 정도로 심히 타락하였다.

그러므로 이왕에 이스라엘을 가나안에 심으시고자 하셨던 여호와 하나님께서 이스라엘의 군대를 통하여서 가나안 일곱 족속을 쓸어버리시고자 하셨던 것이다. 그렇게 가나안의 심판은 그들의 죄악으로 인한 결과일 뿐이다. 결코 그들에게는 자비의 근거가 없어졌다. 자비와 긍휼이 풍성하신 하나님께서 심판을 결정하셨다는 것은 그들이 하나님의 공의의 심판을 받기에 적절한 때가 되었다고 할 만큼 타락하였다는 것을 의미한다. 가나안은 오래 전 부터 하나님의 심판을 기다린다고 해야할 만큼 타락한 지역이었다. 그래서 아브라함 시대에 이미 국지적인 심판이 있었다. 그것이 아브라함의 조카 롯이 기거하였던 소돔과 고모라에 대한 여호와 하나님의 엄중한 심판이었다. 소돔과 고모라는 유황과 불로 심판을 받기 전까지 여호와 하나님께서 정하신 거룩한 질서를 무너뜨리고 제멋대로 살고 있었다. 그러므로 창세기 19장 1~11절을 살펴보면 하늘의 천사가 소돔과 고모라 지역에 들어갔을 때 그 두 천사들의 아름다움을 보고 행음하려고 롯의 집 앞에 남녀 무론하고 진을 치고 농성하였다. 그때에 하늘의 천사가 그들의 눈을 실명시킴으로서 그 사태를 진정시켰다. 실로 아브라함이 가나안에 기거하던 시대에도 이미 무질서와 방탕과 방종으로 멸망에 직면해 있었고 결국 멸망당하였다.(창 19:1~11)

이렇게 가나안의 오래된 죄악된 상태는 이제 이스라엘이 애굽을 탈출 하던 시기에는 하나님의 보편적 심판에 직면하게 된 것이다. 그래서 하나님께서 이스라엘 군대로 가나안 일곱 족속을 심판하신 것이다. 그러므로 거기에는 어린 아이라도 예외가 될 수 없었다.

이것이 이스라엘에게 여호와 하나님께서 명령하신 **헤렘 정책**이다. 가나안 7족속에 대한 진멸 정책이었던 것이다. 그러므로 가나안 일곱 족속의 공포감은 이루 헤아릴 수가 없었다. 그래서 가나안 한 가운데 살던 기브온에 살던 히위 족속은 일찌감치 항복하기 위하여서 몇 가지 술수를 써서 히위 족속 전체의 멸절을 면하였으나 예루살렘 성전에서 땔감을 만들고 불을 지피는 몸종으로 전락하였다. 그들은 그렇게 해시 이스라엘 백성으로 편입되었다. 그들은 개종한 할례받은 자들이라 할 수 있다.

이제 여호와 하나님께서 가나안을 정복해야할 사명을 받은 여호수아에게 당부의 말씀을 하신다. 먼저 여호수아 1장 5절이다. "5 너의 평생에 너를 능히 당할 자 없으리니 내가 모세와 함께 있던 것같이 너와 함께 있을 것임이라 내가 너를 떠나지 아니하며 버리지 아니하리니" 직역하면 이러하다. "너의 살아 있는 모든 날 동안에 네 앞에 서 있을 수 있는 사람이 없을 것이다. 내가 모세와 함께 있었던 것 처럼 너와 함께 있을 것이다. 내가 너를 버리지 않을 것이다. 그리고 내가 너를 떠나지 않을 것이다." 70인경은 이러하다. "너의 생명의 모든 날 동안 너희 앞에 사람이 저항 할 수 없을 것이다. 그리고 내가 모세와 함께 한 것 같이 너와 함께 할 것이다. 그리고 내가 너를 버리지 않을 것이다. 내가 너를 지나치지 않을 것이다."

여호수아 1장 5절 본문 중에 "**내가 너를 떠나지 아니하며**"에 해당하는 헬라어는 "**우크 엥카탈레잎소 세**"(οὐκ ἐγκ αταλείψω)이다. 이것은 "**내가 너를 버리지 않을 것이다.**"라는 의미도 있지만 "내가 너를 떠나지 않을 것이다"라는 의미도 있다. 그래서 헬라어 "**우크 엥카탈레잎소**"(οὐκ ἐγκ αταλείψω)는 "**내가 떠난다**", "**내가 내버린다**", "**내가 포기한다**", "**내가 돌보지 않는다**", "**내가 방치한다**"라는 뜻도 있다. 그리고 그 다음 본문에 "**버리지 아니하리니**"에 해당하는 헬라어는 "**우데 휘페롶소마이**"(οὐδὲ ὑπεροψομαι)이다. 이것은 "**버리지 않는다**"라는 뜻 외에도 "**내가 지나치지 않는다**"라는 뜻도 있다. 그 외에도 "**내가 감독을 소홀히 하지 않는다**", "**내가 눈감지 않는다**", "**내가 무시하지 않는다**"라는 뜻도 있다.

여호수아서 1장 6절의 본문을 살펴 보고자 한다. "**마음을 강하게 하라 담대히 하라 너는 이 백성으로 내가 그 조상에게 맹세하여 주리라 한 땅을 얻게 하리라**"(수 1:6) 이 본문에 대한 70인경 해석을 살펴 보고자 한다. "6. 너는 강하게 하라. 그리고 너는 남자답게 행하라. 내가 그들에게 주겠다고 너희 조상들에게 맹세한 땅을 이 백성에게 나누어 주거라." 여호수아 1장 6절 본문 중에 "**담대히 하라**"가 70인경에서는 "**너는 남자 답게 행하라**"로 역본된다. 원형이 헬라어로 "**안드리조마이**"(ἀνδρίζομαι)로 되어있다. 헬라어 "**안드레이아스**"(ἀνδρείας)가 "**남자처럼 강한**"이라는 뜻이 있다. 그러므로 동사형으로서 "**안드리조마이**"(ἀνδρίζομαι)는 "**남자처럼 행하라**"가 된다.

이제 여호수아서 1장 7절이다. "**오직 너는 마음을 강하게 하고 극히 담대히 하여 나의 종 모세가 네게 명한 율법을 다 지켜 행하고 좌로나 우로나 치우치지 말라 그리하면 어디로 가든지 형통하리니**"(수 1:7) 히브리어 원문을 직역하면 이러하다. "7. 오직 너는 네 자신을 강하게 하고 지극히 담대히 하라. 나의 종 모세가 네게 명령한 모든 율법을 지켜 행하라. 너로 부터 오른쪽이나 왼쪽으로 치우치지 말라. 그래서 네가 걷는 모든 길에 있어서 올바르거라." 70인경은 이러하다. "그러므로 너는 강하게 하라. 그리고 나의 종 모세가 너에게 명령한 것을 지켜 행하기 위하여서 남자답게 행하기라. 그리고 너는 그것들로부터 오른쪽으로도 왼쪽으로도 치우치지 말라. 이는 네가 행하는 모든 것들을 이해하기 위함이다." 먼저 본문 중에 "**치우치지 말라**"에 해당하는 히브리어 "**알_타수르**"는 "**빗나가지 말라**"라는 뜻이 있다. 그래서 부정어를 제외시킨 히브리어 "**타수르**"는 "**빗나가다**", "**변질되다**", "**그 자리에 없다**", "**벗어난다**"라는 뜻도 있다. 히브리어 "**타수르**"에 해당하는 70인경은 "**엑클리네이스**"(ἐκκλινεῖς)로 되어있는데 이 의미는 "**빗나가다**", "**벗어나다**", "**일탈하다**" 라는 뜻과 "**편향되다**"라는 의미도 있다. 그러므로 "**치우치지 말라**"를 70인경을 따라서 달리 해석하면 "**좌로나 우로나 편향되지 말라**"가 된다.

여호수아 1장 7절 후반부에 있는 "**형통하리니**"에 해당하는 히브리어는 "**샤칼**"이다. 이 의미는 "**형통하다**"라는 뜻보다는 "**신중하다**", "**조심성 있다**", "**세심하다**", "**분별력**

이 있다", "총명하다"라는 의미가 있다. 그리고 70인경은 이 본문이 "쉬네스"(συνῆς)로 되어있는데 그 의미는 "이해하다", "파악하다", "깨닫다", "통찰력을 갖다", "지각하다", "감지하다", "인식하다"라는 의미가 있다. 그러므로 하나님께서 여호수아에게 말씀하신 바를 해석하면 이러하다. "너는 좌로나 우로나 편향되어서 올바른 지각을 잃어버리지 말고 네가 걸어가는 모든 길에 있어서 올바르거라"

이제 여호수아서 1장 8절이다. "**이 율법책을 네 입에서 떠나지 말게 하며 주야로 그것을 묵상하여 그 가운데 기록한 대로 다 지켜 행하라 그리하면 네 길이 평탄하게 될 것이라 네가 형통하리라**" 히브리어 원문을 직역하면 이러하다. "이 율법 책이 네 입으로부터 떠나지 않도록 하라. 날마다 밤 낮으로 그것을 붙잡고 씨름하라. 그리고 그 안에 기록된 모든 것을 지켜 행하라. 그러면 네가 네 길을 전진시킬 것이다. 네 앞길이 열릴 것이다." 70인경은 역본하면 이러하다. "그리고 너는 이 율법 책이 너의 입으로부터 멀어지지 않게 하라. 그리고 낮과 밤으로 그 안에서 씨름하라. 이는 기록된 모든 것을 행함에 있어서 이해하기 위함이다. 그때에 네가 잘 될 것이다. 네가 너의 모든 길을 성취하게 될 것이다. 그리고 그때에 네가 이해할 것이다." 이 본문에서는 "**묵상하여**"에 해당하는 원문을 살펴보고자 한다. "**묵상하여**"에 해당하는 히브리어는 "**베하기타**"로 되어있다. 이 의미는 "**묵상하라**"라는 뜻과 함께 "**씨름하다**". "**번민하다**"라는 의미도 있다. 그래서 히브리어

"베하기타"는 시편 1편 2절에도 나온다. "**오직 여호와의 율법을 즐거워하여 그 율법을 주야로 묵상하는 자로다**"(시 1:2)라고 할 때에 "**묵상하는**"에 해당하는 히브리어가 여호수아 1장 8절의 "**묵상하여**"에 해당하는 "**베하키타**"와 동일한 동사이다.

그리고 여호수아서 1장 8절 후반부에 "**네 길이 평탄하게 될 것이라**"에 해당하는 히브리어 본문은 "**타쯜리아흐**"라고 되어있다. 이 의미는 "**잘 될 것이다**"라는 뜻도 있으나 "**네가 전진할 것이다.**"라는 뜻도 있다. 70인경은 "**유오도세이스**"(εὐδώσεις)로 되어있다. 이 의미도 마찬가지이다. "**잘 될 것이다**"라는 뜻도 있으나 "**성취하게 될 것이다**"라는 뜻도 있다.

여호수아 1장 8절 가장 후반부에 "**네가 형통하리라**"에 해당하는 히브리어는 "**샤칼**"로 되어있다. 이것은 여호수아서 1장 7절 후반부의 히브리어와 동일하게 "**샤칼**"로 되어있다. 그리고 70인경의 헬라어도 동일한 의미로 되어있다.

이제 여호수아 1장 9절이다. "**내가 네게 명한 것이 아니냐 마음을 강하게 하고 담대히 하라 두려워 말며 놀라지 말라 네가 어디로 가든지 네 하나님 나 여호와가 너와 함께 하느니라 하시니라**"(수 1:9) 히브리어 원문을 직역하면 이러하다. "내가 네게 명한 것이 아니냐? 스스로 강하고 담대하게 하라. 두려워하지 말라. 낙담하지 말라. 네가 걸어가는 모든 길에 네 하나님 나 여호와가 너와 함께 할 것이다." 70인경은 역본하면 이러하다. "보라! 내가 너에게 명령한다. 너는 강하여라 그리고 남자답게 행하라. 비겁하지 말라. 그리고 두려워하지 말라. 왜냐하면 네가 행하는 모든 일에 주 너의 하나님께서 너와 함께 할 것이기 때문이다."이 본문에서는 **"놀라지 말라"**에 해당하는 히브리어 본문을 살펴 보려 한다. **"알_테하트"**로 되어있다. 직역하면 **"낙담하지 말라"**가 된다. 히브리어 **"테하트"**는 **"당황하다"**, **"실망하다"**, **"낙담하다"**라는 뜻이 있다. 70인경은 **"메_데일리아세스"**(μη δειλιάσης)로 되어있다. 헬라어 동사 **"데일리아세스"**는 **"겁 많은"**, **"소심한"**, **"비겁한"**이라는 의미가 있다.

이제 여기까지 본문 안에서 다양하게 펼쳐지는 여러 뜻을 살펴 보았다. 이제 교리 강론에 들어가서는 본문에 대한 역사적 배경과 함께 전반적 해석을 다루기로 한다.

[교리 강론]

이제 여호수아 1장 5~9절은 여호와 하나님께서 여호수아에게 그의 신상에 대하여서 말씀하심으로 시작한다.

첫째는 어느 누구도 여호수아의 대적자가 될 수 없을 것이라는 약속의 말씀이다.(수 1:5) 그리고 그 약속의 증거로는 여호와께서 모세와 함께 계셨던 것처럼 여호수아와 함께 하시겠다는 말씀이다.(수 1:5) 이것은 임마누엘의 하나님께서 여호수아와 함께 하시겠다는 것이다. 그것은 여호수아에게 가장 큰 위로이다. 하나님이 우리와 함께 하심이 이스라엘의 영광이다.

둘째로 여호와께서는 여호수아에게 가나안 온 지경을 정복하게 하셔서 이스라엘의 거주지가 되게 하여 주시겠다고

약속하셨다.(수 1:6)

　세번째로는 모세가 명령한 모든 계명을 지키라는 것이다. 실로 이스라엘의 구원의 목적은 거기에 있었다. 이스라엘이 애굽에서 구원을 받아서 유월절의 만찬을 들고 출애굽하여서 홍해를 맨땅같이 건너며 광야 사십년 동안에 심지도 거두지도 않았으나 하늘로 부터 만나가 비같이 내려서 그것으로 광야 가운데서 생존하였던 이 놀라운 역사는 선지자 모세가 증거한대로 **"사람이 떡으로만 살 것이 아니요 여호와의 입에서 나오는 모든 말씀으로 살아갈 것"**(신 8:3)을 의미한다.

　광야에서 이스라엘이 만나를 먹은 것은 하늘로 부터 내려오신 산떡이신 우리 구주 예수 그리스도를 예표적으로 먹고 마신 것이다. 새 언약의 교회는 우리 구주 예수 그리스도께서 실체로 임재하셔서 우리 죄를 속량하시려고 십자가에 죽으시고 삼일 만에 죽은 자 가운데서 다시 살아나심으로서 이제 주님께서 최후의 만찬장에서 기념하라 명하신 성만찬으로 유월절의 만찬과 광야 사십년 동안의 만나를 대체하였다. 그렇게 성만찬은 보이는 말씀으로서 새 언약의 경륜 가운에 있는 성도들이 그리스도의 실재적 임재를 영적으로 경험하는 매우 중요한 의식이다. 성도들은 성만찬을 통하여서 그리스도를 실체적으로 경험한다. 그렇게 거룩한 보편 교회는 성만찬시에 나누는 떡과 잔을 통하여서 우리 구주 예수 그리스도의 다시 오심을 기다리며 하나님의 말씀을 먹고 마시는 것이다.

　네번째로 여호와께서 여호수아에게 당부하신 말씀은 이것

이다. 여호수아 1장 7절 후반부이다. 그것은 "**좌로나 우로나 치우치지 말라**"늘 말씀이다. 이 말씀에 대하여서 사도 시대 이후의 교회사를 통하여서 해석하고자 한다. 사도 시대 이후에 교회사를 살펴보면 교회가 좌로나 우로나 치우치는 경우가 있었다.

사도들이 역사 가운데 사라지면서 교회는 어디로 가야할 바를 정해야 했다. 그래서 정통 교부 시대에 여러 교부들은 사도들의 서신을 부지런히 살피면서 거룩한 보편 교회가 어디로 가야할 방향을 정하였다. 그런데 정통 교부 시대에 이러한 정통 교부들의 수고에 대적하여서 전혀 다른 길을 가는 기독교 분파주의자들이 있었다.

그들은 사도들의 가르침을 좋아하지 않았다. 그들은 이제 사도들이 없으니 전혀 새로운 길을 가야 한다고 여겼다. 그래서 주후 2세기 부터 기독교 내에 일어난 기독교 좌파와 우파들이 있었다. 그렇다고 하면 누가 기독교 좌파이고 누가 기독교 우파였는가?

그것은 대표적인 분파들을 통해서 알 수 있다. 주로 기독교 좌파들은 주후 2세기 부터 헬라 철학으로 무장한 노스틱주의자들이었다. 그노스틱파라고 알려진 이들은 기독교의 신비한 사상을 헬라 철학과 혼합시켜서 기독교 분파주의를 형성하였다.

주후 2세기 부터 기독교를 갉아먹는 매우 거대한 세력이 되었다. 이들은 대표적으로 사도들의 가르침을 정면으로 반박한 자들이었다. 이들은 사도들의 가르침을 온전히 받지 않고 사도바울의 서신 몇개를 받아서 자신들 만의 경전을 만들어서 다른 신을 섬겼다. 그들은 모두 멸망의 자식들이었다. 이들이 기독교 좌파였다.

기독교 좌파들은 끊임없이 전지전능하시고 인격적이신 하나님을 헬라 철학으로 이해하려 하였다. 그래서 신을 매우 추상적이고 사상적인 범주에 가두어 버렸다. 매우 심오한 기독교 혼합주의자들이었다. 일종의 철학화된 기독교라고 할 수 있다. 대표적인 기독교 좌파들이다.

그렇다고 하면 기독교 우파들은 누구인가? 대표적으로 주후 2세기에 일어난 몬타누스주의자들이다. 이들도 사도들의 가르침을 따라가지 않았다. 정통 교부들의 가르침을 멸시하면서 능력의 종교를 추구하였다. 모든 기독교 신비주의자들의 조상이 되었다.

몬타누스주의자들은 주후 1세기에 있었던 놀라운 기사와 표적을 자신들의 신앙의 모토로 정하고 그것을 추구하였다. 그래서 주후 2세기 정통 교회는 죽은 교회이며 자신들 만이 살아 있는 교회라고 주장하면서 기사와 이적을 추구하였다. 일종의 이적적 신앙이다. 거짓된 신앙이었다. 이들은 지속적으로 기독교 우파를 형성하면서 이후 기독교회사 가운데 재반복되면서 기독교를 괴롭혀온 반지성주의적 기독교 분파주의자들이다.

이들에게 지성은 불필요하다. 오로지 신비한 체험만 필요로 한다. 그런데 이러한 기독교 신비주의자들이 만나는 신은 실은 범신론자들이 만나는 신들과 유사하다. 이러한 사상적 기조를 따라갔던 일부 중세 신비주의자들 중에는 예수 그리스도 없이도 신에게 도달할 수 있다고 허탄한 주장을 하였다.(무엄한 소리를 지껄인 자들이 있었다.) 실로 심각한 기독교 분파주의자들이었다. 이들이 기독교 우파들이다. 기독교 우파들은 하나님의 말씀에 무식하기가 짝이 없다. 그들은 진리를 추구하지 않는다. 다만 기독교를 빙자해서 주술적 힘을 얻고자 함이다. 결국 이러한 기독교 우파들의 행보는 주술적 기독교를 추구하는 것이었다.

그러므로 정통 교부 시대를 지나오면 게르만 민족의 이동 이후에 중세 교회 시대로 접어든다. 고대의 전통들을 잃어버린 중세 로마 카톨릭 교회는 더욱 적극적으로 기독교 우파 사상과 기독교 좌파 사상을 받아들인다. 그래서 중세 로마 카톨릭 교회 시대는 기독교 우파 사상과 좌파 사상이 혼재하여 있었던 시대였다.

기독교 좌파들은 스콜라 철학에 심취하여서 하나님을 더욱 철학화 하였다. 그들에게 신은 일종의 단자이다. 그것을 단자 사상이라고 한다. 그들은 보편논쟁을 통하여서 신을 더욱 추상적으로 이해하기에 이르렀다.

중세 로마 카톨릭 교회의 기독교 우파들은 어떠한가? 그들은 탁발승이라는 수도승 제도를 통하여서 많은 지역 교회에 크나큰 패악을 저질렀다. 그러므로 중세의 수도원주의는 매우 심각하게 건전한 신앙을 침해하였다.

하나님을 잘 섬기는 것이 세속을 등지고 산으로 들어가야 한다는 사상을 심었다. 그들은 일반인과 격리된 삶 가운데서 신비한 체험을 추구하였다. 그들에게 학문은 불필요하다. 깊은 산속에 들어가서 면벽하는 것이 더욱 중요하다. 이들이 중세 시대 기독교 우파들이다. 그러므로 종교 개혁은 이러한 로마 카톨릭 교회의 세속주의을 근원적으로 분쇄하고 다시 정통 교리를 확립하며 정통 교부시대와 사도시대의 교회의 자태를 회복한 역사이다.

먼저 종교 개혁자들은 기독교 좌파들의 추상적인 신관념을 분쇄하고자 오직 하나님의 말씀을 따라서 하나님을 이해해야 한다는 오직 성(Sola Scriptura)경과 모든 성경(Tota Scriptura)을 선포하였다. 이러한 오직 성경과 모든 성경의 원리를 따라서 개혁 교회는 거룩한 보편 교회의 선포로서 신조와 신앙 고백서를 공의회의 법으로서 산출하였다.

대표석으로 네딜린드 관원들의 소집으로 개회되어서 1619년에 마친 도르트 총회에서 [**벨직 신앙 고백서**]와 [**하이델베르그 요리 문답서**] 그리고 [**도르트 신조**]를 정통 교리서로 채택하였다. 그리고 그것이 화란 개혁 교회법으로 제정되었다.

그리고 잉글랜드 의회에서 소집하여서 1647년에 마친 웨스트민스터 총회에서는 [**웨스트민스터 표준 문서**]를 채택하였다. 그리고 그것은 개혁 장로교회법이 되었다. 이렇게 개혁 교회는 표준적 신앙 고백서와 요리 문답서를 통하여서 중세 로마 교회 시대에 좌로나 우로파 치우쳐 있었던 세속화된 기독교를 근원적으로 분쇄하고 사도적 신앙으로 돌아갔다. 그러므로 16~17세기 종교 개혁이란 사도적 표준으로 거룩한 보편 교회의 자태를 되돌리는 것을 그 목표로 하여서 로마 교회와 끊임없이 싸웠다.

그러나 18세기 광범위하게 불어닥친 서유럽의 세속화는

기독교를 다시 좌로나 우로나 치우치는 종교로 변질 시켰다. 18세기에 서유럽 각처에서 일어난 기독교 우파 정신은 경건주의와 신비주의와 개인주의이다. 거룩한 보편 교회의 법이 무시되고 기독교 신앙이 개인들의 신변잡기처럼 축소되고 변질되었다.

거룩한 보편 교회의 공적 선포로서 신조와 신앙 고백들은 제쳐졌고 하나님의 말씀을 자기 멋대로 해석하는 다양한 성경 해석 방법론이 대두되었다. 결국 교회는 극심하게 회중 교회화 되었다. 그리고 신앙은 급속하게 자기 소견에 옳은대로 행하는 개인주의화가 심화 되었다.

그러면 기독교 좌파들은 어떠한가? 전대미문의 자유주의 신학이라는 기독교 합리주의자들이 일어나기 시작하였다. 그들은 성경의 권위조차 믿지 않고 기독교 성경을 난도질 히었다. 실로 눈을 뜨고 볼 수 없는 그들의 기독교 성경의 훼파는 기독교의 토대를 흔들었다. 그러나 그들의 사상이 결코 하늘에 떨어지거나 땅에서 쏟아난 사상이 아니다. 그 당시에 불어닥친 범신론과 진화론이 자유주의 사상의 토대이다. 그들은 세속 사상으로 기독교 본질과 싸웠던 기독교 안에서 기독교를 어둡게 하였던 실로 위험한 자들이었다.

이렇게 18세기 이후에 기독교는 중세 시대 못지 않게 기독교가 좌우로 흔들리는 침몰하기 직전의 선박과 같이 되었다. 세상의 파도에 그만 교회가 심하게 좌우로 흔들렸다. 그리고 많은 영역에서 기독교는 좌측에서 우측에서 밀려 들어오는 물결에 의해서 서서히 침몰하는 선박과 같이 되었다.

여호와 하나님께서 이스라엘의 지도자 여호수아에게 당부하였던 그 말씀은 우리 시대에도 요긴하다. 기독교는 좌로도 우로도 편향되지 말아야 한다. 이리 저리 치우치는 것은 세파에 기독교가 흔들리고 있다는 증거이다. 참된 기독교는 오직 주님의 말씀을 따라서 좌로나 우로 치우치지 않고 정직하게 앞으로 나아간다. 오직 주님의 진실하심을 믿고 담대하게 나아간다. 세파에 두려워하지 않는다. 그것인 참된 기독교의 자태이다. 물위를 걸어오시는 그리스도를 멀리서 보고 베드로는 나아갔다. 그때에 사도 베드로도 물위를 걸어갔다. 그러나 사도 베드로는 물결을 두려워하는 순간 무너졌다. 그래서 예수 그리스도께서 그에게 다가가 그를 일으켜 세우시고 함께 갑판 위로 오르셨다.(마 14:25~32)

그렇다고 하면 어떻게 하여서 여호수아처럼 좌로나 우로파 치우치지 않는 정통 신앙을 가질 수 있는가? 그것은 여호수아서 1장 8절에 지침을 통하여서 알 수 있다. "**이 율법책을 네 입에서 떠나지 말게 하며 주야로 그것을 묵상하여 그 가운데 기록한 대로 다 지켜 행하라**"(수 1:8) 그렇다. 여호와의 말씀을 성도들의 생애에 최고의 가치로 신앙 고백을 하여서 그 말씀을 따라서 살아가는 것이다. 비록 첫 걸음 부터 능수 능란 하게 걸어갈 수는 없으나 주님께서는 성도들의 길을 인도하실 것이다.

여호와의 말씀을 경홀히 여기는 자에게는 세파에 좌로나 우로나 흔들리는 도리밖에 없다. 그러나 여호와의 말씀을 가장 엄중하게 그 마음에 새기는 참된 신자들은 결코 세파에 흔들리지 않으며 간혹 흔들린다고 하여도 사도 베드로가 구원을 받은 것처럼 주님께서 일으켜 세워주신다.

이제 여호수아서 1장 9절 오늘 강설의 마지막 본문에서 여호와께서 여호수아에게 위로의 말씀을 하여 주신다. "**내가 네게 명한 것이 아니냐 마음을 강하게 하고 담대히 하라 두려워 말며 놀라지 말라 네가 어디로 가든지 네 하나님 나 여호와가 너와 함께 하느니라 하시니라**"(수 1:9) 아멘

제목: 기생 라합의 신앙
본문: 여호수아 2장 1~14절

[본 문]
1 눈의 아들 여호수아가 싯딤에서 두 사람을 정탐으로 가만히 보내며 그들에게 이르되 가서 그 땅과 여리고를 엿보라 하매 그들이 가서 라합이라 하는 기생의 집에 들어가 거기서 유숙하더니 2 혹이 여리고 왕에게 고하여 가로되 보소서 이 밤에 이스라엘 자손 몇 사람이 땅을 탐지하러 이리로 들어왔나이다 3 여리고 왕이 라합에게 기별하여 가로되 네게로 와서 네 집에 들어간 사람들을 끌어내라 그들은 이 온 땅을 탐지하러 왔느니라 4 그 여인이 그 두 사람을 이미 숨긴지라 가로되 과연 그 사람들이 내게 왔었으나 그들이 어디로서인지 나는 알지 못하였고 5 그 사람들이 어두워 성문을 닫을 때쯤 되어 나갔으니 어디로 갔는지 알지 못하되 급히 따라가라 그리하면 그들에게 미치리라 하였으나 6 실상은 그가 이미 그들을 이끌고 지붕에 올라가서 그 지붕에 벌여 놓은 삼대에 숨겼더라 7 그 사람들은 요단 길로 나루턱까지 따라갔고 그 따르는 자들이 나가자 곧 성문을 닫았더라 8 두 사람이 눕기 전에 라합이 지붕에 올라가서 그들에게 이르러 9 말하되 여호와께서 이 땅을 너희에게 주신 줄을 내가 아노라 우리가 너희를 심히 두려워하고 이 땅 백성이 다 너희 앞에 간담이 녹나니 10 이는 너희가 애굽에서 나올 때에 여호와께서 너희 앞에서 홍해 물을 마르게 하신 일과 너희가

요단 저편에 있는 아모리 사람의 두 왕 시혼과 옥에게 행한 일 곧 그들을 전멸시킨 일을 우리가 들었음이라 11 우리가 듣자 곧 마음이 녹았고 너희의 연고로 사람이 정신을 잃었나니 너희 하나님 여호와는 상천하지에 하나님이시니라 12 그러므로 청하노니 내가 너희를 선대하였은즉 너희도 내 아버지의 집을 선대하여 나의 부모와 남녀 형제와 무릇 그들에게 있는 모든 자를 살려 주어 우리 생명을 죽는 데서 건져내기로 이제 여호와로 맹세하고 내게 진실한 표를 내라 13 (12절에 포함되어 있음) 14 두 사람이 그에게 이르되 네가 우리의 이 일을 누설치 아니하면 우리의 생명으로 너희를 대신이라도 할 것이요 여호와께서 우리에게 이 땅을 주실 때에는 인자하고 진실하게 너를 대우하리라

[원문 직역]

1. 그리고 눈의 아들 여호수아가 싯딤으로부터 은밀하게 두 사람을 정탐하라고 보냈다. 그리고 그가 그들에게 말하였다. 너희는 그 땅과 여리고를 살펴 보아라. 그리고 그들이 갔다. 그리고 그들이 기생 라합이라고 불려지는 여인의 집으로 들어갔다. 그리고 그곳에 누웠다. 2. 어떤 사람이 여리고의 왕에게 고하였다. 그가 이르기를 보소서! 그 밤에 이스라엘 자손들 중에 몇 남자들이 땅을 탐지하려고 여기로 들어왔습니다. 3. 여리고 왕이 라합에게 보냈다. 그가 말했다. 너는 네게로 와서 네 집에 들어간 남자들을 끌어내라. 왜냐하면 그들이 온 땅을 탐지하고자

왔기 때문이다. 4. 그 여인이 두 남자를 데려다가 숨겼다. 그리고 그녀가 말했다. 그와같이 그 남자들이 나에게 왔다. 그런데 나는 그들이 어디로 부터 왔는지 알지 못한다. 5. 어두워져서 성문이 닫혀가고 있었다. 그리고 그 남자들은 나갔다. 나는 그들이 어디로 갔는지 알지 못한다. 당신들은 신속히 그들을 뒤쫓아 가소서. 왜냐하면 그들에게 이를 수 있기 때문입니다. 6. 그러나 그녀는 그들을 지붕으로 올려 보냈다. 그리고 그녀가 옥상에 질서 정연하게 널어 놓은 삼베 줄기에 그들을 숨겼다. 7. 그 사람들이 요르단 강 어귀까지 그들의 뒤를 추격하였다. 그리고 그들을 추격하는 사들이 나간 후에 성문이 닫혔다. 8. 그들이 눕기 전 이었다. 그리고 그녀가 지붕에 있는 그들에게 올라왔다. 9. 그녀가 그 남자들에게 말했다. 나는 여호와께서 너희들에게 이 땅을 주셨다는 것과 그래서 이 땅이 떨어질 것을 알고 있다. 우리에게 너희들에 대한 공포가 매우 높다. 그래서 이 땅에 거주하는 모든 자들이 너희 앞에서 녹았다. 10. 왜냐하면 우리가 여호와께서 너희를 애굽으로부터 나오게 하실 때에 홍해를 건너가게 하시고자 너희 앞에서 그 바다를 말려버리셨다는 것과 요단 강 건너편에 사는 아모리 사람들의 두 왕 시혼과 옥에게 행하신 일 곧 그들을 진멸시키신 일을 들었기 때문이다. 11. 우리는 들었다. 그리고 우리는 그 마음이 녹아버렸다. 너희로 인하여서 사람 안에 있는 영혼이 여전히 서 있지 못하고 있다. 이는 너희 하나님 여호와는 곧 그는 위로는 하늘의 하나님이시고 아래로는 땅 위에 하나님이시기 때문이다. 12. 지금 여호와로 나에게 맹세하라. 내가 너희를 선함으로 대하였다. 그러기에 너희도 또한 내 아비의 집으로 선대하라. 그러므로 너희는 나에게 신실한 표징을 주어라. 13. 그래서 너희는 내 아비의 집과 내 어미의 집게 내 형제의 집과 내 자매의 집으로 살게 하라. 너희는 죽음으로부터 우리 영혼을 구원하여 주시오. 14. 그 남자들이 그녀에게 말했다. 만약 너희가 우리의 일들을 알리지 않는다면 우리 목숨을 너를 대신하여서 버릴 것이다. 여호와께서 우리에게 이 땅을 주실 때에 인자와 진실함으로서 너와 함께 행할 것이다.

[70인경 역본]

1. 그리고 눈의 아들 예수가 싯딤으로부터 두명의 젊은 이를 정탐하러 보냈다. 그가 말했다. 너희는 올라가라. 그리고 그 땅과 여리고를 보아라. 그리고 나아가라. 두명의 젊은이가 여리고로 들어갔다. 그리고 창녀 여인의 집으로 들어갔다. 그녀의 이름은 라합이었다. 그리고 거기에서 숙박하였다. 2. 어떤 사람이 여리고 왕에게 고하였다. 그가 말했다. 여기로 이스라엘 자손들 중에 몇 사람이 땅을 탐지하기 위하여서 들어왔습니다. 3. 그러자 여리고 왕이 라합에게 전갈하여서 말하였다. 밤에 너의 집에 들어간 사람들을 쫓아 내라. 왜냐하면 그들이 땅을 염탐하러 왔기 때문이다. 4. 그러나 그 여인은 그 남자들을 데려다가 그들을 숨겨주었다. 그리고 그녀가 그들에게 말하였다. 이르기를 그 남자들이 나에게 왔다. 5. 밤이

되어서 문이 닫혔다. 그리고 그 사람들이 나갔다. 나는 그들이 어디로 갔는지 알지 못한다. 만약 그들을 잡고 싶다면 그들의 뒤를 좇으소서. 6. 그리고 그녀는 지붕 위에 그들을 올려보냈다. 그리고 지붕에 그 삼마 줄기 뒤에 숨겼다. 7. 그리고 그 남자들이 요르단 강 어귀까지 그들의 뒤를 추격하였다. 그리고 그들을 추격하던 자들이 나가자마자 성문이 닫혔다. 8. 그들이 잠자기 전에 그녀가 지붕 위에 그들에게 올라왔다. 9. 그리고 그녀가 그들에게 말하였다. 나는 주님께서 너희에게 그 땅을 주셨다는 것을 알고 있다. 우리 위로 너희에 대한 공포가 떨어졌다. 10. 왜냐하면 너희가 애굽으로부터 나올 때에 주 하나님께서 너희 면전에서 홍해를 건너게 하셨다는 것과 요단강 저편에 있는 아모리 족속의 두 왕 세온과 옥 그들을 죽이신 것을 들었기 때문이다. 11. 그리고 우리가 들었을 때 우리의 마음이 너희 앞으로부터 경악을 금치 못하였다. 이는 주 너희의 하나님께서는 위로 하늘과 아래로 땅에서도 하나님이시다. 12. 그러므로 이제 너희는 나에게 주 하나님으로 맹세하라. 내가 너희들에게 자비로 행하였다. 그러니 너희도 자비로 나의 아버지의 집에 행하여달라. 13. 나의 아버지와 어머니의 집과 그리고 나의 형제들과 나의 집의 모든 자들을 살도록 붙잡아 달라. 죽음으로부터 나의 영혼을 구원해 달라. 14. 그리고 그 남자들이 그녀에게 말하였다. 우리의 목숨이 너희를 대신하여서 죽음에 이를 것이다. 그러자 그녀가 말했다. 주님께서 너희이게 성읍을 넘겨 줄때에 너희는 나에게 진실함으로 자비를 베풀라.

[본문 해석]

오늘 본문은 눈의 아들 여호수아가 두 사람을 여리고를 정탐하라고 보내는 사건으로 시작한다. 그런데 그 두 정탐꾼은 이미 1절에서 부터 기생 라합의 집으로 들어간다.

기생 라합은 실로 경이로운 인물이다. 그녀에 대하여서는 구약에서 이 본문이 유일하다. 그러나 우리는 그녀에 대하여서 몇 가지 추정해 볼 수 있는 부분이 있다. 고대 사회에는 공창 제도가 있었다. 다시 말해서 국가 기관이 기생들을 관리하는 것이다. 그리고 도시 국가였던 여리고는 매우 강성한 나라였다. 주변 작은 도시 국가들을 침략해서 약탈하였을 것이다. 그때에 기생 라합도 여리고로 잡혀온 여자 노예일 수 있다. 그리고 기생 라합은 국가 기관이 관리하는 기생일 수 있다. 어쩌면 그 침략 당한 나라의 공주일 수도 있다. 물론 어디까지는 그가 여리고를 버린 여러 가지 합리적인 이유를 찾아보는 데서 비롯된 것이다.

여리고를 정탐한 두 정탐꾼들은 여리고 땅에 유명한 기생이 있다는 사실을 알았을 수 있다. 그리고 그녀와 접촉하여서 그곳을 거점으로 여리고 땅을 탐색하기로 마음 먹은 듯 하다. 그런데 놀랍게도 어떠한 이유에서인지 그녀가 그 땅에 대한 미련이 없으며 여리고를 정복하려고 하는 여호수아와 그 군대에 매료되어서 어찌하든지 이제 이스라엘에게 구원을 요청하고자 하였을 것으로 추정된다.

그러나 놀라운 것은 그녀가 이스라엘을 선택한 결정적인

이유는 그가 우리 구주 예수 그리스도를 믿는 그 신앙을 따라서 이스라엘을 선택하였다는 것이다. 히브리서 11장 31절이다. "**믿음으로 기생 라합은 정탐꾼을 평안히 영접하였으므로 순종치 아니한 자와 함께 멸망치 아니하였도다**"(히 11:31) 직역하면 이러하다. "**믿음으로 기생 라합은 불순종하는 자들과 함께 멸망을 당하지 아니하고 평안히 정탐꾼들을 영접하였다.**"

그러므로 이때에 구원을 받은 기생 라합은 마태복음 1장에서 아브라함과 다윗의 자손 예수 그리스도의 계보에서 언급되는 세 명의 여인 중에 한 명이 된다.(마 1:2, 5)

그리고 기생 라합은 다윗의 아비 이새의 증조부 살몬의 아내가 된다. 이스라엘 왕족의 모계를 형성하는 놀라운 인물이된다. 실로 가장 천한 신분에서 후대에 왕족의 어미가 된다는 것은 우리 하나님의 긍휼과 자비가 얼마나 크신 것을 보여주고 있다. 여리고 왕이 그녀에게 사람을 보내서 그녀의 집에 들어간 두 정탐꾼을 끌어 내오라고 명령한다. 이는 이미 기생 라합이 여리고에서 감시의 대상이었다는 것이며 더욱 여리고에 권력 기관이 기생 라합을 요주의 인물로 지켜보고 있었다는 것을 의미한다. 또한 그 만큼이나 여리고에서 알아주는 기생이라는 의미도 된다. 결국 이러한 대목들은 그녀가 여리고에 노예 신분으로 전락하기 이전에 본래 신분이 높았을 것으로 추정되는 부분이다.

이제 기생 라합은 운명의 순간을 맞이하였다. 밀고해서 국가로 부터 상을 타느냐 아니면 이스라엘 정탐꾼들을 숨겨 주어서 이스라엘로 부터 구원을 얻는가 하는 것이다. 그녀는 이스라엘에 대한 소문을 이미 들었고 이스라엘이 이 여리고를 무너뜨릴 것도 알았다. 그래서 대담하게 이스라엘 군대를 선택하고 여리고를 버렸다. 여리고는 그들의 멸망의 때가 가까운 것으로 알고 공포에 떨고 있었고 기생 라합은 이스라엘을 선택하면서 구원을 얻었다. 하나님께서는 여리고에서 오직 기생 라합과 그녀의 가족들만 구원하셨다. 그리고 우리는 여호와 하나님께서 이스라엘을 애굽으로부터 탈출 시키실 때에 애굽과 가나안 인근의 나라들에게 이스라엘의 하나님 여호와께서 분명하게 각인되었다는 사실을 알 수 있다.

여호수아서 2장 "**9 말하되 여호와께서 이 땅을 너희에게 주신 줄을 내가 아노라 우리가 너희를 심히 두려워하고 이 땅 백성이 다 너희 앞에 간담이 녹나니 10 이는 너희가 애굽에서 나올 때에 여호와께서 너희 앞에서 홍해 물을 마르게 하신 일과 너희가 요단 저편에 있는 아모리 사람의 두 왕 시혼과 옥에게 행한 일 곧 그들을 전멸시킨 일을 우리가 들었음이라 11 우리가 듣자 곧 마음이 녹았고 너희의 연고로 사람이 정신을 잃었나니 너희 하나님 여호와는 상천하지에 하나님이시니라**"(수 2:9~11)

이 본문은 우리에게 이스라엘의 출애굽 시기 부터 이제 고대 근동의 지방에 이스라엘의 하나님은 태고적 가장 오래된 신이라는 개념이 형성되는 계기가 되었다. 결국 그것은 다시 말해서 오직 그 만이 참되신 하나님이심을 의미한다. 다른 모든 신들은 그 분 앞에서 없는 것과 방불한 신들이다.

[교리 강론]
1. 기생 라합의 신앙

여호수아서 2장 1~19절에서 기생 라합의 신앙은 이스라엘 역사 가운데서도 유례를 찾아보기 어려운 놀라운 신앙이다. 그러므로 히브리서 11장 31절이 증거한대로 그녀는 믿음으로 이스라엘을 선택하였고 그것은 그녀에게 최고의 축복이 되었다. 우리는 매일의 삶 가운데 믿음으로 하나님의 나라를 선택하여야 한다. 그것이 최고의 복이다.

하나님의 나라는 이 세상 나라와 같지 않다. 그 나라는 영원하며 우리의 본향이다. 하나님의 나라는 성도들이 마지막 나아가야할 영원한 나라이며 절대적 나라이고 안식하는 영광의 나라이다. 그러므로 성도들은 매순간 우리 죄를 속량하시고자 십자가를 지신 우리 구주 예수 그리스도를 왕으로서 섬기는 하나님 나라의 백성임을 잊지 말아야 한다. 우리는 아브라함의 언약 가운데 선택을 받은 은혜 언약의 백성들이다. 아브라함의 자손들이다. 성도들은 항상 믿음으로 그 놀라운 복을 마음 새기고 살아가는 하늘의 백성들이다. 기생 라합은 가나안이 이스라엘에게 모두 정복될 것이고 하나님께서 이스라엘에게 그 약속의 땅을 반드시 주실 것으로 믿었다. 이러한 기생 라합의 신앙은 놀라운 것이다.

그러므로 신약 성경에서 기생 라합의 신앙에 대하여서 언급한 부분이 두 부분이다. 히브리서 11장 31절과 야고보서 2장 25절이다. 히브리서 11장 31절은 "**믿음으로 기생 라합은 정탐꾼을 평안히 영접하였으므로 순종치 아니한 자와 함께 멸망치 아니하였도다**"(히 11:31)고 기록하였다.

그리고 야고보서 2장 25절은 "**또 이와같이 기생 라합이 사자를 접대하여 다른 길로 나가게 할 때에 행함으로 의롭다 하심을 받은 것이 아니냐?**"(약 2:25)

이 두 본문의 교리적 입장은 정확하게 일치한다. 먼저 히브리서 11장 31절은 기생 라합의 신앙에 촛점을 맞추었다. 그녀가 정탐꾼을 숨겨준 것은 믿음의 행위였다는 것이다. 그녀가 오직 하나님의 이스라엘을 향한 약속의 말씀을 믿고 그렇게 행하였다는 것이다.

그리고 야고보서 2장 25절은 기생 라합이 정탐꾼을 숨겨준 행위가 믿음의 열매라는 것을 강조하고 있다. 그래서 행함이 없는 믿음은 죽은 것이라는 선언을 사도 야고보는 2장 26절에서 하고 있다. 사도 야고보는 하나님의 계명에 순종하지 않는 열매 없는 신앙에 대하여서 언급한 것이다. 하나님의 계명에 순종하는 것은 믿음의 열매이다.

그리고 하나님께서는 그 열매를 보시고 그의 신앙을 판단하신다. 마태복음 7장 16~18절이다. "**16 그의 열매로 그들을 알지니 가시나무에서 포도를, 또는 엉겅퀴에서 무화과를 따겠느냐 17 이와 같이 좋은 나무마다 아름다운 열매를 맺고 못된 나무가 나쁜 열매를 맺나니 18 좋은 나무가 나쁜 열매를 맺을 수 없고 못된 나무가 아름다운 열매를 맺을 수 없느니라**"(마 7:16~18)

그러므로 신자들의 신앙의 열매는 자신의 본질을 드러내는 유일한 외적 표현이다. 하나님의 계명에 순종하지 않는 신앙은 열매 없는 나무처럼 포도원 주인에게 찍혀서 버려질 것이다. 성도들은 사도 야고보의 교훈을 따라서 부단히 하나님의 계명에 순종하는 신앙이 되어야 할 것이다.

사도 야고보는 기생 라합의 사례를 가지고 순종하는 신앙에 대하여서 야고보서 2장 25절에서 증거하고 있다. 기생 라합에게 이스라엘 정탐꾼을 숨겨준다는 의미는 잘못되면 죽을 수 있다는 것을 의미한다. 여리고편에서는 반역 행위이기 때문이다. 그러나 기생 라합은 하나님의 약속을 믿었고 그 믿음이란 이스라엘을 가나안에 심으시고 하나님의 나라로 세워가실 것이라는 믿음이다.

무엇보다 사도 야고보가 순종하는 신앙에 대하여서 증거할 때 야고보서 2장 21~24절까지 아브라함의 신앙으로 그 증거를 삼았는데 그 다음 구절이 기생 라합을 예로 들었다. 아브라함과 같은 수준의 믿음의 사람들이 많은데도 불구하고 기생 라합을 사례로 든 것은 사도 야고보의 놀라운 의도이다. 그것은 비록 심각하게 비천한 신분에 처해 있을 지라도 하나님께서는 그러한 자도 결코 구원에서 제외시키시지 않으신다는 하나님의 긍휼과 자비와 인자를 드러낸다. 그래서 누구든지 믿음으로 구원을 얻으며 그 사람의 성별이나 출신 성분이나 직업이나 어떠한 처지에 놓여있다고 하여도 구원에 영향을 주는 것은 없다는 것이다. 오직 우리 하나님의 절대 주권적인 은총이 우리 구원의 유일한 은혜의 방도이다. 하나님만이 우리를 구원하신다. 이 세상에 어떠한 것들도 우리 구원에 영향력을 행사하지 못한다. 그것이 자신의 어떠한 처지라고 하여도 그러하다. 오직 하나님만이 가장 비천한 자라도 구원하신다. 기생 라합의 신앙은 그것을 우리에게 보여주고 있다.

제목: 요단을 건너는 이스라엘 군대
본문: 여호수아 3장 1~17절

[본 문]

1 여호수아가 아침에 일찌기 일어나서 이스라엘 사람들로 더불어 싯딤에서 떠나 요단에 이르러서는 건너지 아니하고 거기서 유숙하니라 2 삼 일 후에 유사들이 진중으로 두루 다니며 3 백성에게 명하여 가로되 너희는 레위 사람 제사장들이 너희 하나님 여호와의 언약궤 메는 것을 보거든 너희 곳을 떠나 그 뒤를 좇으라 4 그러나 너희와 그 사이 상거가 이천 규빗쯤 되게 하고 그것에 가까이 하지는 말라 그리하면 너희 행할 길을 알리니 너희가 이전에 이 길을 지나보지 못하였음이니라 5 여호수아가 또 백성에게 이르되 너희는 스스로 성결케 하라 여호와께서 내일 너희 가운데 기사를 행하시리라 6 여호수아가 또 제사장들에게 일러 가로되 언약궤를 메고 백성 앞서 건너라 하매 곧 언약궤를 메고 백성 앞서 나아가니라 7 여호와께서 여호수아에게 이르시되 내가 오늘부터 시작하여 너를 온 이스라엘의 목전에서 크게 하여 내가 모세와 함께 있던 것같이 너와 함께 있는 것을 그들로 알게 하리라 8 너는 언약궤를 멘 제사장들에게 명하여 이르기를 너희가 요단 물가에 이르거든 요단에 들어서라 하라 9 여호수아가 이스라엘 자손에게 이르되 이리 와서 너희 하나님 여호와의 말씀을 들으라 하고 10 또 말하되 사시는 하나님이 너희 가운데 계시사 가나안 족속과 헷 족속과 히위 족속과 브

리스 족속과 기르가스 족속과 아모리 족속과 여부스 족속을 너희 앞에서 정녕히 쫓아내실 줄을 이 일로 너희가 알리라 11 보라 온 땅의 주의 언약궤가 너희 앞서 요단으로 들어가나니 12 이제 이스라엘 지파 중에서 매지파에 한 사람씩 십이 명을 택하라 13 온 땅의 주 여호와의 궤를 멘 제사장들의 발바닥이 요단 물을 밟고 멈추면 요단 물 곧 위에서부터 흘러내리던 물이 끊어지고 쌓여 서리라 14 백성이 요단을 건너려고 자기들의 장막을 떠날 때에 제사장들은 언약궤를 메고 백성 앞에서 행하니라 15 (요단이 모맥 거두는 시기에는 항상 언덕에 넘치더라) 궤를 멘 자들이 요단에 이르며 궤를 멘 제사상들의 발이 물가에 잠기자 16 곧 위에서부터 흘러내리던 물이 그쳐서 심히 멀리 사르단에 가까운 아담 읍 변방에 일어나 쌓이고 아라바의 바다 염해로 향하여 흘러가는 물은 온전히 끊어지매 백성이 여리고 앞으로 바로 건널새 17 여호와의 언약궤를 멘 제사장들은 요단 가운데 마른 땅에 굳게 섰고 온 이스라엘 백성은 마른 땅으로 행하여 요단을 건너니라

[원문 직역]

1. 여호수아가 아침 일찍 일어났다. 그리고 그들이 싯딤으로부터 떠났다. 그리고 그들이 요르단에 강가에 이르렀다. 그리고 이스라엘 자손들 모두가 그곳에 유숙하였다. 아직 건너지는 않고 있었다. 2. 삼일의 끝자락이 되었다. 진영의 중간을 장교들이 지나갔다. 3. 그리고 그들이 병사들에게 명령하였다. 그들이 말하였다. 너희는 레위 지

파의 제사장들이 너희 하나님 여호와의 언약궤를 매는 것을 볼 때에 너희는 너희의 있는 곳으로부터 떠날지어다. 그리고 너희는 그 뒤를 따를 것이다. 4. 확실하게 너희의 거리는 언약궤로부터 이천 규빗 정도가 되어야 할 것이다. 너희는 언약궤에 접근하지 말라. 그리하면 너희가 걸어가는 그 노선을 알리라. 왜냐하면 너희가 이전에 근래에는 이 길을 지나친 적이 없었기 때문이다. 5. 그리고 여호수아가 병사들에게 말했다. 너희는 성결케 하라. 왜냐하면 내일 여호와께서 너희 가운데 경이로운 일을 행하실 것이기 때문이다. 6. 여호수아가 제사장들에게 말했다. 그가 말하였다. 너희는 언약궤를 매고 병사들 가운데를 지나가라. 그러자 그들이 언약궤를 매었다. 그리고 그들이 병사들 가운데서 행하였다. 7. 여호와께서 여호수아에게 그 날에 말씀하셨다. 내가 모든 이스라엘 백성들 앞에서 너를 크게 할 것이다. 그러면 그들이 내가 모세와 함께 있었던 것 처럼 너와 함께 하는 것을 알리라. 8. 너는 제사장들에게 언약궤를 매라고 명령하라. 그리고 그가 말씀하셨다. 너희는 요르단 강물 끝까지 걸어가라. 그리고 요르단 강 한 가운데 서 있으라. 9. 여호수아가 이스라엘 자손들에게 말하였다. 너희는 그곳 가까이 가서 네 하나님 여호와의 말씀을 들으라. 10. 여호수아가 말했다. 너희는 이 일로 인하여서 알게 될 것이다. 살아 계신 하나님께서 너희 가운데 계셔서 너희 목전에서 가나안과 헷 족속과 히위 족속과 브리스 족속과 기르가스 족속과 아모리 족속과 여부스 족속을 소유하게 하여 주실 것이다. 11.

보라! 온 땅의 주님의 언약궤가 너희 앞에서 요르단을 지날 것이다. 12. 이제 너희는 이스라엘 지파들로 부터 열 두 명을 취하라. 그들은 각 지파에서 한 명씩 취할 것이다. 13. 온 땅에 주 여호와의 법궤를 맨 제사장들의 발바닥이 멈출 것이다. 그러면 물과 물 사이가 잘라져서 위로 부터 내려오던 물이 멈출 것이다. 물이 퇴적이 되어서 하나로 쌓일 것이다. 14. 백성이 요단을 건너려고 장막을 떠날때에 제사장들은 백성들 앞서서 언약궤를 맬 것이다. 15. 그들이 법궤를 매고 요단강을 들어가서 언약궤를 맨 제사장들의 발이 물 안에 담그어지면 추수 때에 모든 물이 가늑한 시기에 16. 위로 부터 내려오던 요르단 강 물이 멈출 것이다. 서로 서로 큰 거리가 생길 것이다. 사르담 부근 성읍 아담까지 서로 서로 큰 거리가 생길 것이다. 그래서 아라바 바다 염해에 이르게 될 것이다. 거기까지 물이 잘라질 것이다. 그와 같이 백성들이 요르단 강을 건넜다. 17. 여호와의 언약궤를 맨 제사장들이 서 있었다. 그러자 요르단 강이 마른 땅 처럼 되었다. 이스라엘 모든 백성들이 건널 때까지 그렇게 마른 땅이 되었다. 모든 백성들이 건너기를 마쳤다.

[70인경 역본]

1. 그리고 예수가 아침 일찍 일어났다. 그리고 싯딤으로 부터 그들이 떠났다. 그리고 요르단 강가에 이르렀다. 그리고 거기에서 강을 건너기 전까지 숙박하였다. 2. 그리고 삼일 후에 서기관들이 진영 가운데를 지나갔다. 3. 그

리고 그들이 백성에게 명령하였다. 그들이 말했다. 너희 하나님 주의 언약궤와 그것을 맨 너희의 제사장들과 레위인들을 볼 때에 너희의 있는 곳으로부터 떠나라. 너희는 언약궤를 뒤따라가라. 4. 그리고 너희 가운데서 언약궤를 멀리 대략 2천 규빗 정도 거리를 두어라. 그것보다 앞서 나가지 말라. 그러면 너희가 그것을 뒤따르는 노선을 알 것이다. 왜냐하면 너희는 어제 그리고 삼일 전에 그 길을 나아가지 않았기 때문이다. 5. 그리고 예수가 백성에게 말하였다. 내일까지 성결케 하라. 왜냐하면 내일 주님께서 너희 가운데 경이로운 일을 행할 것이기 때문이다. 6. 그리고 예수가 주님의 언약궤를 맨 제사장들에게 말하였다. 너희는 백성의 앞에서 나아가라. 그러자 주의 언약궤를 맨 제사장들이 떠났다. 그리고 그들이 백성들 앞서 나아갔나. 7. 그리고 주님께서 이 날에 예수에게 말했다. 내가 너를 모든 이스라엘 자손들 앞에서 높일 것이다. 이는 내가 모세와 함께 한 것 처럼 너와 함께 할 것을 그들로 알게 하려 함이다. 8. 그리고 이제 너는 언약궤를 맨 제사장들에게 명령하라. 그가 말했다. 너희는 요르단 강 가운데를 향하여서 나아가라. 그러면 요르단 강 물이 멈출 것이다. 9. 그리고 예수가 이스라엘 자손들에게 말하였다. 너희는 거기까지 접근하라. 그리고 너희 하나님 주의 말씀을 들어라. 10. 이 때에 너희는 너희 가운데 살아 계신 하나님께서 너희 면전에서 가나안과 헷 족속과 히위 족속과 브리스 족속과 기르가스 족속과 아모리 족속과 여부스 족속을 멸절시키실 것을 알 것이다. 11. 보라! 온 땅의 주님의 언약궤가 요르단을 건널 것이다. 12. 너희는 이스라엘 자손들 중에 열두 명의 장정을 선택하라. 각 지파에서 한 명씩 취하라. 13. 그리고 그와같이 온 땅의 주의 언약궤를 맨 제사장들이 발이 멈출 때에 요르단 강으로부터 요르단 강의 물이 그칠 것이다. 내려오던 물이 멈출 것이다. 14. 그러면 그들의 장막으로 부터 백성이 떠날 것이다. 그리고 요르단 강을 건널 것이다. 주의 언약궤를 맨 제사장들이 백성들 앞서 나아갈 것이다. 15. 언약궤를 맨 제사장들이 요르단 강으로 들어가서 주의 언약궤를 맨 제사장들의 발이 요르단 강 물을 적시었다. 추수 때에 요르단 강 물이 가장 많이 넘쳐흘렀음에도 불구하고 16. 위에 있는 물이 멈추었다. 그리고 카리아디아리아까지 멀리 멀리 물러갔다. 그리고 흘러가던 물은 염해 아라바 까지 흘러갔다. 그렇게 물이 그치고 백성이 여리고에 앞에 멈추었다. 17. 그렇게 주의 언약궤를 맨 제사장들이 멈추어 서자 그 요르단 강이 마른 땅이 되었다. 그렇게 모든 이스라엘 자손들이 마른 땅을 건넜다. 모든 백성이 요르단 강을 건넜다.

[본문 해석]

오늘 본문은 이스라엘 백성들이 여호수아의 지도 아래에 싯딤을 떠나서 요르단 강을 건너는 사건을 기록하고 있다.

여호수아가 아침에 일찍 일어나서 이스라엘 군대를 이끌고 싯딤으로 부터 떠나서 요르단 강에 이르렀다. 그리고 그 곳에서 숙박하면서 삼일 후에 장교들이 이스라엘 진영을 돌면서 이스라엘 병사들에게 명령하였다. 그것은 언약궤를 맨 이스라엘 제사장들이 앞서서 행진하고 그 뒤를 이스라엘 군대가 뒤따라 가는 것이다.(수 3:1~3) 여호수아 3장 2절에 "**삼 일 후에 유사들이 진중으로 두루 다니며**"라고 되어있는데 이때에 유사란 히브리어로 "**쇼테르**"라고 하는데 그 의미는 "**지휘관**", "**장교**" 혹은 "**장군**"이라는 의미가 있다. 그러므로 여호수아의 직속 부하 장성들을 의미한다. 그런데 70인경은 그 부분을 헬라어로 "**호이 그람마테이스**"(οἱ γραμματεῖς)라고 역본하였다. 그 의미는 "**율법학자**", "**율법사**", "**서기관**"이라는 의미가 있다. 이것은 군대의 지휘를 담당하는 참모장과 같은 성격을 갖는다. 그러므로 70인경의 "**호이 그람마테이스**"(οἱ γραμματεῖς)라는 의미를 통하여서 그 당대에 이스라엘 군대 장성들이 모두 어느 정도 문관들이었음을 알 수 있다. 그러므로 문헌을 다루는 서기관들이 여호수아의 직속 부하 장성들로서 이스라엘 군대를 통솔하였다는 것을 의미한다.

이스라엘 군대는 언약궤를 맨 제사장들로 부터 대략 이천 규빗 정도의 거리를 두고 뒤따라가면서 요르단강에 이르렀다. 여호수아가 이스라엘 병사들에게 명령한다. "**너희는 성결케 하라. 왜냐하면 내일 여호와께서 너희 가운데 경이로운 일을 행하실 것이기 때문이다.**"(수 3:5)

이제 여호수아와 이스라엘 군대는 여호와 하나님의 명령을 따라서 요르단 강을 건넌다.(수 3:6~9) 이제 여호와 하나님께서 이스라엘 군대 앞에서 여호수아를 존귀하게 하시고 그를 전적으로 따를 것을 명령하셨다.(수 3:7) 이스라엘 군대는 여호와의 명령을 따라서 언약궤를 맨 제사장들이 앞서 나가며 그 뒤를 이스라엘 군대가 따르며 요르단 강으로 전진하였다. 그들은 요르단 강가에 이르렀다.

그런데 그 때에는 추수때 였는데 요르단 강이 가장 최고의 수위로 물이 불어난 때였다.(수 3:15) 그러나 여호수아와 이스라엘 군대는 아랑곳 하지 않고 그대로 언약궤를 맨 제사장들을 앞세워서 요르단 강 물속으로 전진하였다. 그리고 언약궤를 맨 제사장들의 발이 물에 닿자마자 요르단 강물이 반으로 쪼개어졌다. 내려오던 물은 멈추고 내려가던 물은 더욱 아래쪽으로 흘러갔다. 그래서 흘러내리던 물은 그쳐서 심히 멀리 사르단에 가까운 아담 성읍 부근에 쌓이고 내려가던 물은 아라바의 바다 염해를 향하여서 흘러가서 요르단 강이 나뉘어졌다. 그리고 여호수아와 언약궤를 맨 제사장들을 앞세운 이스라엘 군대는 요르단 강을 마른 땅 처럼 건널 수 있게 되었다.(수 3:16~17) 언약궤를 맨 제사장들이 요르단강 한 가운데에 마른 땅에 굳게 섰고 온 이스라엘 군대가 요르단 강을 마른 땅 처럼 건넜다.(수 3:17)

실로 이 놀라운 사건은 여호와 하나님께서 홍해를 건너게 하신 사건 이후에 두 번째 유사한 사건이다. 그러나 다른 점도 있다. 홍해를 건널 때에는 모세의 기도로 홍해가 갈라지고 이스라엘 백성들이 홍해를 마른 땅 처럼 건넜다. 그런데 요르단 강을 건널 때에는 언약궤를 맨 제사장들을 앞세우고 이스라엘 군대가 오직 믿음으로 요르단 강을 향하여서 전진하였다. 요르단 강물이 먼저 갈라진 것이 아니다. 언약궤를 맨 제사장들이 요르단 강물을 적시기 전까지 요르단 강물은 그대로 있었다. 언약궤를 맨 제사장들이 물 속으로 들어가고자 발을 적시자마자 요르단 강물이 갈라졌다. 이것은 이스라엘 군대의 신앙이 한층 더욱 신실해졌음을 알 수 있다. 이제 가나안 강물이 멈추지 않아도 이스라엘 백성들은 믿음으로 곧장 요단강으로 직행하였다. 그렇게 처음 출애굽 할 때에 홍해를 경험한 이스라엘 백성들은 더욱 담대하게 오직 믿음으로 여호와의 계명에 순종하여서 그대로 요르단 강물 속으로 전진하였다.

결국 이스라엘 군대가 가나안을 정복할 수 있는 배경에는 이러한 이스라엘 백성들의 신실한 신앙이 있었다. 그렇게 여호와 하나님께서 광야 40년의 기간 동안 인생이 결코 떡으로만 살 수 있는 존재가 아니라 하나님의 말씀으로 살아야 제대로 살아가는 존재라는 사실을 이스라엘 백성들에게 각인시켰다. 이제 이스라엘 백성들은 목숨을 내놓을 지라도 하나님의 계명에 순종하는 것이 이 세상의 장막을 가르고 승리의 개가를 부르는 유일한 은혜의 방도임을 깨달았다. 그렇게 여호수아와 이스라엘 군대는 두려움 없이 오직 믿음으로 그 앞에 계속 흐르고 있었던 요르단 강을 향하여서 그냥 전진할 수 있었다.

실로 놀라운 신앙이다. 지금의 성도들도 마찬가지이다. 여호와의 계명에 순종하는 길 만이 이 세상의 장막을 가르고 하나님의 나라에 이를 수 있는 은혜의 방도임을 깨닫고 오직 믿음으로 전진해야 할 것이다. 전투하는 교회로서 이 세상을 살아가는 성도들은 여호수아와 이스라엘 군대의 신실한 신앙을 본받아야 할 것이다. 그렇게 여호수아와 이스라엘 군대는 전능하신 하나님을 믿는 신앙으로 요르단 강을 갈랐다. 그것은 여호와의 계명에 순종함으로서 성취된 것이다. 하나님의 계명에 그대로 그들은 순종하였다.

[교리 강론]
1. 예수 그리스도의 예표가 되는 여호수아의 사역

여호수아의 행적은 예수 그리스도의 예표가 된다. 그는 율법을 표상하는 모세의 뒤를 이어서 이스라엘 백성들을 이끌고 가나안에 들어갔다. 그러나 이스라엘 백성들이 들어간 가나안이 영원한 하나님 니라의 예표이듯이 여호수아도 예수 그리스도의 예표가 된다. 모세를 계승하여서 이스라엘의 지도자로서 가나안 온 지경을 정복하고 그 곳에 하나님의 나라를 세웠던 여호수아의 행적은 율법을 완성한 우리 구주 예수 그리스도의 예표가 된다. 히브리서 4장 8~9절이다. "**8 만일 여호수아가 저희에게 안식을 주었더면 그 후에 다른 날을 말씀하지 아니하셨으리라 9 그런즉 안식할 때가 하나님의 백성에게 남아 있도다**"(히 4:8~9) 사도 바울은 여호수아의 가나안 입성은 하나의 예표가 된다고 말한다. 그와같이 여호수아의 가나안 정복 사업도 하나의 예표가 된다. 그렇게 여호수아는 예수 그리스도의 예표로서 이스라엘 백성들을 이끌고 약속의 땅 가나안으로 들어갔다. 그러한 놀라운 역사는 영원한 안식에 대한 하나의 모형이었다. 그러므로 사도 바울은 히브리서를 통하여서 구약을 올바르게 해석한다. 주후 1세기 유대인들이 하나님의 나라로 인식하였던 가나안의 이스라엘 나라는 하나님 나라의 단지 모형이었다는 것이다. 그와 같이 이제 여호수아서에서 모세의 계승자 여호수아가 이스라엘을 정복하는 역사는 모두 우리 구주 예수 그리스도의 구속 사역의 예표가 된다.

그러므로 예수 그리스도께서 천상과 지상의 모든 교회의 머리가 되셔서 그가 친히 통치하시는 영원한 하나님의 나라는 이스라엘 가나안 정복사를 통하여서 희미하게나마 모형적으로 엿볼 수 있다. 우리는 시편 2편을 알고 있다. 시편 2편 1~9절이다. "**1 어찌하여 열방이 분노하며 민족들이 허사를 경영하는고 2 세상의 군왕들이 나서며 관원들이 서로 꾀하여 여호와와 그 기름받은 자를 대적하며 3 우리가 그 맨 것을 끊고 그 결박을 벗어 버리자 하도다 4 하늘에 계신 자가 웃으심이여 주께서 저희를 비웃으시리로다 5 그 때에 분을 발하며 진노하사 저희를 놀래어 이르시기를 6 내가 나의 왕을 내 거룩한 산 시온에 세웠다 하시리로다 7 내가 영을 전하노라 여호와께서 내게 이르시되 너는 내 아들이라 오늘날 내가 너를 낳았도다 8 내게 구하라 내가 열방을 유업으로 주리니 네 소유가 땅 끝까지 이르리로다 9 네가 철장으로 저희를 깨뜨림이여 질그릇같이 부수리라 하시도다**"(시 2:1~9) 이 말씀은 강림하실 우리 구주 예수 그리스도에 대한 예언시이다. 그런데 이러한 시편 기자의 시편 2편의 예언적 노래는 모형적으로 이미 한 번 성취되었다. 그것이 여호수아가 이스라엘 군대를 이끌고 극심하게 타락한 땅 가나안에 하나님의 나라를 세웠던 그 가나안 정복사이다.

이제 시편 기자는 말한다. 시편 2편 10~12절이다. "10 그런즉 군왕들아 너희는 지혜를 얻으며 세상의 관원들아 교훈을 받을지어다 11 여호와를 경외함으로 섬기고 떨며 즐거워할지어다 12 그 아들에게 입맞추라 그렇지 아니하면 진노하심으로 너희가 길에서 망하리니 그 진노가 급하심이라 여호와를 의지하는 자는 다 복이 있도다"(시 2:10~12) 구약 여호수아 시대에서도 이스라엘 군대를 대적하여 가나안의 여러 군왕들이 나서며 관원들이 서로 모의하여서 여호수아와 이스라엘 군대에 맞섰다. 그러나 그들은 모두 멸망하였다. 시편 2편 9절 말씀처럼 여호수아와 이스라엘 군대는 그들을 모두 깨드렸고 질그릇처럼 부셔버렸다. 그러므로 시편 2편을 기록한 다윗은 도래하실 메시아이신 예수 그리스도를 예언하면서 이미 역사 가운데 한 번 예표적으로 성취되었던 여호수아의 가나안 정복사를 떠올렸을 것으로 보인다. 그렇게 이스라엘의 가나안 정복사는 하나님의 구속 사역의 예표적 역사로서 매우 중요한 말씀을 우리에게 증거하고 있다.

2. 여호수아서 3장 4절 해석을 통한 정통 교리의 중요성

여호수아서 3장 4절이다. "4 그러나 너희와 그 사이 상거가 이천 규빗쯤 되게 하고 그것에 가까이 하지는 말라 그리하면 너희 행할 길을 알리니 너희가 이전에 이 길을 지나보지 못하였음이니라"(수 3:4) 원문 히브리어 성경을 역본하면 이러하다. "확실하게 너희의 거리는 언약궤로부터 이천 규빗 정도가 되어야 할 것이다. 너희는 언약궤에 접근하지 말라. 그리하면 너희가 걸어가는 그 노선을 알리라. 왜냐하면 너희가 이전에 근래에는 이 길을 지나친 적이 없었기 때문이다." 그리고 70인경을 역본하면 이러하다. "그리고 너희 가운데서 언약궤를 멀리 대략 2천 규빗 정도 거리를 두어라. 그것보다 앞서 나가지 말라. 그러면 너희가 그것을 뒤따르는 노선을 알 것이다. 왜냐하면 너희는 어제 그리고 삼일 전에 그 길을 나아가지 않았기 때문이다." 우리는 이 본문에서 "**너희 행할 길을 알리니**"(수 3:4)라는 본문을 좀더 자세히 살펴 보아야한다. 직역하면 "**그리하면 너희가 걸어가는 그 노선을 알리라**"가 된다. 70인경도 동일하게 해석이 된다. 이 본문에서 이스라엘의 언약궤는 하나님의 말씀을 의미한다. 하나님의 말씀이 모든 행사에 앞서 간다. 그리고 신자들은 그의 말씀을 뒤따라가는 이스라엘의 군대들이다. 그리고 그들은 이 땅에서 하나님의 나라를 세워가는 하나님의 군병들이다.

여호수아서 3장 4절의 히브리어 성경은 이렇게 해석이 된다. "**너희는 그 언약 안에서 행하는 그 노선을 알 것이다.**" 이 본문을 세밀하게 살펴보면 이러하다. 이스라엘 군대는 언약 안에서 행하는 자들이다. 그렇다면 그 언약은 무엇인가? 그것은 아브라함이 받은 언약이다. 여호와 하나님께서 아브라함과 그의 후손들과 맺으신 언약이다.

이스라엘은 언약의 백성이다. 하나님과 언약을 맺은 백성들이다. 그런데 그 언약은 하나님의 절대 주권적 은총으로 맺어진 언약이다. 그래서 은혜 언약이다. 그 은혜 언약의 주체는 성삼위일체 하나님이시다. 중보자는 우리 구주 예수 그리스도이시다. 그리고 그 언약의 표징은 하나님께서 우리와 함께 하심이다. 그리고 그것의 외적인 표징이 세례와 성찬이다. 이것을 구약에서는 할례와 유월절의 만찬으로 지켰고 새 언약에서 옛 언약의 성례의 표징이 성취됨으로서 세례와 성찬으로 전환되었다.

그것은 신구약 경륜의 차이에 불과하다. 본질적으로 구약의 할례와 신약의 세례 그리고 구약의 유월절 만찬과 신약의 성례는 동일한 성례이다. 그러므로 이제 이스라엘은 하나님의 언약의 백성으로서 행하는 자들이다. 그래서 여호수아서 3장 4절은 "**너희는 그 언약 안에서 행하는 그 노선을 알 것이다.**"라고 증거하였다.

그러므로 이스라엘은 하나님께서 아브라함과 맺으신 언약 가운데 행하여야 한다. 그것은 여호와의 계명에 순종하는 자로 부르심을 받았다는 것을 의미한다.

둘째로 이제 그 언약 가운데 행하는 이스라엘은 분명하게 그 노선을 알게 될 것이라 말씀하신다. 이 노선이 일종의 성도들이 행하여야 할 도리 혹은 길이다.

히브리어로 "**데레크**" 헬라어로 "**호도스**"라고 한다. 그리고 그 의미는 "**노선**", "혹은 "**도리**" 혹은 "길" 등이 있다. 그렇다고 하면 새 언약의 성도들에게 이 **노선**은 무엇을 의미하는가? 그것은 사도 시대부터 후대 정통 교부들에게 알려진 **사도들의 가르침**이다. 그것을 "**사도들의 디다케**"라고 부른다. 이 **사도들의 디다케**는 후대에 정통 교부 시대에 모든 정통 교부들의 신앙적 가르침의 토대가 된다. 모든 정통 교부들은 사도들의 가르침을 풀어내는 데에 그들의 모든 생애를 바쳤다.

그리고 이러한 정통 교부들의 수고와 헌신은 후대에 정통 교리라는 거대한 물줄기를 형성하였다. 그것이 정통 교부 시대에 놀라운 결실이다. 그러므로 여기에서 노선이란 정통 신학 노선을 의미한다. 하나님의 언약궤로 부터 나오는 노선이다. 다시 말해서 하나님의 말씀으로 부터 나오는 정통 신학적 노선이다. 그 거대한 물줄기는 후대에 종교 개혁의 젖줄기가 되었다. 너무나 부패하여서 기독교의 형체조차 알아 볼 수 없을 정도로 타락한 로마 카톨릭 교회로 부터 종교 개혁자들이 돌이켜서 정통 신학적 노선을 찾게 된 것은 전적으로 정통 교부들의 신학적 노선에 힘입은 바 크다. 정통 교부 시대에 여러 교부들은 사도들의 가르침을 신실하게 해석하고 널리 알려서 후대에 전하여 주었다. 그리고 그것은 종교 개혁 시대에 로마 카톨릭 교회로 부터 거룩한 보편 교회의 자태를 회복하는 놀라운 기초가 되었다. 오직 종교 개혁은 정통 교부 시대의 신학적 노선을 회복한 것이다.

그리고 사도적 교회로 돌아간 것이다. 그래서 **개혁된 교회**(Reformed Church)라 부르는 것이다. 무엇 새로운 것을 추구하는 것이 아니라 사도 시대부터 알려져 있는 거룩한 보편 교회의 정통 신학적 노선으로 돌아가는 것이 **개혁 신학**(Reformed Theology)이다. 그러므로 종교 개혁자들에게는 사도들과 선지자들아 가르침을 온전하게 회복하는 것이 종교 개혁의 가장 중요한 목표였다. 그들은 사도와 선지자들의 가르침 외에 다른 어떠한 새로운 것도 추구하지 않았다. 종교 개혁자들은 사도들과 선지자들의 가르침 그것은 선지자 예레미아가 선언한대로 **"옛적 길 곧 선한 길"**(렘 6:16)이라고 주장하였다. 그것은 고대의 정통 교리 즉 사도적 정통 교리를 의미한다. 모든 선한 교리는 하나님의 율법 다시 말해서 여호와의 말씀으로부터 나온다. 그리고 그것은 올바른 신학적 노선으로서 정통 교리가 있다. 하나님의 말씀에 대한 올바른 신학적 노선은 정통 교리를 통해서 파악할 수 있다. 그리고 정통 교리는 속사도 시대 이후부터 정통 교부 시대의 신학적 노선으로 그 정통성을 파악할 수 있다. 언약궤를 앞세웠던 이스라엘 군대처럼 새 언약의 하나님의 군사들도 하나님의 말씀의 터 위에서 거룩한 보편 교회를 세워야 할 것이다.

2. 이스라엘 백성들의 전진의 원리 여호와의 언약궤

요단강을 건너는 이스라엘 백성들의 전진의 원리는 무엇인가? 그것은 여호와의 언약궤이다. 그렇다고 하면 여호와의 언약궤는 무엇을 표상하는가? 그것은 하나님의 말씀이다. 여호와의 언약궤는 법궤라고도 부른다. 그 법궤 안에는 모세가 시내 산에서 받은 십계명의 두 돌판이 들어있다. 그리고 아론의 싹난 지팡이와 광야 40년 동안 하늘에서 비같이 내렸던 만나가 들어가 있다. 그러므로 여호와의 언약궤는 하나님의 말씀을 표상한다. 그러므로 언약궤를 뒤따라가는 노선이란 무엇인가? 그것은 정통 교리이다. 정통 교리이다. 올바른 신학적 노선을 따라서 신앙 생활하는 것이 언약궤를 뒤따르는 신앙이다.

이제 기나긴 역사를 지나온 지금에 있어서 구약 여호와 하나님의 언약궤는 신구약 성경이다. 그리고 신구약 성경의 가르침을 전적으로 따르는 신학적 노선이 정통 교리이다. 구약 이스라엘 백성들의 전진의 원리가 여호와의 언약궤이었듯이 새 언약의 거룩한 보편 교회가 나아가는 신앙의 원리는 신구약 성경이다. 오직 성경이 새 언약의 거룩한 보편 교회가 나아가야할 신앙의 원리가 된다. 그리고 그러한 신구약 성경에 대한 가장 건전하고 보편적인 교리를 제시한 거룩한 보편 교회의 공적 선포로서 고대 교회 시대의 공의회의 신경은 매우 중요한 사도적 가르침의 지침서와 같다. 그러므로 사도 신경, 니케아 신경, 칼게돈 신경, 아타나시우스 신경과 같은 거룩한 보편 교회의 공적 선포로서 신조와 신앙 고백서는 신구약 성경 아래에 위치한 권위있는 성경 해석의 공적 원리가 된다. 성삼위일체 하나님과 우리 구주 예수 그리스도에 대한 가장 정확한 성경 해석의 원리는 공의회의 신경에 담겨 있다.

거룩한 보편 교회의 공적 선포로서 신조와 신앙 고백서는 언약의 백성으로서 성도들의 신앙의 지침이 되어야 한다. 사도 베드로는 사도 시대 교회의 성도들에게 선언하였다. 하나님의 말씀은 사사로이 해석하면 안된다. 베드로 후서 1장 20~21절이다. "**20 먼저 알 것은 경의 모든 예언은 사사로이 풀 것이 아니니 21 예언은 언제든지 사람의 뜻으로 낸 것이 아니요 오직 성령의 감동하심을 입은 사람들이 하나님께 받아 말한 것임이니라**"(벧후 1:20~21)

이러한 사도 베드로의 교리적 진술을 따라서 볼때에 오

직 성경은 모든 성경의 원리로 해석해야 한다. 그것은 거룩한 보편 교회의 공적 선포로서 신조와 신앙 고백이다. 그것이 구약 시대에 언약궤를 뒤따라 갔던 이스라엘 백성들 처럼 올바르게 하나님의 말씀을 뒤따라가는 원리이다. 그렇게 거룩한 보편 교회를 세우는 원리로서 신구약 성경과 그 신구약 성경을 원리로 하여서 성도들의 신앙의 도리를 지도하는 거룩한 보편 교회의 공적 선포로서 신조와 신앙 고백서는 새 언약의 언약궤로서 신구약 성경을 뒤따르는 새 언약의 성도들의 신앙의 지침과 같다.

〈기도 하시겠습니다〉

거룩하신 아버지 하나님 오늘 우리는 여호수아서 3장 1~17절에 기록된 말씀을 통하여서 구약 이스라엘 백성들이 어떠한 신앙의 원리를 따라서 가나안 땅에 하나님의 나라를 세웠음을 알게 되었습니다. 이제 새 언약의 경륜 가운데 살아가는 우리들도 신구약 성경을 원리로 하여서 지상의 하나님의 나라를 세워가는 은총이 있게 하옵소서. 사도와 선지자들의 **디다케**로서 하나님의 말씀인 신구약 성경이 구약의 여호와의 언약궤 처럼 그렇게 우리가 따라가야 할 우리 신앙의 지도자이며 삶의 원리임을 믿습니다.

사랑하는 성도들이 이러한 신앙의 원리를 따라서 믿음으로 전진하는 하나님 나라에 동참하는 은총을 베풀어 주옵소서.. 이제 곧 겨울이 닥쳐옵니다. 우리의 신앙에 겨울이 닥쳐 오기 전에 우리 구주 예수 그리스도로서 신앙의 전신갑주를 무장하여서 혹독한 신앙의 겨울을 이겨내게 하여 주소서. 그래서 외부의 환경이 아무리 추울지라도 우리의 신앙의 몸체는 그리스도의 사랑으로 따뜻하게 하여 주옵소서. 전능하신 하나님의 언약 백성으로서 아브라함의 자손인 주의 몸된 교회의 성도들을 주의 진리의 말씀으로 지켜 주옵소서.. 우리 구주 예수 그리스도의 이름으로 기도드리옵나이다. 아 멘

제목: 길갈에 세운 열두 돌
본문: 여호수아 4장 1~14절

[본 문]

1 온 백성이 요단 건너기를 마치매 여호와께서 여호수아에게 일러 가라사대 2 백성의 매 지파에 한 사람씩 열두 사람을 택하고 3 그들에게 명하여 이르기를 요단 가운데 제사장들의 발이 굳게 선 그 곳에서 돌 열둘을 취하고 그것을 가져다가 오늘 밤 너희의 유숙할 그 곳에 두라 하라 4 여호수아가 이스라엘 자손 중에서 매지파에 한 사람씩 예비한 그 열두 사람을 불러서 5 그들에게 이르되 요단 가운데 너희 하나님 여호와의 궤 앞으로 들어가서 이스라엘 자손들의 지파 수대로 각기 돌 한 개씩 취하여 어깨에 메라 6 이것이 너희 중에 표징이 되리라 후일에 너희 자손이 물어 가로되 이 돌들은 무슨 뜻이뇨 하거든 7 그들에게 이르기를 요단 물이 여호와의 언약궤 앞에서 끊어졌었나니 곧 언약궤가 요단을 건널 때에 요단 물이 끊어졌으므로 이 돌들이 이스라엘 자손에게 영영한 기념이 되리라 하라 8 이스라엘 자손들이 여호수아의 명한 대로 행하되 여호와께서 여호수아에게 이르신 대로 이스라엘 자손들의 지파 수를 따라 요단 가운데서 돌 열둘을 취하여 자기들의 유숙할 곳으로 가져다가 거기 두었더라 9 여호수아가 또 요단 가운데 곧 언약궤를 멘 제사장들의 발이 선 곳에 돌 열둘을 세웠더니 오늘까지 거기 있더라 10 궤를 멘 제사장들이 여호와께서 여호수아에게 명하사 백

성에게 이르게 하신 일 곧 모세가 여호수아에게 명한 일이 다 마치기까지 요단 가운데 섰고 백성은 속히 건넜으며 11 모든 백성이 건너기를 마친 후에 여호와의 궤와 제사장들이 백성의 목전에서 건넜으며 12 르우벤 자손과 갓 자손과 므낫세 반 지파는 모세가 그들에게 이른 것같이 무장하고 이스라엘 자손들보다 앞서 건너갔으니 13 사만 명 가량이라 무장하고 여호와 앞에서 건너가서 싸우려고 여리고 평지에 이르니라 14 그 날에 여호와께서 모든 이스라엘의 목전에서 여호수아를 크게 하시매 그의 생존한 날 동안에 백성이 두려워하기를 모세를 두려워하던 것같이 하였더라

[원문 직역]

1. 모든 백성이 요르단 강을 건너는 것을 마쳤다. 여호와께서 여호수아에게 말씀하셨다. 그가 이르시기를 2. 각 지파들로부터 한 사람 그리고 한 사람 열두 명을 백성들로부터 너희 중에서 선택하라. 3. 그리고 그가 그들에게 명령하셨다. 그가 말씀하시되 제사장들 발이 서 있는 요르단 강 한 가운데로부터 열두 돌을 가져다가 너희가 머물러 있는 그 밤에 그 돌들을 그곳에 두어라. 4. 그리고 여호수아가 각 지파들로부터 한 사람씩 한 사람씩 이스라엘 백성들로부터 세워진 열두 명의 장정을 불렀다. 5. 여호수아가 그들에게 말했다. 너희는 요르단 강 한 가운데 너희 하나님 여호와의 법궤 앞을 지나서 이스라엘 자손들의 지파 수대로 열 두 돌을 취하여 어깨에 매라. 6. 이

것이 너희 가운데 표징이 될 것이다. 장래에 너희 자손들이 물을 것이다. 그들이 말한다. 이 돌들이 당신들에게 무엇입니까? 7. 너희는 그들에게 말할 것이다. 요르단 강을 건널때에 요르단 강 물이 여호와의 언약궤 앞에서 끊어졌다. 요르단 강 물이 끊어졌으므로 이 돌들이 영원토록 이스라엘 자손들에게 기념이 될 것이다. 8. 그리고 이스라엘 자손들이 여호수아가 명한대로 행하였다. 그들이 요르단 강 한 가운데로부터 여호와께서 여호수아에게 말씀하신대로 이스라엘 자손들의 지파 숫자대로 열 두 돌을 취하여 그들이 머무는 곳에 두었다. 9. 여호수아가 법궤를 매고 있는 제사장들이 서 있는 발아래에 요르단 강 가운데에 열둘 돌 세웠다. 그리고 그것이 지금까지 거기에 있다. 10. 여호와께서 여호수아에게 명령하신 그 모든 말씀이 이루어질 때까지 법궤를 맨 제사장들이 요르단 강 한 가운데 서 있었다. 그 백성에게 말씀하신 바는 모세가 여호수아에게 명한 일이다. 그리고 백성이 신속하게 건넜다. 11. 모든 백성이 건너기를 마쳤다. 여호와의 법궤와 제사장들이 백성들 앞에서 건넜다. 12. 무장한 르우벤 자손과 갓 자손과 므낫세 반 지파는 이스라엘 자손들보다 앞서 건넜다. 모세가 그들에게 말한 그대로 였다. 13. 사만 명 정도였다. 그들이 싸울 준비를 갖추고 여호와 앞에서 싸우고자 건너갔다. 여리고 들판에 이르렀다. 14. 이 날에 여호와께서 모든 이스라엘 목전에서 여호수아를 크게 하셨다. 그들이 그를 그의 생전에 모세를 존경하듯이 존경하였다.

[70인경 역본]

1. 그리고 모든 백성이 요르단 강을 건너기를 마친 후에 주님께서 예수에게 말씀하셨다. 그가 이르시기를 2. 백성으로부터 각 지파로 부터 한 명씩 장정을 취하라. 3. 너는 그들에게 명령하라. 이르기를 요르단 강 한 가운데로부터 예비된 열 두 돌을 취하라. 그리고 이것들을 가져다가 너희 가운데 너희가 숙박하는 그곳에 그것들을 두라. 너희는 그 돌들을 그 밤에 거기에 세워라. 4. 그리고 예수가 각 지파로부터 한 명씩 이스라엘의 자손들로 부터 탁월한 열두 명의 장정들을 불렀다. 5. 그가 그들에게 말했다. 너희는 주님의 면전 앞에서 내 앞으로 요르단 강 한 가운데로 나아가라. 그리고 거기에서 각각 돌을 취하여서 이스라엘의 열두 지파의 숫자 만큼 그 어깨에 매라. 6. 이는 너희 가운데 이것들이 모든 것과 함께 지정된 표징으로 있게 하려 함이다. 이는 언제든지 장래에 네 아들이 네게 묻거든, 그들이 말한다. 이 돌들이 당신들에게 무엇입니까? 7. 그리고 너는 네 아들에게 알려주어라. 네가 말한다. 요르단 강이 모든 땅의 주님의 언약 궤 앞에서 멈추어서 그 언약궤가 요단강을 건넜다. 그리고 이 돌들이 영원토록 너희에게 그리고 이스라엘 자손들에게 기념이 될 것이다. 8. 그리고 이스라엘 자손들이 그와같이 주님께서 예수에게 명령하심을 따라서 행하였다. 그래서 주님께서 예수에게 지도하신대로 이스라엘 자손들이 건너기를 마쳤을 때에 요르단 강으로부터 열 두 돌을 취하여서 그 각각을 진영에 세웠다. 그리고 거기에 두었다.

9. 예수가 그 요르단 강 안에 주님의 언약궤를 맨 제사장들의 발 아래 그곳에 열 두 돌 하나씩 세웠다. 그리고 그것들이 오늘 날까지 거기에 있다. 10. 주님께서 명령하신 모든 것을 예수가 이룰때까지 언약궤를 맨 제사장들이 요르단 강 안에 서 있었다. 그것은 주님께서 백성에게 선포한 것이다. 그리고 백성이 서둘렀다. 그리고 그들이 건넜다. 11. 그리고 모든 백성이 건너기를 마치었다. 그리고 주님의 언약궤가 건너기를 마치게 되었다. 그리고 돌들이 그 앞에 있었다. 12. 그리고 르우벤 자손들과 갓 자손들과 므낫세 반 지파가 무장을 하고 이스라엘 자손들 앞서 있었다. 모세가 그들에게 명령한 그대로 이다. 13. 사만 명이 싸우기 위하여서 무장하였다. 그리고 그들이 주님 앞에서 전쟁을 하기 위하여서 여리고 성 앞으로 나아갔다. 14. 그 날에 주님께서 예수를 이스라엘 모든 자손들 앞에서 크게 하셨다. 그러자 그들이 모세에게 했던 것 처럼 예수 생전에 그를 존경하였다.

[본문 해석]

오늘 본문은 여호수아와 그의 군대가 요단강을 건넌 이후에 여호와 하나님의 명령을 따라서 요단강 한 가운데 언약궤를 맨 제사장들이 서 있었던 발아래에 이스라엘 지파 중에 선발된 열두 명의 장정들이 돌을 매어다가 이제 여호수아와 이스라엘 군대가 머물게 될 길갈에 두는 사건을 기록하고 있다. 그리고 요단강 한 가운데 언약궤를 맨 제사장들이 서 있는 그 발아래에 여호수아가 열두 돌을 취하여서 세워두고 나오는 사건이 기록되어있다.

　여호와 하나님께서 여호수아와 이스라엘 백성에게 이와 같이 행하라고 명령하신 이유가 있다. 그것이 여호수아서 4장 6~7절에 기록되어 있다. "**6 이것이 너희 중에 표징이 되리라 후일에 너희 자손이 물어 가로되 이 돌들은 무슨 뜻이뇨 하거든 7 그들에게 이르기를 요단 물이 여호와의 언약궤 앞에서 끊어졌었나니 곧 언약궤가 요단을 건널 때에 요단 물이 끊어졌으므로 이 돌들이 이스라엘 자손에게 영영한 기념이 되리라 하라**"(수 4:6~7) 이는 가나안 정복 전쟁이 그치고 그 후손들이 길갈에 있는 열 두 돌들을 보고 묻거든 여호와 하나님께서 그의 권능으로 어떻게 이스라엘을 가나안으로 들이신 그 표징으로 삼으라는 것이다. 이는 하나님께서 이스라엘과 함께 하심을 후대에 이스라엘 자손들이 보고 듣고 더욱 굳센 믿음을 갖게 하려는 것이다.

　이제 요단강 동편에 기업을 얻은 지파들 르우벤 지파와 갓 지파와 므낫세 반 지파는 이스라엘 다른 지파들 보다 앞서서 행하였다. 그들은 이미 요단강 동편에 가족들을 두고 오로지 싸울 수 있는 장정들만 요단강을 건넜기 때문에 모두 즉시 적군과 싸울 수 있는 무장된 상태였다. 그래서 그들은 다른 지파의 군대들 보다 앞서서 나아갔다. 그리고 그들이 여리고 들판에 이르렀다.(수 4:13)

　이제 여호와께서 전쟁에 나가서 싸울 이스라엘 군대를 지휘할 지휘관으로서 여호수아를 크게 하셨다. 그러므로 여호와 하나님께서 이스라엘 군대가 여호수아의 명령에 즉각 순종하도록 군대 총 사령관으로서의 여호수아의 위치를 공

고하게 하셨다.(수 4:14)

[교리 강론]
1. 여호수아와 함께 요단강을 건넌 열두 지파

오늘 본문의 말씀을 자세히 살펴보면 열두 지파가 매우 중요하게 강조되고 있고 그 중에서 선발된 열두 장정들이 요단강 언약궤를 맨 제사장들의 발 아래에서 열두 돌을 취하여서 매고 나오는 사건이 자세하게 기록되어 있다.

오직 하나님께서 그의 주권적인 역사로서 요단강을 건넌 이스라엘의 구속사를 기념하게 하시고자 그가 이스라엘 열두 지파로서 부터 한 사람씩 선발한 열두 명을 통하여서 열두 개의 적지 않은 무게의 돌들을 취하여서 길갈에 두게 하셨다. 이 열 두 개의 돌들이 무겁다는 것은 각 장정들이 돌 한 개 씩 어깨에 들쳐 매고 나왔다는 사실에서 알 수 있다. 그것은 그냥 자그마한 조약돌이 아니었다. 장정 한 사람이 어깨에 들쳐 매고 나와야 할 정도로 무거운 돌들이었다. 그리고 그 돌 열두 개를 요단 강 한 가운데 언약궤를 맨 제사장들의 발 아래로 부터 가지고 나와서 길갈에 세웠다. 그러므로 이 돌들은 이스라엘 열두 지파를 의미한다. 그것은 구약의 교회 전체를 표상한다. 그러므로 요단강 물 속에 있었던 돌들을 꺼내서 길갈에 둔 것은 이스라엘 군대가 요단강을 마른 땅같이 건넜음을 증거한다. 그렇게 이스라엘 군대는 믿음으로 요단강을 건넜다. 이러한 이스라엘 군대의 신실한 신앙은 이미 애굽을 뒤로하고 홍해를 건너면서 시작되었다. 사도 바울은 고린도 전서 10장 1~4절에 다음과 같이 증거한다. "1 형제들아 너희가 알지 못하기를 내가 원치 아니하노니 우리 조상들이 다 구름 아래 있고 바다 가운데로 지나며 2 모세에게 속하여 다 구름과 바다에서 세례를 받고 3 다 같은 신령한 식물을 먹으며 4 다 같은 신령한 음료를 마셨으니 이는 저희를 따르는 신령한 반석으로부터 마셨으매 그 반석은 곧 그리스도시라"(고전 10:1~4) 그러므로 이스라엘 백성들은 모세와 함께 홍해를 건너면서 세례를 받았다. 그리고 광야 40년의 기간 동안에 만나를 먹으며 살았다. 그리고 신령한 음료를 마셨다. 그것은 모두 그리스도를 표상한다. 요한복음 6장 48~51절이다. 이 말씀은 예수 그리스도께서 유대인들에게 하신 말씀이다. "48 내가 곧 생명의 떡이로다 49 너희 조상들은 광야에서 만나를 먹었어도 죽었거니와 50 이는 하늘로서 내려오는 떡이니 사람으로 하여금 먹고 죽지 아니하게 하는 것이니라 51 나는 하늘로서 내려온 산 떡이니 사람이 이 떡을 먹으면 영생하리라 나의 줄 떡은 곧 세상의 생명을 위한 내 살이로라 하시니라"(요 6:49~51) 예수께서는 요한복음 6장 48~51절에서 이스라엘 백성들이 광야에서 먹은 만나는 단지 예표에 불과하다는 것을 말씀하신다. 그리고 이스라엘 백성들이 광야에서 먹은 그 만나의 실체는 우리 구주 예수 그리스도이심을 증거하신다. 그리고 우리 구주 예수 그리스도의 이러한 증거는 성만찬과 연결된다.

이제 새 언약의 경륜 아래에 거룩한 보편 교회는 성만찬을 통하여서 그리스도의 살과 피를 먹고 마신다. 성만찬에 실재적으로 임하시는 우리 구주 예수 그리스도의 살과 피는 포도주와 떡을 통하여서 성도들에게 영적으로 경험된다. 다시 말하면 성도들은 오직 믿음으로 그리스도의 살고 피를 실재적으로 먹고 마신다. 그렇게 구약 이스라엘 백성들은 광야 40년의 기간 동안 만나와 반석으로 나오는 신령한 음료를 통하여서 예수 그리스도를 예표적으로 먹고 마셨다. 그럼에도 불구하고 광야에서 이스라엘 백성들 중에 다수가 불순종으로 멸망하였다. 그러므로 하나님의 계명에 불순종하는 신앙은 비록 성만찬에 참여한다고 하여도 그 신앙이 유효적이지 못한다. 오직 하나님의 계명에 순종함으로서 성도들은 그리스도의 살과 피를 먹고 마시는 것이다. 그러므로 이 세내를 살아가는 성도들도 마찬가지이다. 하나님의 계명을 가볍게 여기는 것은 신령한 양식과 신령한 음료를 거절하는 것이다. 하나님의 계명에 순종하는 것이 곧 그리스도의 살과 피를 먹고 마시는 것이다. 그러므로 사도 바울은 히브리서 2장 1~4절에 다음과 같이 증거한다. "**1 그러므로 모든 들은 것을 우리가 더욱 간절히 삼갈지니 혹 흘러 떠내려 갈까 염려하노라 2 천사들로 하신 말씀이 견고하게 되어 모든 범죄함과 순종치 아니함이 공변된 보응을 받았거든 3 우리가 이같이 큰 구원을 등한히 여기면 어찌 피하리요 이 구원은 처음에 주로 말씀하신 바요 들은 자들이 우리에게 확증한 바니 4 하나님도 표적들과 기사들과 여러 가지 능력과 및 자기 뜻을 따라 성령의 나눠 주신 것으로써 저희와 함께 증거하셨느니라**"(히 2:1~4) 사도는 다음과 같이 새 언약의 거룩한 보편 교회에 속한 신자들에게 말하고 있다. 너희는 알라. 구약 경륜 아래에서 천사들을 통하여서 증거하신 율법의 말씀이라도 불순종하였던 광야에서 이스라엘 백성들이 그에 합당한 엄격한 보응이 떨어졌다. 더욱 이제 우리 구주 예수 그리스도에게서 직접 복음의 말씀을 들었던 사도들이 너희에게 전하는 이 복음을 등한히 여기면 어찌 멸망을 피할 수 있겠는가?

사도 바울은 첨언하여서 말한다. 이 복음은 처음에 주님께서 그의 공적 사역 기간에 전파하셨고 그 복음의 말씀을 들은 우리 사도들도 확증하는 바이다. 그리고 사도 시대에 하나님께서 표적과 기사들과 여러 가지 능력으로 성령의 나눠 주신 것으로 증거하셨다. 사도 바울의 증거를 요약하면 이러하다. 구약 율법 시대에 증거되어진 말씀을 불순종한 자들이 광야에서 그에 상응하는 보응을 받았다면 더욱 새 언약 경륜 아래에서 실체로서 오신 우리 구주 예수 그리스도의 복음의 세례를 등한히 하는 자들이 더 큰 심판을 받지 않겠느냐는 것이다. 실로 분명한 증거이다. 그러므로 성도들은 기억해야 한다. 신약의 경륜이 구약의 경륜보다 더 약한 것이 아니다. 그것은 주님께서 직접 말씀하셨다. "**내가 율법이나 선지자나 폐하러 온 줄로 생각지 말라 폐하러 온 것이 아니요 완전케 하려 함이로다**"(마 5:17) 주님께서는 그 자신이 율법과 선지자를 폐하려고 오신 것이 아니라 그것을 더욱 강화하여서 완성케 하려고 오셨다 말씀하신다. 그러므로 복음은 율법을 완성한다. 그러기에 성도들은 주님의 계명을 지켜야 한다. 더욱 철저하게 지키려고 애써야 한다. 이제 그렇다고 하면 이스라엘 열두 지파가 요단강을 건넜다는 것은 무엇을 의미하는가?

첫째로 이스라엘 열두 지파가 요단강을 믿음으로 건넜다는 것이다. 이는 예수 그리스도와 함께 요단강을 믿음으로 건너감으로서 하나님의 나라의 예표적 성취를 이루었다는 것을 의미한다. 믿음의 조상 아브라함 때부터 약속하신 그 약속의 땅을 이스라엘 백성들이 이제 본격적으로 성취하는 과정에서 요단강을 건너는 사건이 있었다. 그리고 그것은 열 두 지파에서 선발한 열두 명의 장정을 통하여서 요단강 한 가운데서 취하여 낸 열두 개의 돌들을 길갈에 세움으로서 그 증표를 삼았다.

둘째로 그렇다면 이스라엘 열두 지파의 형성은 어떠한 의미가 있는가? 살펴보기로 하자. 최초 이스라엘 열두 지파의 형성은 야곱부터이다. 이스라엘 열두 지파의 첫 족장들은 야곱의 아들들이다. 야곱이 그의 삼촌 라반의 집에 머물면서 2명의 아내와 두 명의 여종을 얻게 되었는데 그 네 명의 여인들로부터 열두 지파의 족장들을 얻게 된다. 그리고 야곱은 얍복 강에서 밤이 맞도록 천사와 씨름 한 후에 그 천사로 부터 새로운 이름을 부여 받는다. 그것이 바로 이스라엘이다. 이 새로운 이름은 곧 이스라엘 백성들의 나라 이름이 되었다.

이렇게 형성된 이스라엘 열 두 지파는 하나님의 섭리 가운데 요셉을 통하여서 그의 아미 야곱과 함께 애굽으로 내려가게 되었다. 그리고 그곳에서 430년을 있다가 애굽을 탈출 하여서 홍해를 건너고 광야 40년을 지내게 된다. 그 과정에서 이미 아브라함 시대부터 있었던 할례와 애굽을 탈출할 때 여호와 하나님께로 부터 명령을 받은 유월절은 이스라엘 백성됨의 중요한 표징이 되었다. 그리고 이제 할례와 유월절의 만찬을 통하여서 이스라엘은 이방 나라와 구분이 되는 하나님의 백성이며 언약의 백성임이 만천하에 증거되었다. 이렇게 형성된 열두 지파는 여호수아와 함께 요단강을 주님의 은혜로 건넘으로서 구약 경륜의 시대에 하나님의 나라의 예표로서 젖과 꿀이 흐르는 땅 가나안에 세워진다. 그렇게 열두 지파의 경계선들은 구약 하나님의 나라의 구조들이다.

각 지파들은 모든 이스라엘 백성들이 속한 하나의 영역들이다. 그래서 모든 이스라엘 백성들은 어느 지파 누구의 자손이라는 계보를 통하여서 자신의 존재를 알렸다. 그래서 구약 선지자들도 자신이 누구인가를 알릴 때에는 항상 자신이 속한 계보를 통하여서 알렸다. 먼저 이사야 선지자의 증거이다. "**유다 왕 웃시야와 요담과 아하스와 히스기야 시대에 아모스의 아들 이사야가 유다와 예루살렘에 대하여 본 이상이라**"(사 1:1) 선지자 이사야는 자신이 아모스의 아들임을 밝힌다. 그리고 예레미야 선지자의 증거이다. "**베냐민 땅 아나돗의 제사장 중 힐기야의 아들 예레미야의 말이라**"(렘 1:1) 예레미야는 자신이 아나돗의 제사장 힐기야의 아들이라고 밝힌다. 그리고 에스겔 선지자의 증거이다. "**1 제 삼십 년 사월 오일에 내가 그발 강 가 사로잡힌 자 중에 있더니 하늘이 열리며 하나님의 이상을 내게 보이시니 2 여호야긴 왕의 사로잡힌 지 오 년 그 달 오일이라 3 갈대아 땅 그발 강 가에서 여호와의 말씀이 부시의 아들 제사장 나 에스겔에게 특별히 임하고 여호와의**

권능이 내 위에 있으니라"(겔 1:1~3) 선지자 에스겔도 자신이 부시의 아들 제사장 나 에스겔이라고 밝힌다. 이러한 선지자들의 자기 존재 알리기는 그들이 이스라엘의 참된 선지자임을 증거하는 방식이다. 왜냐하면 모세가 참된 선지자의 조건으로서 증거하였던 바가 이러하였기 때문이다. 그것은 항상 너희 형제들 중에서 참된 선지자를 일으키게 될 것이라는 것이다. 신명기 18장 18절이다. "**내가 그들의 형제 중에 너와 같은 선지자 하나를 그들을 위하여 일으키고 내 말을 그 입에 두리니 내가 그에게 명하는 것을 그가 무리에게 다 고하리라**"(신 18:18) 이스라엘의 모든 참된 선지자들은 이스라엘 백성 중에 어느 한 지파에 속한 자들이었다.

그러므로 이스라엘 열두 지파가 요단강을 건넜다는 의미는 온 이스라엘의 구원을 의미한다. 이는 사도 바울이 로마서 11장 25~27절에 증거하였다. "**25 형제들아 너희가 스스로 지혜 있다 함을 면키 위하여 이 비밀을 너희가 모르기를 내가 원치 아니하노니 이 비밀은 이방인의 충만한 수가 들어오기까지 이스라엘의 더러는 완악하게 된 것이라 26 그리하여 온 이스라엘이 구원을 얻으리라 기록된바 구원자가 시온에서 오사 야곱에게서 경건치 않은 것을 돌이키시겠고 27 내가 저희 죄를 없이 할 때에 저희에게 이루어질 내 언약이 이것이라 함과 같으니라**"(롬 11:25~27) 사도 바울은 이방인의 충만한 수가 들어오기 까지 이스라엘의 더러가 완악하게된 것은 그렇게 하여서 온 이스라엘로 구원을 얻게 하고자 함이라 말한다. 그것은 하나님의 언약이 이스라엘뿐만 아니라 이방인에게 까지 미쳐서 온 이스라엘로 구원을 얻게 하려는 것이라는 의미이다. 그러므로 여기에서 온 이스라엘은 신구약 전체에 하나님의 택정함을 받은 성도들을 의미한다. 하나님께서 창세전부터 작정하신 택자 모두는 반드시 구원을 얻게 될 것을 의미한다. 그렇게 열 두 지파를 상징하는 길갈에 세워진 열 두 돌은 온 이스라엘의 구원을 의미한다. 그렇게 이스라엘 열두 지파는 하나님의 전적인 은총으로 구원을 얻었다.

2. 구약 이스라엘 열두 지파와 신약 교회의 열두 사도의 의미에 대하여서

하나님께서는 구약 율법 시대에는 모세의 율법과 제사장 제도 그리고 선지자들의 가르침을 통하여서 이스라엘을 통치하셨다. 그리고 왕정 시대에 특히 다윗 왕권 이후에 유대 왕국은 제사장 제도와 왕정 제도 그리고 그때 그때에 하나님의 섭리로 세워진 이스라엘의 선지자들에 의하여서 다스려졌다.

이러한 이스라엘의 통치 기구는 열두 지파의 족장들과 함께 구약 이스라엘 공동체의 통치 기관을 형성하였다. 이스라엘이 애굽에서 거대한 민족을 이루어서 열두 지파의 연합체 형태로 발전된 이후에 이스라엘은 족장 제도를 가지게 되었다. 모세의 인도로 애굽을 탈출한 이스라엘은 항상 모세와 이스라엘 열두 족장들의 회의체를 통하여서 다스려졌다.(출 18:12) 이것을 모세와 이스라엘의 열두 족장 회의라고 부른다. 그리고 이러한 이스라엘의 열두 족장들의 회의체는 [**장로의 회**](πρεσβυτεριον)의 기원이 된다. 구약 이스라엘 열두 족장들의 회의체는 장로 제도의 효시라고 볼 수 있다. 그렇게 구약 이스라엘 나라의 열두 지파의 족장 회의는 점차로 [**장로의 회**](πρεσβυτεριον)로 발전하였다. 그래서 제사장 제도와 왕정 제도 그리고 선지자 제도와 함께 이스라엘의 족장 회의가 매우 중요한 이스라엘의 통치 제도이다. 구약 이스라엘은 그들의 종교법을 지키며 이스라엘 백성들의 신앙을 관장한 제사장 제도와 의식법이 있었다. 그리고 이스라엘 백성들의 사회적인 규범과 도덕적 삶을 관장하는 왕정 제도가 있었다. 그래서 영원한 도덕법으로서 십계명의 첫 번째 돌판의 규례와 법도는 이스라엘 레위 지파에 속한 아론의 제사장들이 관장하였다. 그리고 두 번째 돌판의 규례와 법도는 이스라엘 왕정 제도가 관장하였다. 그렇게 십계명의 두 돌판은 제사장 제도와 왕정 제도가 이스라엘을 실질적으로 지배하였다. 그리고 선지자들은 십계명의 두 돌판의 계명을 자세하게 해석하여 권면하고 선포하는 사역을 행하였다. 그리고 그러한 이스라엘의 제사장 제도와 왕정 제도와 선지자 제도를 통한 통치 행위는 이스라엘 열두 족장들의 회의체를 통하여서 각 백성들에게 전달되었다. 그렇게 구약 시대에 이스라엘은 장로의 회를 통하여서 다스려졌다. 이제 새 언약의 거룩한 보편 교회는 어떻게 다스려졌을까하는 것이다. 무엇보다 구약의 율법을 성취하러 오신 예수 그리스도께서는 매우 고도의 의도를 가지시고 열두 사도를 친히 세우셨다. 새 언약의 교회의 열두 사도들은 구약의 열두 족장들과 비견된다. 새 언약의 거룩한 보편 교회는 예수 그리스도께서 열 두 사도들을 통하여서 통치하신다. 구약의 제사장과 선지자와 왕의 직분은 우리 구주 예수 그리스도께 통합되었다. 우리 구주 예수 그리스도께서 선지자와 제사장과 왕으로서 그의 백성에게 오셨다. 구약의 모든 통치 기관을 그가 친히 율법을 성취하심으로서 얻으셨다.

예수 그리스도는 새 언약의 거룩한 보편 교회의 선지자와 제사장과 왕이시다. 우리 구주 예수 그리스도는 그 백성의 참된 선지자이시고 대제사장이시며 왕 중의 왕이시다. 이제 그리스도께서 다스리시는 그 나라는 그가 친히 다스리신다. 그러므로 그의 백성들은 그리스도에게 직접 나아간다. 오직 믿음으로 그리스도와 연합하고 교통하여 그의 몸의 지체로서 성도들 상호간에 교통하여 하나의 몸으로서 세워져 간다. 그렇다면 구체적으로 그리스도께서 어떻게 열 두 사도를 통하여서 거룩한 보편 교회를 통치하시는가?

그것은 첫 째로 열 두 사도를 시작으로 하여서 모든 사도들의 가르침이 거룩한 보편 교회를 통치하는 가장 최고의 원리이다. 그렇다고 하면 사도들의 가르침은 무엇인가? 어디에서 사도들의 가르침을 찾을 수 있는가? 오직 신구약 성경이 사도들의 가르침의 총화이다. 신구약 성경을 벗어나서 사도들의 가르침은 없다. 신구약 성경이 사도들의 유일한 가르침이다. 그래서 **[오직 성경]**(Sola Scriptura)이다. 그리고 사도들의 가르침을 벗어난 어떠한 교훈도 성도들은 따라가면 않된다. 오직 성경 안에서 사도들의 가르침을 받고 그 사도들의 가르침을 따라서 구원에 이른다. "**14 그러**

나 너는 배우고 확신한 일에 거하라 네가 뉘게서 배운 것을 알며 15 또 네가 어려서부터 성경을 알았나니 성경은 능히 너로 하여금 그리스도 예수 안에 있는 믿음으로 말미암아 구원에 이르는 지혜가 있게 하느니라 16 모든 성경은 하나님의 감동으로 된 것으로 교훈과 책망과 바르게 함과 의로 교육하기에 유익하니 17 이는 하나님의 사람으로 온전케 하며 모든 선한 일을 행하기에 온전케 하려 함이니라"(딤후 3:14~17) 사도 바울은 믿음의 아들 디모데에게 말한다. "**너는 배우고 확신한 일에 거하라. 네가 뉘게서 배운 것을 알며**"(딤후 3:14) 여기에서 "**뉘게서**"란 사도들을 의미힌다. 사도 바울은 믿음의 아들 디모데에게 네가 사도들들에게서 배운 것을 알고 있다고 확인시킨다. 그리고 그 사도들의 가르침이 신구약 성경이라고 그 다음 구절에 밝히고 있다. 그것이 이러한 진술이다. "**또 네가 어려서부터 성경을 알았나니**"(딤후 3:15) 그리고 이 신구약 성경이 디모데에게 그리스도 예수 안에서 믿음으로 구원에 이르게 하는 지혜가 있게 한다.(딤후 3:15) 그리고 사도 바울은 믿음의 아들 디모데에게 증거한다. 모든 성경은 하나님의 영감으로 되어진 것이다. 다시 말해서 모든 성경은 하나님의 정확무오한 진리의 선언이다. 신구약 성경은 진리이라는 것이다. 그래서 그 신구약 성경을 통하여서 신자들은 하나님의 사람으로 온전케 되며 모든 선한 일을 행하기에 온전케 된다고 말한다.(딤후 3:17)

둘째로 사도들의 치리회로서 장로의 회이다. 사도들은 신약 교회의 장로들이다. "**너희 중 장로들에게 권하노니 나**

는 함께 장로 된 자요 그리스도의 고난의 증인이요 나타날 영광에 참여할 자로라"(벧전 5:1) 그렇다. 사도 베드로를 포함한 모든 사도들이 거룩한 보편 교회의 장로들이다. 그래서 사도들의 회의체는 장로회이다. 그리고 사도들과 함께 선지자들과 목사 곧 교사들과 치리 장로들이 모여서 거룩한 보편 교회의 공의회가 처음 개회된 것이 예루살렘 공회이다.(행 15:1~29) 사도 시대에 할례 문제로 열렸던 예루살렘 공의회는 사도들의 치리회로서 장로의 회가 가장 광범위하게 열렸던 형태였다.

거룩한 보편 교회의 왕과 제사장과 선지자이신 예수 그리스도께서 사도들의 치리회로서 장로의 회를 통하여서 교회를 통치하신다. 그리스도께서는 항상 왕과 제사장과 선지자이시고 거룩한 보편 교회는 구약 족장 회의체의 완결체로서 신약 시대에 사도들의 치리회인 장로의 회가 중요한 통치 기관이다.

예수 그리스도께서는 [**하나님의 법**](Jus Divinum)을 가지시고 치리회를 통하여서 신자들을 통치하신다. 항상 모든 권세는 오직 그리스도에게 있다. 치리회는 다만 그리스도의 뜻을 받들어서 수종드는 회의체이다. 그래서 치리회라고 부른다. 예수 그리스도는 구약 경륜의 시대에나 신약 경륜의 시대에나 변함없이 그 백성의 왕과 제사장과 선지자로서 그 백성을 통치하신다. 그것은 변함이 없다. 구약 시대에는 예표로 모형으로서 다스리셨고 이제는 장로회라는 통치 기구를 통하여서 다스리신다. 그러므로 사도들의 치리회로서 장로의 회는 신약 교회의 통치 기관으로 매우 중요한 의미를 갖는다.

제목: 길갈에서 할례를 받은 이스라엘
본문: 여호수아 5장 1~9절

[본 문]

1 요단 서편의 아모리 사람의 모든 왕과 해변의 가나안 사람의 모든 왕이 여호와께서 요단 물을 이스라엘 자손들 앞에서 말리시고 우리를 건네셨음을 듣고 마음이 녹았고 이스라엘 자손들의 연고로 정신을 잃었더라 2 그 때에 여호와께서 여호수아에게 이르시되 너는 부싯돌로 칼을 만들어 이스라엘 자손들에게 다시 할례를 행하라 하시매 3 여호수아가 부싯돌로 칼을 만들어 할례 산에서 이스라엘 자손들에게 할례를 행하니라 4 여호수아가 할례를 시행한 까닭은 이것이니 애굽에서 나온 모든 백성 중 남자 곧 모든 군사는 애굽에서 나온 후 광야 노중에서 죽었는데 5 그 나온 백성은 다 할례를 받았으나 오직 애굽에서 나온 후 광야 노중에서 난 자는 할례를 받지 못하였음이라 6 이스라엘 자손들이 여호와의 말씀을 청종치 아니하므로 여호와께서 그들에게 대하여 맹세하사 그들의 열조에게 맹세하여 우리에게 주마 하신 땅 곧 젖과 꿀이 흐르는 땅을 그들로 보지 못하게 하리라 하시매 애굽에서 나온 족속 곧 군사들이 다 멸절하기까지 사십 년 동안을 광야에 행하였더니 7 그들의 대를 잇게 하신 이 자손에게 여호수아가 할례를 행하였으니 길에서는 그들에게 할례를 행치 못하였으므로 할례 없는 자가 되었음이었더라 8 온 백성에게 할례 행하기를 필하매 백성이 진중 각 처소에 처하

여 낳기를 기다릴 때에 9 여호와께서 여호수아에게 이르시되 내가 오늘날 애굽의 수치를 너희에게서 굴러가게 하였다 하셨으므로 그 곳 이름을 오늘까지 길갈이라 하느니라

[원문 직역]

1. 요단 물 서편의 아모리 모든 왕들과 대해 근처 가나안 모든 왕들이 여호와께서 이스라엘 자손들 앞에서 요단 강 물을 말리셨고 그 동안 그들이 건넜다는 것을 듣고 그들의 마음이 녹았다. 그래서 이스라엘 자손들 앞에서 정신줄을 놓아 버렸다. 2. 그때에 여호와께서 여호수아에게 말씀하셨다. 너는 너에게 맞추어 돌로 칼을 만들어라. 그래서 돌이켜 이스라엘 자손들에게 다시 할례를 행하라. 3. 그래서 여호수아가 그에게 맞게 돌로 칼을 만들었다. 그리고 이스라엘 자손들에게 할례 언덕에서 할례를 행하였다. 4. 여호수아가 모든 백성에게 할례를 시행한 것은 이것이 이유이다. 그들이 애굽을 떠난 이후에 모든 전쟁을 치렀던 장정들은 광야 가운데 노중에서 죽었다. 5. 애굽에서 나올때 모든 백성들은 다 할례를 받았으나 애굽으로부터 나온 이후에 광야에 노중에서 태어난 자들은 할례를 받지 못하였다. 6. 애굽으로부터 나온 이후에 40년 동안 전쟁을 할 수 있는 장정들이 모두 멸절하기까지 이스라엘 자손들이 광야에서 걸었다. 이는 그들이 여호와의 음성을 듣지 않았기 때문이다. 그래서 여호와께서 그들에게 맹세하셨다. 여호와께서 그들의 조상에게 주시겠다고

약속하여 우리에게 주겠다고 하신 젖과 꿀이 흐르는 그 땅을 그들이 보지 못할 것이다. 7. 여호와께서 그들을 대신하여서 그들의 자손들을 일으키셨다. 그리고 여호수아가 그들에게 할례를 시행하였다. 왜냐하면 노중에서는 할례를 시행할 수 없었기에 그들이 무할례 상태였기 때문이다. 8. 모든 백성이 할례 받는 것을 마쳤다. 그들이 진중에서 상처가 아물때까지 거하였다. 9. 여호와께서 여호수아에게 말씀하셨다. 그 날에 내가 애굽의 수치를 너희로부터 굴러가게 하였다. 그가 그곳의 이름을 오늘날 까지 길갈이라 불렀다.

[70인경 역본]

1. 그리고 요르단 서쪽에 있던 아모리인들의 왕들과 대해 근처에 살던 페니키안들의 왕들이 주 하나님께서 요르단 강을 건널 수 있도록 이스라엘 자손들 앞에서 그 강을 말리셨다는 것을 듣게 되었다. 그래서 그들의 마음들이 녹았다. 그리고 붕괴되었다. 그래서 이스라엘 자손들 앞에서 그들 안에 있는 정신이 나갔다. 2. 이 때에 주님께서 예수에게 말씀하셨다. 네 자신에게 맞는 칼을 돌로 만들어서 그 돌 칼로 이스라엘 자손들에게 앉게 하여서 할례를 시행하라. 3. 그러자 예수가 날카롭게된 돌 칼로 이스라엘 자손들에게 할례 받지 못한 자들의 언덕이라고 불리는 곳에서 할례를 시행하였다. 4. 그때에 예수가 애굽으로부터 나올 때에 노중이라 할례를 받지 못한 이스라엘 자손들을 할례를 시행하여야 했다. 5. 예수가 이 모든 자

들을 할례하였다. 6. 왜냐하면 42년 동안 이스라엘이 광야에서 살았기 때문이다. 그러므로 애굽으로 부터 나올 때에 전사들 중에 많은 수가 무할례 상태였다. 주님께서 하나님의 계명에 불순종하는 자들은 젖과 꿀이 흐르는 땅을 우리에게 주시겠다고 그들의 조상들에게 맹세하신 그 땅을 보지 못할 것이라고 말씀하셨다. 7. 반항하는 이들을 대신하여서 예수가 그것들을 인하여서 무할례의 노정을 따라서 있었던 그들의 자손들을 할례하였다. 8. 할례를 받으면서 그들이 가만히 상처가 아물 때까지 진영 안에 그곳에 앉아 있었다. 9. 그리고 주님께서 그 날에 눈의 아들 예수에게 말씀하셨다. 내가 너희로부터 애굽의 수치가 떠나게 하였다. 그리고 그가 그곳의 이름을 길갈이라 불렀다.

[본문 해석]

  오늘 본문은 이스라엘 백성들이 여호와 하나님의 명령을 따라서 길갈에 진을 치고 그곳에서 할례를 받는 사건을 기록하고 있다. 요단강 서편에 사는 아모리인들의 왕들과 대해 근처에 사는 가나안인들 모든 왕들이 여호와께서 이스라엘에게 행하신 놀라운 역사에 대하여서 듣고 그 마음이 녹아 버렸다. 그것은 여호와 하나님께서 이스라엘 백성들로 하여금 요단강을 마른 땅과 같이 건너게 하셨다는 것이다.
  이는 그들에게 매우 충격적인 사건이었다. 군대가 강을 건너는 것은 고대 전술에서는 적군에게 좋은 타격을 줄 수 있는 기회이다. 그런데 이스라엘 군대는 여호와 하나님의 보호하심 가운데 요단강을 마른 땅 처럼 건넜다. 요단강 서편의 도시 국가의 나라들은 손을 쓸세도 없이 이스라엘 군대가 요단강을 건넜다는 전갈을 받은 것이다. 그리고 이 사건은 요단강 서편의 아모리 인들의 나라와 가나안인들의 나라들에게 매우 크나큰 충격이었다. 그들은 전투할 의지조차 상실하였다.(수 5:1)

여호수아 5장 1절 후반부 본문은 그들의 "**마음이 녹았고 이스라엘 자손들의 연고로 정신을 잃었더라**"고 되어있다. 직역하면 이러하다. "그들의 마음이 녹았다. 그래서 이스라엘 자손들 앞에서 정신줄을 놓아 버렸다." 70인경은 이러하다. "그래서 그들의 마음들이 녹았다. 그리고 붕괴되었다. 그래서 이스라엘 자손들 앞에서 그들 안에 있는 정신이 나갔다."

첫째 그들의 마음이 녹았다. 히브리어로 "**바야마스 레바밤**"으로 되어있다. 70인경은 "**에타케산 아우톤 하이 디아노이아이**"(ἐτάκησαν αὐτῶν αἱ διάνοιαι)로 되어있다. 직역하면 "그들의 지성이 풀어졌다."가 된다.

둘째로 그들이 정신을 잃었다고 되어있다. 히브리어로 "**밤 오드 루아흐**"로 되어있다. 직역하면 이러하다. "**그들 안에 있는 영혼이 이리 저리 돌아 다녔다.**" 이는 정신을 차리 못하는 상태를 의미한다. 70인경은 이러하다. "**카테플라게산 카이 우크 엔 엔 아우토이스 프로네시스 우데미아**"(κατεπλάγησαν καὶ οὐκ ἦν ἐν αὐτοῖς φρόνησις οὐδεμία) 직역하면 이러하다. "**정신이 붕괴되어서 그들 안에서 어디로 갔는지 모를 정도이다.**" 실로 그들은 **혼비백산**한 상태였다. 이러한 상태로서는 이스라엘과 전쟁을 치를 수 없다. 그들은 이미 패배한 상태였다. 이스라엘은 전진하여서 승리를 주워담으면 되었다.

그러므로 이제 여호와 하나님께서는 여호수아에게 명령하신다.(수 5:2) 젖과 꿀이 흐르는 약속의 땅을 차지하기 전에 이스라엘 백성 중에서 애굽을 탈출한 직후부터 광야에 있을 때에 태어난 모든 할례받지 못한 자들에게 할례를 시행하라는 것이다. 이스라엘의 할례의 규례는 태어 난지 8일만에 할례를 시행하도록 되어있다. 그러므로 애굽에서 광야로 나온 이후에 이스라엘 남자들은 대략 40세 이전의 나이였다. 그들 모두에게 여호와께서는 여호수아에게 명령하셔서 할례를 시행하라고 하셨다. 그러므로 여호수아는 여호와의 명령을 따라서 부싯돌로 돌 칼을 만들어서 그것으로 광야에서 태어나서 할례 받지 못한 이스라엘 남자들에게 할례를 시행하였다. 그리고 여호수아가 할례를 시행한 언덕을 할례 산이라고 불렀다.(수 5:3)

이제 할례 받지 못한 모든 이스라엘 남자들이 할례를 받게 되자 여호와 하나님께서 그곳 이름을 길갈이라고 부르셨다. 이는 **"여호와께서 여호수아에게 이르시되 내가 오늘날 애굽의 수치를 너희에게서 굴러가게 하였다."**(수 5:9)라는 의미이다. **길갈**이란 히브리어 동사 **"갈랄"**에서 파생한 명사형이다. 그 의미는 **"굴러간다"**라는 뜻이다. 이는 길갈에서 이스라엘 백성들 중에 무할례자가 이제 모두 할례를 받았으니 애굽을 떠나온 이후로 할례를 받지 못한 모든 수치를 굴려 보냈다는 의미이다. 이제 난지 8일이 넘은 모든 이스라엘 남자들이 할례를 받았다. 그러므로 이제 할례를 받지 않은 이스라엘 장정이 없게 되었다. 그들이 요단강 서편의 아모리인들의 도시 국가와 가나안 인들의 도시 국가와 본격적으로 전쟁을 하기 전에 할례를 받았다는 것은 의미가 없지 않다. 그것은 할례가 내포하고 있는 매우 소중한 의미와 연결된다.

이스라엘 백성들에게 할례는 처음 아브라함의 신앙을 따라서 여호와 하나님께서 아브라함과 그의 후손들과 맺으신 언약에 기초한다. 창세기 17장 1~14절이다. "**1 아브람의 구십구 세 때에 여호와께서 아브람에게 나타나서 그에게 이르시되 나는 전능한 하나님이라 너는 내 앞에서 행하여 완전하라 2 내가 내 언약을 나와 너 사이에 세워 너로 심히 번성케 하리라 하시니 3 아브람이 엎드린대 하나님이 또 그에게 일러 가라사대 4 내가 너와 내 언약을 세우니 너는 열국의 아비가 될지라 5 이제 후로는 네 이름을 아브람이라 하지 아니하고 아브라함이라 하리니 이는 내가 너로 열국의 아비가 되게 함이니라 6 내가 너로 심히 번성케 하리니 나라들이 네게로 좇아 일어나며 열왕이 네게로 좇아 나리라 7 내가 내 언약을 나와 너와 네 대대 후손의 사이에 세워서 영원한 언약을 삼고 너와 네 후손의 하나님이 되리라 8 내가 너와 네 후손에게 너의 우거하는 이 땅 곧 가나안 일경으로 주어 영원한 기업이 되게 하고 나는 그들의 하나님이 되리라 9 하나님이 또 아브라함에게 이르시되 그런즉 너는 내 언약을 지키고 네 후손도 대대로 지키라 10 너희 중 남자는 다 할례를 받으라 이것이**

나와 너희와 너희 후손 사이에 지킬 내 언약이니라 11 너희는 양피를 베어라 이것이 나와 너희 사이의 언약의 표징이니라 12 대대로 남자는 집에서 난 자나 혹 너희 자손이 아니요 이방 사람에게서 돈으로 산 자를 무론하고 난 지 팔 일 만에 할례를 받을 것이라 13 너희 집에서 난 자든지 너희 돈으로 산 자든지 할례를 받아야 하리니 이에 내 언약이 너희 살에 있어 영원한 언약이 되려니와 14 할례를 받지 아니한 남자 곧 그 양피를 베지 아니한 자는 백성 중에서 끊어지리니 그가 내 언약을 배반하였음이니라"(창 17:1~14) 창세기 17장 1~14절 본문을 통하여서 우리는 할례가 은혜 언약의 외적 표징이라는 것을 알 수 있다. 그리고 오늘 본문 여호수아서 5장 1~9절은 여호수아가 광야에서 태어나서 할례를 미처 받지 못한 모든 이스라엘 남자들에게 그가 만든 날카로운 돌칼로 할례를 시행하였다는 사실을 우리에게 전한다. 구약 시대에 이스라엘 백성들에게 할례를 받지 못하고 살아가는 것은 수치였다. 그러므로 여호수아가 길갈에서 할례 받지 못한 모든 이스라엘 백성들에게 할례를 시행함으로서 그러한 수치를 버릴 수 있었다. 하나님의 언약의 백성으로서 할례를 받은 이스라엘 백성들은 여호수아의 지도 아래에서 일사분란하게 움직이셔 가나안 땅의 적군들을 무찌르기 시작하였다.

[교리 강론]
1. 구약 할례의 의미에 대하여서
이제 오늘 본문은 이스라엘이 본격적인 가나안 정복 전

쟁 이전에 광야에서 태어나서 할례 받지 못한 모든 남자들에 대하여서 할례를 시행한 사건을 기록하고 있다.

구약의 할례는 어떠한 의미를 갖는가? 그것은 언약의 백성으로서 갖추게 되는 외적인 표징을 의미한다. 구약 시대 할례는 이스라엘 백성들이면 예외없이 받아야 하는 이스라엘 백성됨의 표징이었다. 그렇다면 이제 구약의 할례가 갖는 신학적 의미는 무엇인가? 그것은 외적으로는 이스라엘 백성됨의 표징이며 내적으로는 중생을 표상한다. 할례의 본질적 의미는 중생이다. 그래서 사도 바울은 로마서 2장 28~29절에 할례의 본질적 의미가 무엇인가를 제시하였다. **"28 대저 표면적 유대인이 유대인이 아니요 표면적 육신의 할례가 할례가 아니라 29 오직 이면적 유대인이 유대인이며 할례는 마음에 할지니 신령에 있고 의문에 있지 아니한 것이라 그 칭찬이 사람에게서가 아니요 다만 하나님에게서니라"**(롬 2:28~29) 그것은 마음의 할례를 받아야 한다는 것이다. 그러므로 구약 시대에 할례를 받지 않은 자는 이스라엘 백성으로부터 끊어졌다. 할례를 받지 않는다면 이스라엘 백성이 아닌 것이다. 그러므로 모든 이스라엘 남자들은 난지 8일 만에 할례를 받았다. 그리고 그것이 이스라엘 백성들에게 영원한 증표가 되었다.

이제 우리는 할례의 외적 의미가 무엇인가 알았다. 그것은 이스라엘 공동체에 속한 자라는 의미를 갖는다. 그래서 구약 시대에 할례받은 자들은 아브라함의 자손이며 언약의 백성이다. 그러나 더욱 중요한 본질적인 의미는 마음의 할례를 받는 것이다. 사도 바울은 빌립보서 3장 2~3절에서 그 당시에 유대인들이 마음의 할례를 받지 못하고 다만 자신들이 외적 할례를 받은 할례당이라는 사실만을 자랑하였다고 유대인들의 형식적인 신앙을 지적하였다. 빌립보서 3장 2~3절이다. "**2 개들을 삼가고 행악하는 자들을 삼가고 손할례당을 삼가라 3 하나님의 성령으로 봉사하며 그리스도 예수로 자랑하고 육체를 신뢰하지 아니하는 우리가 곧 할례당이라**"(빌 3:2~3) 여기에서 개들은 거짓된 교리를 가르치는 거짓 교사들을 의미한다. 그리고 행악하는 자들은 그러한 거짓된 교리를 가지고 교회를 어지럽히는 자들을 의미한다. 그리고 손할례당은 교회 안에 가만히 들어와서 자신들이 할례받은 유대인이라는 사실을 자랑하며 그 당시의 신자들에게 할례를 받아야 한다고 가르치는 자들을 의미한다. 사도는 "**하나님의 성령으로 봉사하며 그리스도 예수로 자랑하고 육체를 신뢰하지 아니하는 우리가 곧 할례당이라**"(빌3:3)라고 선언함으로서 할례의 참된 의미가 중생에 있음을 가르치고 있다.

2. 구약 할례를 대체하는 신약 세례의 의미에 대하여서

새 언약의 거룩한 보편 교회는 사도들의 규례로서 세례를 시행하였다. 그리고 사도들로 부터 시작된 세례의 시행은 새 언약의 거룩한 보편 교회에 규례가 되었다. 그 당시에 세례는 거룩한 보편 교회 공동체 안으로 들어오는 외적인 가입 절차였다. 누구든지 비록 할례를 받은 유대인이라고 하여도 반드시 세례를 받아야 했다. 왜냐하면 할례는 우리 구주 예수 그리스도께서 완전하게 구약 율법을 성취하심으로서 그 효력이 다하였기 때문에 새 언약의 경륜 아래에 있는 교회에게 할례를 어떠한 효력도 사라졌다. 더 이상 누구도 할례를 자랑하면서 그리스도의 몸 된 교회 안에서 스스로 자신들을 높이고 차별을 두고 할 수 없었다. 그것은 사도들의 동일한 가르침이었다. 그렇게 구약의 할례는 새 언약의 경륜 아래에서 세례로 대체되었다. 이제 새 언약의 경륜 아래에 속한 교회는 세례를 통하여서 구약 할례를 대체하였다. 그래서 더 이상 할례는 효력이 없다. 오직 거룩한 보편 교회에 가입하는 절차는 세례이다. 모든 신자들은 세례를 통하여서 거룩한 보편 교회에 속한 자가 되었다. 이제 세례 받은 성도들은 구약의 이스라엘 백성과 동일한 특권과 지위를 갖는다. 그래서 세례 받은 성도들은 아브라함의 자손이며 언약의 백성이고 구약 시대에 할례를 받은 이스라엘과 동일한 하나님의 백성이다.

이제 그렇다고 하면 세례는 누가 제정하였는가? 그것은 마태복음 28장 18~20절을 통하여서 살펴 볼 수 있다. "**18 예수께서 나아와 일러 가라사대 하늘과 땅의 모든 권세를 내게 주셨으니 19 그러므로 너희는 가서 모든 족속으로 제자를 삼아 아버지와 아들과 성령의 이름으로 세례를 주고 20 내가 너희에게 분부한 모든 것을 가르쳐 지키게 하라 볼지어다 내가 세상 끝날까지 너희와 항상 함께 있으리라 하시니라**"(마 28:18~20) 이 본문의 말씀을 따라서 볼 때에 세례는 우리 구주 예수 그리스도께서 승천하시기 전에 직접 명령하심으로서 제정하신 것이다. 세례는 그리스도께서 제정하신 것이다. 주님께서는 새 언약의 경륜 아래에 속한 그의 몸된 교회에게 세례라는 외적 표징을 통하여서 구약의 할례를 성취하는 제도로 마련하여 주였다. 이제 세례를 통하여서 성도들은 구약 할례를 성취하는 제도로서 하나님의 백성 됨의 외적 표징을 갖는다. 성도들은 세례라는 절차를 거쳐서 교회의 지체가 되며 하나님의 교회의 일원으로서 모든 권리를 갖는다.

그렇다고 하면 예수께서 명령하신 이후에 세례의 규례는 언제 누가 처음 시행하였는가? 그것은 오순절 사건 이후에 사도들이 처음 시행하였다. 사도행전 2장 37~41절이다. "**37 저희가 이 말을 듣고 마음에 찔려 베드로와 다른 사도들에게 물어 가로되 형제들아 우리가 어찌할꼬 하거늘 38 베드로가 가로되 너희가 회개하여 각각 예수 그리스도의 이름으로 세례를 받고 죄 사함을 얻으라 그리하면 성령을 선물로 받으리니 39 이 약속은 너희와 너희 자녀와 모든 먼 데 사람 곧 주 우리 하나님이 얼마든지 부르시는 자들에게 하신 것이라 하고 40 또 여러 말로 확증하며 권하여 가로되 너희가 이 패역한 세대에서 구원을 받으라 하니 41 그 말을 받는 사람들은 세례를 받으매 이 날에 제자의 수가 삼천이나 더하더라**"(행 2:37~41) 이 본문은 오순절 사건 이후에 사도 베드로가 열한 사도와 함께 유대인들과 예루살렘에 사는 모든 사람들 앞에서 자세하게 구약을 해석하면서 복음적 설교를 하게 되었다.(행 2:14~36) 그러자 많은 유대인들이 그 마음이 찔려서 사도 베드로와 다른 사도들에게 문의하여 말하기를 "**형제들아 우리가 어찌할꼬**"(행 2:37)라고 하였을 때 사도 베드로가 권면한 말씀이다. 그래서 예루살렘에서 첫 결신자들이 있게 되었고 그들이 그 때에 거룩한 보편 교회에 일원이 되었다. 그들은 대부분이 유대인들이었다. 그렇다고 하면 언제 이방인들이 거룩한 보편 교회에 회원이 되는가? 그것은 사도행전 10장 1~48절에 고넬료 가정의 구원 사건을 통하여서 알 수 있다.

가이사랴에 고넬료하는 경건한 이방인이 있었다. 그는 이달리아대의 군대 백부장이었다.(행 10:1) 하루는 고넬료가 기도할 때에 환상 중에 하나님의 사자가 고넬료에게 계시하셔서 즉시 베드로라하는 시몬을 청하라고 명령하신다. 그리고 베드로가 욥바 해변 근처에 피혁공인 시몬의 집에 있다고 말씀하신다.(행 10:6) 그래서 고넬료가 욥바로 자신의 부하들을 보낸다.(행 10:8)

그 시간에 사도 베드로도 기도 중에 환상을 보게 된다. 그것은 구약 시대에 율법이 금하는 결코 먹을 수 없는 음식들이 내려오는 것이었다.(행 10:12) 하늘에서 하나님께서 말씀하시기를 사도 베드로에게 그것을 먹으라고 명령하신다. 그러자 사도 베드로가 하나님께 간구한다. **"내가 속되고 깨끗하지 않은 음식을 먹을 수 없나이다."**(행 10:14) 그런데 이런 일이 세 번에 걸쳐서 동일하게 반복되어 계시되었다.(행 10:15~16) 그리고 그때에 고넬료가 보낸 사람들이 욥바의 시몬의 집에 도착하였다. 그리고 베드로를 만나기를 청하였다. 그때에 성령께서 사도 베드로에게 계시하셔서 그들을 만나라고 명령하신다. 그래서 사도 베드로가 그들을 만나게 된다.(행 10:28)

그래서 그 다음날 사도 베드로가 그들을 따라서 고넬료의 집으로 간다.(행 10:29) 고넬료가 사도 베드로를 극진히 받아들인다. 그리고 사도 베드로는 자신을 초청한 이유에 대하여서 고넬료에게 묻는다. (행 10:24~29) 그러자 고넬료가 자신이 본 환상을 말한다.(행 10:30~33) 이제 사도 베드로가 하나님의 뜻을 깨닫고 고넬료와 그 가정에 복음을 전한다.(행 10:34~43) 바로 그때에 성령께서 그 말씀을 듣는 자들에게 임재하는 것을 사도 베드로가 계시로서 보게 된다.(행 10:44) 그러므로 사도 베드로가 말한다. 사도행전 10장 47~48절이다. "**47 이에 베드로가 가로되 이 사람들이 우리와 같이 성령을 받았으니 누가 능히 물로 세례 줌을 금하리요 하고 48 명하여 예수 그리스도의 이름으로 세례를 주라 하니라 저희가 베드로에게 수일 더 유하기를 청하니라**"(행 10:47~48)

그러므로 고넬료 집을 복음으로 전도한 사건 이후에 그리스도의 교회는 이방인에게 복음의 문을 열었다. 그리고 사도들은 각처에서 이방인들에게도 세례를 베풀고 주님의 백성으로서 받아들였다.

이제 그렇다고 하면 고넬료의 집의 복음을 전도한 사건 이후에 세례의 의미는 무엇인가? 그것은 새 언약의 거룩한 보편 교회에게는 유대인이나 헬라인이나 차별이 없음을 의미하며 무엇보다 이제는 새 언약의 경륜 아래에서 세례가 할례를 대체할 뿐 아니라 더 이상 할례의 규례는 의미가 없으며 세례로서 유대인이건 헬라인이건 복음 아래에서 하나의 백성으로서 연합이 된다는 것이다.

그렇게 새 언약의 경륜 아래에서 시행되는 세례는 각 나라와 민족과 열방 가운데 주님의 몸 된 교회가 세워지게 될 것이며 그렇게 세워진 거룩한 보편 교회는 구약의 교회와 동일한 본질과 동일한 특권과 지위를 가지게 된다는 것을 의미한다. 이제 세례를 통하여서 새 언약의 경륜 아래에 거룩한 보편 교회에 속한 성도들은 구약 전체의 하나님의 백성과 동일한 약속과 동일한 믿음과 동일한 효력을 가지고 하나님을 섬기는 주님의 백성이다. 결코 차별이 있을 수 없다.

로마서 10장 9~13절이다. "**9 네가 만일 네 입으로 예수를 주로 시인하며 또 하나님께서 그를 죽은 자 가운데서 살리신 것을 네 마음에 믿으면 구원을 얻으리니 10 사람이 마음으로 믿어 의에 이르고 입으로 시인하여 구원에 이르느니라 11 성경에 이르되 누구든지 저를 믿는 자는 부끄러움을 당하지 아니하리라 하니 12 유대인이나 헬라인이나 차별이 없음이라 한 주께서 모든 사람의 주가 되사 저를 부르는 모든 사람에게 부요하시도다 13 누구든지 주의 이름을 부르는 자는 구원을 얻으리라**"(롬 10:9~13) 그러므로 새 언약의 경륜 아래에서 제정된 세례는 주님께서 직접 명령하신 것이고 사도들이 제정하여서 시행한 것이다. 그리고 그 의미는 오직 믿음으로 하나님의 백성된 자들에게 주어지는 외적 표징이다. 그리고 새 언약의 거룩한 보편 교회에 가입하는 중요한 절차이다. 그러므로 지금도 사도들의 규례를 따라서 세워지는 거룩한 보편 교회의 설립은 하나님의 나라의 확장이며 하나님께서 기뻐하시는 바이다. 거기에 각 성도들은 자신에게 부여하신 하나님의 사명이 무엇인가를 알아가야 할 것이다. 그리고 그러한 과정 가운데 하나님의 나라가 더욱 가까이 임재하는 것을 경험하게 될 것이다.

제목: 만나가 그쳤다.
본문: 여호수아 5장 10~12절

[본 문]

10 이스라엘 자손들이 길갈에 진쳤고 그 달 십사일 저녁에는 여리고 평지에서 유월절을 지켰고 11 유월절 이튿날에 그 땅 소산을 먹되 그 날에 무교병과 볶은 곡식을 먹었더니 12 그 땅 소산을 먹은 다음 날에 만나가 그쳤으니 이스라엘 사람들이 다시는 만나를 얻지 못하였고 그 해에 가나안 땅의 열매를 먹었더라

[원문 직역]

10. 이스라엘 자손들이 길갈에 진영을 갖추었다. 그리고 그들이 그 달 14일 저녁에는 여리고 평지에서 유월절을 지켰다. 11. 유월절 그 다음 날에 그들이 땅의 소산물을 먹었다. 그들이 이 날에 볶은 곡식과 무교병을 먹었다. 12. 그들이 땅의 소산물로 부터 먹은 그 다음날로 만나가 그쳤다. 이스라엘 자손들에게 만나가 다시 있지 않았다. 그리고 그해부터 그들이 가나안 땅의 소산물로부터 먹었다.

[70인경 역본]

10. 그리고 이스라엘 자손들이 요르단 건너편 여리고 서쪽 평지에서 그 달 14일 저녁에 유월절을 지켰다. 11. 그리고 그들이 땅의 곡식으로부터 무교병을 먹었다. 그날

이 새해였다. 12. 그들이 땅의 소산을 먹은 후에 만나가 그쳤다. 그리고 그 해에 페니키아 지방의 소산물을 얻은 이후에 더 이상 이스라엘 자손들에게 만나가 있지 않았다.

[본문 해석]

이스라엘은 유월절을 지켰던 그 달이 새해 첫 달이었다. 대략 지금의 3월 정도되는 시기이다. 그러므로 그들은 새해 첫 달 14일에 유월절을 지켰다.

요단강을 건넌 이스라엘 백성들은 새해 첫 유월절을 가나안 땅에서 추수한 곡식으로 무교병을 만들어서 먹었다. 그리고 그들이 땅의 소산으로부터 곡식을 얻어서 그것으로 유월절을 지킨 이후에 만나가 그쳤다. 이제는 더 이상 하늘로부터 만나가 내리지 않았다. 만나는 이스라엘 백성들이 광야 40년 동안에 스스로 추수해서 먹을 양식이 없었을 시기에 하늘에서 비같이 내렸다. 그러므로 출애굽기 16장 1~4절은 하늘로부터 만나가 비 같이 내렸던 그 놀라운 역사를 기록하고 있다. "1 이스라엘 자손의 온 회중이 엘림에서 떠나 엘림과 시내 산 사이 신 광야에 이르니 애굽에서 나온 후 제 이 월 십오일이라 2 이스라엘 온 회중이 그 광야에서 모세와 아론을 원망하여 3 그들에게 이르되 우리가 애굽 땅에서 고기 가마 곁에 앉았던 때와 떡을 배불리 먹던 때에 여호와의 손에 죽었더면 좋았을 것을 너희가 이 광야로 우리를 인도하여 내어 이 온 회중으로 주려 죽게 하는도다 4 때에 여호와께서 모세에게 이르시되

보라 내가 너희를 위하여 하늘에서 양식을 비같이 내리리니 백성이 나가서 일용할 것을 날마다 거둘 것이라 이같이 하여 그들이 나의 율법을 준행하나 아니하나 내가 시험하리라"(출 16:1~4) 이스라엘 백성들은 가지고 나온 양식이 거의 바닥이 나서 굶주리게 되었다. 많은 회중들이 불평과 불만에 가득차 있어서 모세와 아론을 원망할 때 여호와께서 모세에게 말씀하셨다. 그것은 이스라엘 백성들을 먹이시고자 만나를 하늘로부터 비같이 내려 주실 것이라는 것이다. 그리고 이 만나는 여호수아서 5장 10~12절에 요단강을 건너서 지켰던 첫 유월절 무교병 만찬 이후에 그쳤다.

하나님께서 이스라엘 백성들에게 만나를 내리기를 그치게 하신 것은 매우 자연스러운 과정이다. 왜냐하면 이제 가나안 땅의 곡식을 통하여서 양식을 얻을 수 있게 되었기 때문이다. 이제 이스라엘은 더 이상 광야 시대가 아닌 가나안 정착의 역사가 시작되었음을 알리는 사건이기도 하다. 하나님께서 요단강 건너 첫 유월절 만찬 이후에 만나를 그치게 하셨다. 이는 만나와 유월절과 매우 긴밀하게 연결되어 있다는 것을 의미한다.

이스라엘이 애굽으로부터 나올 때에 첫 유월절을 지켰다. 그리고 하나님께서 유월절을 지킨 그 달을 그 해의 첫 달로 삼으셨다. 이스라엘은 유월절을 시작으로 한 해가 시작되는 것이다. 그런데 광야에서는 곡식을 얻을 수 없었다. 그러므로 여호와 하나님께서 모세와 아론에게 말씀하셨다. 그것은 만나가 하늘로 부터 비같이 내려서 이스라엘로 그것을 양식으로 삼게 하신다는 것이다. 그리고 그 만나는 이스라엘로 하여금 여호와 하나님의 계명에 순종하는지를 시험하는 도구가 되었다. 출애굽기 16장 4절이다. "**때에 여호와께서 모세에게 이르시되 보라 내가 너희를 위하여 하늘에서 양식을 비같이 내리리니 백성이 나가서 일용할 것을 날마다 거둘 것이라 이같이 하여 그들이 나의 율법을 준행하나 아니하나 내가 시험하리라**"(출 16:4)

이제 출애굽기 16장 14~30절을 통하여서 우리는 하나님께서 어떻게 이스라엘을 만나를 통하여서 훈련시켜 가시는가를 알 수 있게 된다. "**14 그 이슬이 마른 후에 광야 지면에 작고 둥글며 서리같이 세미한 것이 있는지라 15 이스라엘 자손이 보고 그것이 무엇인지 알지 못하여 서로 이르되 이것이 무엇이냐 하니 모세가 그들에게 이르되 이는 여호와께서 너희에게 주어 먹게 하신 양식이라 16 여호와께서 이같이 명하시기를 너희 각 사람의 식량대로 이것을 거둘지니 곧 너희 인수대로 매명에 한 오멜씩 취하되 각 사람이 그 장막에 있는 자들을 위하여 취할지니라 하셨느니라 17 이스라엘 자손이 그같이 하였더니 그 거둔 것이 많기도 하고 적기도 하나 18 오멜로 되어 본즉 많이 거둔 자도 남음이 없고 적게 거둔 자도 부족함이 없이 각기 식량대로 거두었더라 19 모세가 그들에게 이르기를 아무든지 아침까지 그것을 남겨 두지 말라 하였으나 20 그들이 모세의 말을 청종치 아니하고 더러는 아침까지 두었더니 벌레가 생기고 냄새가 난지라 모세가 그들에게 노하니라 21 무리가 아침마다 각기 식량대로 거두었고 해가 뜨겁게 쪼이면 그것이 스러졌더라 22 제 육 일에는 각 사**

람이 갑절의 식물 곧 하나에 두 오멜씩 거둔지라 회중의 모든 두목이 와서 모세에게 고하매 23 모세가 그들에게 이르되 여호와께서 이같이 말씀하셨느니라 내일은 휴식이니 여호와께 거룩한 안식일이라 너희가 구울 것은 굽고 삶을 것은 삶고 그 나머지는 다 너희를 위하여 아침까지 간수하라 24 그들이 모세의 명대로 아침까지 간수하였으나 냄새도 나지 아니하고 벌레도 생기지 아니한지라 25 모세가 가로되 오늘은 그것을 먹으라 오늘은 여호와께 안식일인즉 오늘은 너희가 그것을 들에서 얻지 못하리라 26 육 일 동안은 너희가 그것을 거두되 제 칠 일은 안식일인즉 그 날에는 없으리라 하였으나 27 제 칠 일에 백성 중 더러가 거두러 나갔다가 얻지 못하니라 28 여호와께서 모세에게 이르시되 어느 때까지 너희가 내 계명과 내 율법을 지키지 아니하려느냐 29 볼지어다 여호와가 너희에게 안식일을 줌으로 제 육 일에는 이틀 양식을 너희에게 주는 것이니 너희는 각기 처소에 있고 제 칠 일에는 아무도 그 처소에서 나오지 말지니라 30 그러므로 백성이 제 칠 일에 안식하니라"(출 16:14~30)

본문을 통하여서 우리가 알 수 있는 것은 일부 이스라엘 백성들이 여전히 하나님의 계명에 불순종하였다는 것이다. 여호와 하나님께서 모세를 통하여서 이스라엘 백성들에게 명령하셨다. 평일에는 더 많이 거두지 말라. 그 날의 양식만을 거두라. 그러나 일부 이스라엘 백성들이 불순종하였다. 그러므로 불순종한 자들이 더 많이 거두어서 보관한 양식은 그 다음날 아침에 벌레가 생기고 냄새가 나게 되었다.

모세가 그들에게 진노하였다.(출 16:20) 그리고 만나는 해가 뜨겁게 쪼이면 사라졌다. 그렇게 만나는 아침마다 이슬처럼 내려서 그것을 거두어 들이지 않으면 낮에는 사라졌다. 그렇게 만나는 이스라엘 백성들에게 매일의 양식으로 주어졌다.

이제 모세가 이스라엘 백성들에게 명령하였다. "제 육일에는 갑절의 양식을 거두라. 그리고 남은 것은 보관하라. 그러면 그 양식은 안식일에 먹을 것이다. 안식일에는 만나가 내리지 않을 것이다."(출 16:23~26) 그러나 일부 이스라엘 백성들은 안식일에 양식을 얻으러 나갔으나 얻지 못하였다.(출 16:27) 그러므로 여호와 하나님께서 이스라엘에게 진노하사 모세에게 말씀하셨다. "**어느 때까지 너희가 내 계명과 내 율법을 지키지 아니하려느냐**"(출 16:28) 이제 모세가 이스라엘 백성들에게 일렀다. "**볼지어다 여호와가 너희에게 안식일을 줌으로 제 육 일에는 이틀 양식을 너희에게 주는 것이니 너희는 각기 처소에 있고 제 칠 일에는 아무도 그 처소에서 나오지 말지니라**"(출 16:29) 그리고 나서야 비로소 이스라엘이 제 칠일에 안식일을 제대로 지켰다. 그래서 안식일에는 어느 누구도 양식을 얻고자 광야로 나가지 않았다는 것이다. 이러한 하나님의 훈련과정은 이스라엘 광야 40년 동안 계속되었다. 그리고 어려서부터 이러한 과정을 경험하였던 이스라엘 백성들은 철저하게 안식일을 지키는 백성으로 거듭나게 되었다. 그리고 그들이 여호수아의 가나안 정복 전쟁 시기에 이스라엘의 주축을 이루는 세대로서 여호수아와 함께 가나안 정복 전쟁의 군사들이 되었다. 그렇게 이스라엘은 광야 40년의 기간 동안 가나안을 정복하기에 부족함이 없는 강군으로 거듭났다.

그렇다고 하면 만나는 어떠한 의미가 있는가 살펴보고자 한다. 구약 광야 시대에 만나는 매일의 양식이었다. 그것이 없으면 이스라엘은 생존 자체가 불가능하였다. 광야에서 먹을 양식을 구할 수 없었기 때문이다. 그렇게 광야 시대에 이스라엘에게 만나는 그들의 육체의 생명을 보존하게 해주는 중요한 양식이다. 놀라운 것은 여호와 하나님께서 이스라엘의 생존에 필요한 양식으로서 만나를 통하여서 안식일을 철저하게 지키게 하셨다는 것이다. 제 칠일에는 만나를 내리시지 않게 하셔서 이스라엘로 그 날에 안식하게 하셨다. 그 날은 온전히 하나님을 섬기며 육신의 양식을 위해서 일하지 않는 안식하는 날이라는 사실을 가르치신 것이다. 그렇게 이스라엘은 광야 40년 동안 안식일이 어떠한 날인가를 철저하게 알게 되었다.

실로 안식일은 십계명의 첫 번째 돌판의 마지막 계명이다. 그것은 제 4 계명으로서 "**안식일을 기억하여서 거룩하게 지키라**"는 것이다. 이 날에는 어떠한 세상적 일도 그치고 안식하라는 것이다. 그리고 새 언약의 거룩한 보편 교회는 사도들의 규례로서 하루가 전진한 주님께서 부활하신 날이 안식일이 되었다. 새 언약의 안식일은 주일이다. 사도들은 구약의 안식일의 계명을 그렇게 재해석하여서 새 언약의 경륜 아래에 있는 거룩한 보편 교회에게 가르쳤다. 그러므로 이제 우리에게는 주일이 안식일이다.

새 언약의 안식일은 옛 언약의 경륜의 역사를 성취하신 우리 구주 예수 그리스도께서 부활하신 날이다. 그래서 주님께서 부활하신 주일이 새 언약의 안식일이다. 사도들은 새 언약의 경륜에 속한 사도 시대 교회에게 그렇게 안식일이 하루 전진했음을 가르치고 주일을 안식일로 지키게 하였다. 그러므로 구약의 안식일이 새 언약에서 주일로 하루 전진한 것은 옛 언약의 구속의 경륜의 시대를 그리스도께서 부활하심으로서 완성하셨다는 의미가 있다.

그러므로 구약 이스라엘 백성들에게 광야에서 40년간 만나를 먹은 이 놀라운 역사는 안식일과 밀접하게 연결되어 있다. 그리고 그것은 구약의 모든 예표를 성취하신 그리스도의 구속 사역과 연결되어있다. 그렇다고 하면 만나는 이제 어떠한 신령한 의미가 있는가? 만나에 대한 신령한 의미를 살펴보고자 한다. 만나에 대한 신령한 의미는 요한복음 6장에 예수께서 언급하셨다. 예수께서 많은 무리들이 자신에게 오는 것을 보셨다. 그래서 그의 제자 빌립에게 말씀하셨다. "**우리가 어디서 떡을 사서 이 사람들로 먹게 하겠느냐**"(요 6:5) 그러자 빌립이 답변하였다. "**각 사람으로 조금씩 받게 할지라도 이백 데나리온의 떡이 부족하리이다**"(요 6:7) 그런데 제자중에 시몬 베드로의 형제 안드레가 예수께 여쭈었다. "**여기 한 아이가 있어 보리떡 다섯 개와 물고기 두 마리를 가졌나이다 그러나 그것이 이 많은 사람에게 얼마나 되겠삽나이까**"(요 6:9) 그러자 예수께서 제자들에게 명령하셔서 무리들을 앉게 하셨다. 그들은 대략 오천명 정도 되었다. 이제 예수께서 그 떡을 가지시고 축사하셨다. 그리고 앉은 자들에게 오병이어를 나누어주셨다. (요 6:10~11) 그리고 남은 조각이 열두 바구니가 되었다. (요 6:13) 이 오병이어의 표적은 만나의 사건과 연결된다.

이제 배부른 무리들이 말한다. 요한복음 6:14절이다. "**그 사람들이 예수의 행하신 이 표적을 보고 말하되 이는 참으로 세상에 오실 그 선지자라 하더라**"(요 6:14) 이제 오병이어의 표적을 행하신 사건 이후에 예수께서 배를 타시고 제자들과 함께 가버나움으로 가셨다.(요 6:17~21)

그런데 오병이어의 기적을 경험한 무리들이 배를 타고 예수를 찾으러 가버나움으로 갔다.(요 6:24) 그리고 그들이 예수 그리스도를 만나자 "**랍비여 어느 때에 여기 오셨나이까**"(요 6:25)하였다. 이에 예수께서 그들에게 답변하셨다. "**내가 진실로 진실로 너희에게 이르노니 너희가 나를 찾는 것은 표적을 본 까닭이 아니요 떡을 먹고 배부른 까닭이로다**"(요 6:26) 예수께서 행하신 오병이어의 표적은 하나님 나라를 계시하고 있다. 그것은 하나님 나라의 참된 양식이 무엇인가를 드러내고 있다. 그러나 무리들은 예수께서 행하신 표적의 참된 의미에는 관심이 없고 오로지 먹고 배부른 까닭에 주님을 찾았다. 그것이 그리스도를 찾는 많은 사람들의 패착이다. 이제 예수께서 자신을 찾아온 많은 무리들에게 말씀하신다. "**썩은 양식을 위하여 일하지 말고 영생하도록 있는 양식을 위하여 하라 이 양식은 인자가 너희에게 주리니 인자는 아버지 하나님의 인치신 자니라**"(요 6:27) 그때 그 많은 무리들이 예수께 묻는다. "**우리가 어떻게 하여야 하나님의 일을 하오리이까**"(요 6:28) 그러자 예수께서 답변하셨다. "**하나님의 보내신 자를 믿는 것이 하나님의 일이니라**"(요 6:29) 그러자 그들이 예수께 다시 재차 여쭈었다. "**그러면 우리로 보고 당신을 믿게 행하시는 표적이 무엇이니이까 하시는 일이 무엇이니이까**"(요 6:30) 그리고 이어서 그 무리들이 이스라엘 역사를 언급하였다. "**기록된 바 하늘에서 저희에게 떡을 주어 먹게 하였다 함과 같이 우리 조상들은 광야에서 만나를 먹었나이다**"(요 6:31)

이제 예수께서 그들에게 답변하신다. "**내가 진실로 진실로 너희에게 이르노니 하늘에서 내린 떡은 모세가 준 것이 아니라 오직 내 아버지가 하늘에서 내린 참 떡을 너희에게 주시나니 하나님의 떡은 하늘에서 내려 세상에게 생명을 주는 것이니라**"(요 6:32~33) 직역하면 이러하다. "그러므로 예수께서 그들에게 말씀하셨다. 진실로 진실로 내가 너희에게 말한다. 모세가 하늘로부터 너희에게 떡을 준 것이 아니다. 그러나 나의 아버지께서 하늘로부터 참된 떡을 너희에게 주실 것이다. 하나님의 떡은 하늘로 부터 내려와서 세상에 생명을 주는 것이다."

그러자 무리들이 이구동성으로 외친다. "**주여 이 떡을 항상 우리에게 주소서**"(요 6:34) 이에 예수께서 그들에게 말씀하신다. "**내가 곧 생명의 떡이요 내게 오는 자는 결코 주리지 아니할 터이요 나를 믿는 자는 영원히 목마르지 아니하리라**"(요 6:35) 그리고 예수께서 그들에게 덧붙여서 말씀하셨다. "**그러나 내가 너희더러 이르기를 너희는 나를 보고도 믿지 아니하는도다 하였느니라**"(요 6:36) 그리고 나서 결론으로 말씀하신다. "**아버지께서 내게 주시는 자는 다 내게로 올 것이요 내게 오는 자는 내가 결코 내어쫓지 아니하리라**"(요 6:37) 이 본문은 예정론이 담겨 있다. 결국 그리스도에게로 나아오는 자는 모두 창세전에 그리스도 안에서 선택을 받은 자들 뿐이라는 뜻이다.

사도 바울은 에베소서 1장 3~6절에 걸쳐서 하나님의 영원한 예정에 대하여서 진술한다. "**3 찬송하리로다 하나님 곧 우리 주 예수 그리스도의 아버지께서 그리스도 안에서 하늘에 속한 모든 신령한 복으로 우리에게 복 주시되 4 곧 창세 전에 그리스도 안에서 우리를 택하사 우리로 사랑 안에서 그 앞에 거룩하고 흠이 없게 하시려고 5 그 기쁘신 뜻대로 우리를 예정하사 예수 그리스도로 말미암아 자기의 아들들이 되게 하셨으니 6 이는 그의 사랑하시는 자 안에서 우리에게 거저 주시는 바 그의 은혜의 영광을 찬미하게 하려는 것이라**"(엡 1:3~6)

예수께서 자신이 하늘로부터 내려온 산떡이라고 하시자마자 많은 무리들이 웅성거리기 시작하였다. "**41 자기가 하늘로서 내려온 떡이라 하시므로 유대인들이 예수께 대하여 수군거려 42 가로되 이는 요셉의 아들 예수가 아니냐 그 부모를 우리가 아는데 제가 지금 어찌하여 하늘로서 내려왔다 하느냐**"(요 6:41~42)

그들은 예수께서 전하시는 메시지에 관심이 없고 단지 예수께서 나사렛 촌동네에서 그의 어머니 마리에게서 태어난 자라는 사실을 들이대면서 주님의 복음을 거절하였다. 이는 그들이 아버지께서 주님께 주신 자가 아니라는 것을 의미한다. 하나님의 영원한 선택을 받은 자들이 아니라는 뜻이다.

그러므로 예수께서 그들에게 말씀하셨다. "**가라사대 너희는 서로 수군거리지 말라 나를 보내신 아버지께서 이끌지 아니하면 아무라도 내게 올 수 없으니 오는 그를 내가 마지막 날에 다시 살리리라**"(요 6:43~44) 그리고 나서 만나의 실체가 무엇인가를 증거하신다. "**47 진실로 진실로 너희에게 이르노니 믿는 자는 영생을 가졌나니 48 내가 곧 생명의 떡이로다 49 너희 조상들은 광야에서 만나를 먹었어도 죽었거니와 50 이는 하늘로서 내려오는 떡이니 사람으로 하여금 먹고 죽지 아니하게 하는 것이니라 51 나는 하늘로서 내려온 산 떡이니 사람이 이 떡을 먹으면 영생하리라 나의 줄 떡은 곧 세상의 생명을 위한 내 살이로라 하시니라**"(요 6:47~51) 이 본문은 직역하면 이러하다. "47. 진실로 진실로 내가 너희에게 이른다. 믿는 자는 영생을 가지고 있다. 48. 나는 생명의 떡이다. 49. 너희 조상들은 광야에서 만나를 먹었으나 죽었다. 50. 이는 하늘로부터 내려온 떡이다. 이는 누구든지 그로부터 먹고 죽지 않게 하려는 것이다. 51. 나는 하늘로 부터 내려온 생명의 떡이다. 만약 누구든지 이 떡으로부터 먹으면 영원히 살 것이다. 내가 주는 떡은 세상의 생명을 위한 내 살이다."

예수께서는 만나를 예표로 삼으시고 그 실체로서 자신을 드러내신다. 하늘로부터 내려온 만나는 단지 예표로서 유대인들의 조상들이 먹었으나 죽었다는 것이다. 그러나 이제 그리스도께서 베풀어 주시는 산 떡을 먹고 마시는 자는 영생을 누리게 될 것이라 말씀하신다. 주님께서 말씀하신다. "**내가 주는 떡은 세상의 생명을 위한 내 살이다.**"(요 6:51) 그리고 이러한 주님의 말씀은 최후의 만찬에서 제자들에게 명령하신 성만찬으로서 제정되었다. 그러나 실체로서 그 의미는 결국 하나님의 계명에 순종하는 것으로 사도들이 가르치고 있다. 예수 그리스도는 하나님의 말씀이시다.(요 1:1~3) 하나님의 말씀을 먹고 마시는 것이 곧 구주 예수 그리스도를 먹고 마시는 것이다. 그렇다고 하면 성도들은 어떻게 하나님의 말씀을 먹고 마시는 가? 그것은 그의 계명에 순종하는 것이다. 하나님의 계명에 순종하는 것이 곧 우리 구주 예수 그리스도를 먹고 마시는 것이다.

사도들은 하나님의 말씀을 믿는 것과 그의 말씀을 따르는 것을 본질적으로 같은 의미로 가르치고 있다. 하나님의 계명에 순종하지 않는 것은 그의 계명을 참되게 믿는 것이 아니다. 그러므로 사도들은 이구동성으로 하나님의 계명에 순종할 것을 가르친다. 그래서 성경은 하나님을 사랑하는 것과 그를 믿는 것 그리고 그의 계명에 순종하는 것을 본질적으로 동일한 의미로 가르치고 있다. 성경 여러 본문에서 그것을 증거하고 있다. 그러므로 예수께서 자신을 믿는 것이 곧 자신의 살을 먹는 것이라고 말씀하셨을때에 그 의미는 본질적으로 그의 계명에 순종하는 것을 내포하고 있다.

그러므로 예수께서 주기도문에서 "**오늘날 우리에게 일용할 양식을 주옵시고**"(마 6:11)라고 기도하라 가르치셨다. 여기에서 **매일의 양식**은 물론 세상에서 생존에 필요한 기본적인 필수품을 의미한다. 그것은 기본적으로 의식주를 해결할 수 있는 양식을 의미한다. 그러나 좀 더 본질적인 의미는 거기에 있지 않다. 여기에서 **매일의 양식**은 구약 광야시대의 만나를 상기시킨다. 그리고 주님께서는 구약 이스라엘 백성들이 광야에서 그 만나를 먹었으나 죽었다고 말씀하신다. 이는 그 만나가 실체가 아니라는 것이다. 그러므로 주기도문에서 예수께서 제자들에게 가르치신 "**일용할 양식을 달라**"(마 6:11)고 기도하라 하신 것은 실로 좀 더 신령한 의미가 있다. 그것은 우리로 하여금 매일의 삶 가운데 우리의 영혼이 능력있게 살아갈 수 있는 생명의 양식을 달라고 기도하라는 의미이다. 결국 신자들에게 매일의 양식은 하나님의 말씀을 의미한다. 우리 영혼을 소생케 하는 생명의 양식은 주님의 살과 피를 먹고 마시는 것을 통하여서 얻을 수 있다. 그리고 그것은 그렇게 주기도문에서 가르치신대로 성도들에게 매우 절실한 것이다.

일반 사람들은 감각적으로 육체의 양식이 없으면 생존 자체가 힘들다는 사실을 알고 있다. 그래서 너도 나도 육체의 양식을 얻고자 힘쓰고 애쓰는 것이다. 그런데 생명의 양식은 다르다. 사람들에게 생명의 양식은 없을 지라도 이 세상에서 살아가는데 불편함이 없다. 다시 말해서 생존 자체가 불가능하지는 않다. 그냥 먹고 마시고 살아가면 생명의 양식이 없어도 이 세상에서 생존할 수 있다. 그러나 그것은 단지 육체의 생명이 살아 있는 것에 불과하다. 그런데 누구든지 생명의 양식을 섭취하지 않으면 그 영혼은 죽은 것이다. 그런데 많은 영혼들이 그 영혼이 죽었는지를 그 자신도

다른 사람도 모른다. 왜냐하면 인간의 영혼에는 육체의 감각과 같은 것이 없기 때문에 그 영혼이 죽은 상태에 있는지를 인간의 감각으로는 감지할 수 없기 때문이다. 그래서 어느 누구도 그 자신의 영혼이 죽었다고 하여도 결코 깨닫지 못한다. 왜냐하면 그것은 아프지도 않고 이 땅을 살아가는데 절실하지도 않기 때문이다. 그렇게 생명의 양식은 이 세상 사람들에게 절실하지 않다. 그러나 중생한 성도들에게는 다르다. 중생하여서 믿음을 갖게된 성도들에게 생명의 양식은 육체를 살리는 양식 보다 더욱 소중하다. 그래서 사도 시대와 정통 교부 시대에 성도들은 죽음 앞에서도 그 생명의 양식을 잃지 않기 위하여서 순교하였던 것이다. 그러므로 영생은 무엇인가? 생명의 양식을 잃지 않고 살아가는 삶 전체이다. 그렇게 중생한 영혼은 생명의 양식을 향한 목마름의 감각이 있다. 주님께서 부활하심으로서 이제 그리스도를 참되게 믿는 성도들은 이 생명의 양식을 추구하는 영혼의 감각이 죽은 상태로부터 되살아났다. 사도 베드로가 이에 대하여서 잘 증거하였다. 그가 "**24 친히 나무에 달려 그 몸으로 우리 죄를 담당하셨으니 이는 우리로 죄에 대하여 죽고 의에 대하여 살게 하려 하심이라 저가 채찍에 맞음으로 너희는 나음을 얻었나니 25 너희가 전에는 양과 같이 길을 잃었더니 이제는 너희 영혼의 목자와 감독 되신 이에게 돌아왔느니라**"(벧전 2:24~25) 참되게 중생한 신자들은 그렇게 죄에 대하여서 죽고 의에 대하여서 산자가 되었다. 그것은 생명의 양식을 사모하는 영혼의 감각이 되살아 났다는 것이다. 모든 인생들이 원래 하나님과 교통하며 살도록 피조되었으나 전적으로 타락한 이후에 이 영혼의 감각을 상실해 버렸다. 그래서 하나님이 없다고 여기고 살아간다. 그러나 중생한 이후에 성도들은 이 영혼의 감각을 그리스도의 부활하심으로서 새롭게 되살아났다. 그러므로 중생한 성도들이 하늘로 부터 내려오는 만나를 먹는 것을 그치게 되는 때는 영생하시는 하나님의 나라에 들어간 이후가 될 것이다. 이 세상에서 생명을 유지하고 살아가는 그 동안 중생한 성도들은 생명의 양식을 날마다 먹고 마시며 살아가게 될 것이다.

그러므로 가나안에서 산출된 곡식으로 무교병을 만들어서 첫 유월절에 먹었을때에 하늘로 부터 내려오는 만나가 이스라엘 백성들에게 그쳤다는 것은 영원한 하나님 나라에 들어가서 안식을 누리게 될 하나님의 백성을 표상한다. 그러나 이스라엘 백성들이 가나안에 들어가기 전까지 광야에서 만나를 먹었다는 것은 이 세상에서 중생한 성도들이 매일의 생명의 양식을 먹고 마시며 살아가야 할 것을 표상한다.

선지자 모세가 마지막 고별 설교로서 이스라엘 백성들에게 당부하신 말씀이다. 신명기 8장 2~3절이다. "**2 네 하나님 여호와께서 이 사십 년 동안에 너로 광야의 길을 걷게 하신 것을 기억하라 이는 너를 낮추시며 너를 시험하사 네 마음이 어떠한지 그 명령을 지키는지 아니 지키는지 알려 하심이라 3 너를 낮추시며 너로 주리게 하시며 또 너도 알지 못하며 네 열조도 알지 못하던 만나를 네게 먹이신 것은 사람이 떡으로만 사는 것이 아니요 여호와의**

입에서 나오는 모든 말씀으로 사는 줄을 너로 알게 하려 하심이니라"(신 8:2~3)

제목: 여호와의 군대 장관
본문: 여호수아 5장 13~15절

[본 문]

13 여호수아가 여리고에 가까왔을 때에 눈을 들어 본즉 한 사람이 칼을 빼어 손에 들고 마주 섰는지라 여호수아가 나아가서 그에게 묻되 너는 우리를 위하느냐 우리의 대적을 위하느냐 14 그가 가로되 아니라 나는 여호와의 군대장관으로 이제 왔느니라 여호수아가 땅에 엎드려 절하고 가로되 나의 주여 종에게 무슨 말씀을 하려 하시나이까 15 여호와의 군대장관이 여호수아에게 이르되 네 발에서 신을 벗으라 네가 선 곳은 거룩하니라 여호수아가 그대로 행하니라

[원문 직역]

13. 여호수아가 여리고에 있었을 때에 그가 있었다. 그리고 여호수아가 눈을 들었다. 그리고 그가 보았다. 그러자 한 사람이 그의 앞에 서 있는 것을 보였다. 그리고 그의 손 안에 그의 칼이 빼어져 있었다. 그러자 여호수아가 그를 향하여서 걸었다. 그리고 여호수아가 그에게 말했다. 당신은 우리를 위하는가? 아니면 우리의 적을 위하는가? 14. 그가 말씀하셨다. 아니라. 나는 여호와 군대의 통치자로 이제 왔느니라. 그러자 여호수아가 그의 얼굴을 지면에 엎드렸다. 그리고 그가 절하였다. 그리고 여호수아가 그에게 아뢰었다. 주님이시여! 그 종에게 무엇을 말

씀하시려고 하시나이까? 15. 여호와의 군대 통치자가 여호수아에게 말씀하셨다. 너의 신발을 너의 발로 부터 벗어라. 왜냐하면 네가 서있는 그 곳은 거룩한 곳이기 때문이다. 여호수아가 그와 같이 행하였다.

[70인경 역본]

13. 그리고 예수가 여리고에 근처에 있었다. 그리고 그가 눈들을 들어서 그의 눈 앞에 서 있는 한 사람을 보았다. 그런데 칼이 뽑혀서 그의 손 안에 있었다. 그리고 예수가 다가가서 그에게 말했다. 너는 우리를 위하느냐? 적들을 위하느냐? 14. 그가 그에게 말했다. 나는 주님의 군대의 총사령관이다. 이제 내가 왔다. 그러자 예수가 땅 위에 얼굴을 떨어뜨렸다. 그리고 그가 그에게 말했다. 주군이시여! 당신의 종에게 무엇을 명하시겠나이까? 15. 그러자 주님의 총사령관이 예수에게 말했다. 너의 발로부터 신발을 제거하여라. 네가 서 있는 그곳은 거룩한 곳이다.

[본문 해석]

오늘 본문은 여호수아와 그의 군대가 여리고 근처에 있었을 때 여호수아가 보게된 놀라운 표적에 대한 말씀이다.

여호수아가 여리고 근처에 이르렀다.(수 5:13) 그가 눈을 들어 본 즉 한 사람이 칼을 빼어 손에 들고 마주서 있었다. 여호수아가 그에게 나아가서 물었다. **"당신은 우리를 위하는가 아니면 우리의 대적을 위하는가?"**

고대 시대에 전쟁을 치를 때에 마주서 있는 사람이 칼을 빼들고 있다면 그것은 상대에 대한 싸울 의지를 보여주는 것이다. 그러므로 여호수아는 자신의 앞에 서 있는 어떤 한 사람에게 당신이 이스라엘을 위하는 전사인가 아니면 대적들을 위하는 전사인가 물었던 것이다. 이 본문에서 "**한 사람**"은 히브리어로 "**이쉬**"로 되어있다. 그리고 헬라어로는 "**안드로포스**"로 되어있다. 히브리어 "**이쉬**"와 헬라어 "**안드로포스**"는 동일한 의미이다. 그것은 "**사람**"이다.

신약 성경 복음서에서 예수께서 자신을 자주 "**사람의 아들**"라고 하셨다. 마태복음 8장 20절이다. "**예수께서 이르시되 여우도 굴이 있고 공중의 새도 거처가 있으되 오직 인자는 머리 둘 곳이 없다 하시더라**"(마 8:20) 이 본문에서 "**인자**"가 헬라어로 "**호 휘오스 투 안드로푸**"로 되어있는데 "**안드로푸**"가 "**사람**"이라는 뜻이다. 그러므로 여호수아 앞에 서 있는 그 "**사람**"은 그리스도를 의미한다. 이제 그 한 사람이 대답하였다. "**나는 여호와의 군대장관으로 이제 왔느니라**" 그러자 여호수아가 땅에 엎드려 절하며 말하였다. "**나의 주여 종에게 무슨 말씀을 하려 하시나이까?**"(수 5:14) 이 본문에서는 "**여호와의 군대 장관**"이 누구신가에 대하여서 살펴 보려고 한다. 히브리어로 "**샤르-츠바-아도나이**"로 되어있다. "**아도나이**"는 케티브 케레에 의하여서 "**여호와**"라는 뜻이다. 그리고 히브리어로 "**츠바**"는 "**군대**"라는 뜻이다. 그리고 "**군대 장관**"에 해당하는 히브리어가 "**샤르**"이다. 히브리어 "**샤르**"는 "**우두머리**", "**지배자**", "**통치자**", "**주권자**"라는 의미가 있다. 그래서 직역하면 "**여호와의 군대 통치자"로 역본될 수 있다. 70인경은 "아르키스트라테로스 뒤나메오스 퀴리우"로 되어있다. 직역하면 이러하다. "주님의 군대의 총사령관이다." 여기에서 "총사령관"에 해당하는 헬라어가 "아르키스트라테로스"이다. 이 의미는 "두령", "지도자", "군 최고 사령관"이라는 뜻이 있다. 그러므로 **여호와의 군대 장관은 만군의 하나님 여호와 자신**이시다. 그러나 이 본문은 한 사람으로 계시되어 있다. 그것은 인자가 되신 하나님이신 우리 구주 예수 그리스도를 의미한다. 예수 그리스도께서 자신을 "여호와의 군대 장관"이라고 하여서 "**여호와**"와 구별하고 있다. 이는 위격적 구별이다. **성삼위일체 하나님의 본질은 동일하다. 성삼위일체 하나님께서 만군의 하나님 여호와이시다.**

여호와 하나님은 항상 본질에 있어서는 동일본질이시고 위격에 있어서는 성부와 성자와 성령으로 구별되신다. 그러므로 이 본문에서 "**사람**"으로 자신을 계시하신 "**여호와의 군대 장관**"은 우리 구주 예수 그리스도이시다. 예수 그리스도의 예표적 사역이다.

이제 여호수아가 땅에 엎드려 절하며 아뢰었다. "**나의 주여 종에게 무슨 말씀을 하려 하시나이까?**" 이 본문에서 "**나의 주여**"에 해당하는 히브리어는 "**아도나이**"로 되어있다. 그리고 헬라어로는 "**데스포데스**"로 되어있다. 헬라어 "**데스포테스**"는 "**퀴리오스**"와 구별된다. 헬라어 "**퀴리오스**"는 구약 히브리어 성경의 "**여호와**"라고 되어있는 본문들을 헬라어로 바꿀 때에 쓰였다. 그러나 헬라어 "**데스포테스**"는 구약 히브리어 성경의 "**주님**"에 해당하는 "**아도나이**"를 역본할 때 쓰였다.

그러므로 70인경을 역본할 때 우리는 헬라어 "**데스포테스**"를 "**주군**"으로 역본해야 할 것이다. 그래서 "**퀴리오스**"는 "**주님**"으로 "**데스포테스**"는 "**주군**"으로 역본하여 구별해야 할 것이다. 그러므로 여호수아서 5장 14절 후반부에 "**나의 주여 종에게 무슨 말씀을 하려 하시나이까?**"에 해당하는 70인경 본문을 직역하면 "주군이시여! 당신의 종에게 무엇을 명하시겠나이까?"가 된다. 이제 여호와의 군대장관이 여호수아에게 말씀하셨다. "**네 발에서 신을 벗으라 네가 선 곳은 거룩하니라**"(수 5:14) 이러한 명령은 여호와께서 이러한 의식을 통하여서 그의 임재에 대한 실재성을 입증하시고자 하시는 것이다. 그리고 그러한 그의 임재에 대한 무게를 더하시고자 하시는 것이다. 그리고 인간이 하나님의 인자하신 도우심이 필요한 연약한 존재임을 각성시키시는 것이다.

[교리 강론]
1. 구약에 계시되신 그리스도

우리 구주 예수 그리스도께서 구약에서 자주 여호와의 사자로 자신을 계시하셨다. 그러한 사례가 너무 많아서 모두 그 사례를 들어서 제시할 수는 없다. 그러나 몇 본문을 통하여서 구약의 구속사 가운데 중요한 사례들을 제시하고자 한다.

창세기 15장 1절에서 여호와의 말씀이 이상중에 아브람에게 임하였다. 여호와의 말씀은 우리 구주 예수 그리스도이시다. 그러므로 창세기 15장에서 아브람과 말씀하시는 여호와는 우리 구주 예수 그리스도이시다. 창세기 15장은 구주 예수 그리스도께서 실의에 빠져 있는 아브람에게 나타나셔서 그에게 위로하시며 그와 은혜 언약을 체결하시는 사건이 기록되어있다.

창세기 18장에 여호와께서 마므레 상수리 수풀 근처에서 아브라함에게 나타나셨다.(창 18:1) 아브라함이 부지중에 천사를 영접하였다.(창 18:) 그리고 두 천사는 떠나고 여호와께서 아브라함과 대화하신다. 그 여호와께서 구주 예수 그리스도이시다.(창 18:16, 22) 오직 계시되신 하나님은 구주 예수 그리스도 뿐이시다. 구주 예수 그리스도께서 구약 시대에 계시되신 하나님으로서 자주 그의 백성들에게 나타나셨다.

그리고 창세기 22장에 아브라함이 하나님의 명령을 따라서 그의 아들 이삭을 모리아 산에 바치고자 할때에 여호와의 사자가 나타나셨다. "**11 여호와의 사자가 하늘에서부터 그를 불러 가라사대 아브라함아 아브라함아 하시는지라 아브라함이 가로되 내가 여기 있나이다 하매 12 사자가 가라사대 그 아이에게 네 손을 대지 말라 아무 일도 그에게 하지 말라 네가 네 아들 네 독자라도 내게 아끼지 아니하였으니 내가 이제야 네가 하나님을 경외하는 줄을 아노라**"(창 22:11~12) 이때에 나타나신 여호와의 사자도 우리 구주 예수 그리스도이시다.

모세가 그의 장인 미디안 제사장 이드로의 양무리를 치면서 살아가고 있을때에 여호와의 사자가 모세에게 나타나셨다. "**여호와의 사자가 떨기나무 불꽃 가운데서 그에게 나타나시니라 그가 보니 떨기나무에 불이 붙었으나 사라지지 아니하는지라**"(출 3:2) 이때에 모세에게 나타나신 여호와의 사자도 예수 그리스도이시다. 출애굽기 3장을 살펴보면 우리 구주 예수 그리스도께서 여호와의 사자로 혹은 여호와로 자신을 계시하셨다. 그리고 모세와 담화 하셨다.

사도 바울은 히브리서 11장 24~26절에 모세의 신앙에 대하여서 증거할 때 모세가 그리스도를 위하여서 받는 능욕을 애굽의 모든 보화보다 더 큰 재물로 여겼다고 되어있다. "**24 믿음으로 모세는 장성하여 바로의 공주의 아들이라 칭함을 거절하고 25 도리어 하나님의 백성과 함께 고난받기를 잠시 죄악의 낙을 누리는 것보다 더 좋아하고 26 그리스도를 위하여 받는 능욕을 애굽의 모든 보화보다 더 큰 재물로 여겼으니 이는 상주심을 바라봄이라**"(히 11:24~26) 그렇게 모세는 80세에 광야에서 그리스도를 만나 뵙고 이제 이스라엘을 애굽으로부터 구출할 선지자가 되어서 애굽으로 돌아가게 된다.

사사 시대에 예수 그리스도께서 여호와의 사자로 기드온에게 나타나셨다. "**21 여호와의 사자가 손에 잡은 지팡이 끝을 내밀어 고기와 무교전병에 대매 불이 반석에서 나와 고기와 무교전병을 살랐고 여호와의 사자는 떠나서 보이지 아니한지라 22 기드온이 그가 여호와의 사자인 줄 알고 가로되 슬프도소이다 주 여호와여 내가 여호와의 사자를 대면하여 보았나이다 23 여호와께서 그에게 이르시되 너는 안심하라 두려워 말라 죽지 아니하리라 하시니라**"

(삿 6:21~23) 그외에도 우리 구주 예수 그리스도께서 여호와의 사자로 구약 신앙의 열조들에게 자주 자신을 계시하셨다.

2. 우리 구주 예수 그리스도

우리가 그리스도에 대하여서 알아야 할 항목은 두 가지이다. 첫째는 그리스도가 어떠하신 분이신가를 아는 것이다. 둘째는 그리스도께 행하신 구속 사역을 알아야 한다.

첫째로 그리스도는 어떠하신 분이신가? 먼저 예수 그리스도는 인자가 되시기 전 부터 항상 살아계신 하나님이셨다. 그리고 이 세상에 하나님의 말씀으로 계시되신 하나님이시다. 사도 요한은 증거한다. "**1 태초에 말씀이 계시니라 이 말씀이 하나님과 함께 계셨으니 이 말씀은 곧 하나님이시니라 2 그가 태초에 하나님과 함께 계셨고 3 만물이 그로 말미암아 지은 바 되었으니 지은 것이 하나도 그가 없이는 된 것이 없느니라**"(요 1:1~3) 사도 요한은 우리 구주 예수 그리스도께서 아버지 하나님과 동일 본질이심을 이 본문에서 증거하다. 그러면서 동시에 아버지 하나님과 구별되시는 로고스 하나님이시라고 증거한다. 그렇게 예수 그리스도는 하나님으로서는 항상 살아 계시는 성삼위일체 하나님의 한 위격이시다. 그러므로 우리는 성부와 성자와 성령 하나님의 동일 본질이심을 신앙으로 고백한다.

그런데 성자 하나님은 위격을 따라서는 성부와 성령과 다르시다. 그것이 위격의 고유성이다. 그래서 아버지는 항상 아버지이시고 아들은 항상 아들이시며 성령은 항상 성령이다. 그러므로 우리는 성부와 성자와 성령의 위격의 고유성과 함께 세 위격의 동일 본질이심을 신앙으로 고백하는 것이 매우 중요하다. 그렇게 예수 그리스도는 아버지 하나님과 동일본질이시면서 다른 위격으로서 계신다. 그러므로 신성을 따라서는 아버지와 동등하시다. 그렇게 우리 구주 예수 그리스도는 신성을 따라서는 아버지와 동등하시지만 인성을 따라서는 아버지보다 열등하시다. 그리고 그는 자기 자신보다 열등하시다. 그러므로 인성을 따라서 예수 그리스도는 구약 시대에 여호와의 사자로 자신을 그의 백성들에게 알리셨고 새 언약의 경륜 아래에서는 그의 모친 동정녀 마리아에게서 아들로 태어나셨다. 사도 바울은 히브리서 4장 14~15절에 다음과 같이 증거한다. "**14 그러므로 우리에게 큰 대제사장이 있으니 승천하신 자 곧 하나님 아들 예수시라 우리가 믿는 도리를 굳게 잡을지어다 15 우리에게 있는 대제사장은 우리 연약함을 체휼하지 아니하는 자가 아니요 모든 일에 우리와 한결같이 시험을 받은 자로되 죄는 없으시니라**"(히 4:14~15) 우리 구주 예수 그리스도는 인성을 따라서는 우리와 모든 것이 동일하시나 죄는 없으시다.

그러므로 예수 그리스도는 신성을 따라서는 아버지 하나님과 동등하시고 인성을 따라서는 인간의 연약함도 취하셨다. 그래서 인성을 따라서는 인간의 모든 본질적 속성과 인간적인 연약성을 가지고 계셨다. 그러나 죄는 없으시다.

이제 둘째로는 그리스도의 사역이다. 예수 그리스도는 선지자와 제사장과 왕으로 이 세상에 오셨다. 그래서 예수 그리스도는 구약의 3가지 직분을 모두 완성하셨다. 그리스도께서는 선지자로서는 하나님 나라의 복음을 전하시는 교회의 교사이시다. 그리고 제사장으로서는 그는 친히 십자가에 달려 돌아가심으로서 우리의 모든 죄악을 속죄하여 주시는 어린양이시다. 그가 친히 제물이 되신 것이다. 그리고 그 백성의 왕으로서 영원히 다스리신다.

  예수 그리스도께서 구약이 예언하는 그 메시아이심을 그가 친히 성육신하셔서 십자가 죽으시고 부활하심으로서 확증하셨다. 그리고 하늘에 오르셔서 이제 아버지 하나님 우편에 앉아 계신다. 이에 대하여서 사도 바울은 빌립보서 2장 5~11절에 다음과 같이 증거하고 있다. "**5 너희 안에 이 마음을 품으라 곧 그리스도 예수의 마음이니 6 그는 근본 하나님의 본체시나 하나님과 동등됨을 취할 것으로 여기지 아니하시고 7 오히려 자기를 비어 종의 형체를 가져 사람들과 같이 되었고 8 사람의 모양으로 나타나셨으매 자기를 낮추시고 죽기까지 복종하셨으니 곧 십자가에 죽으심이라 9 이러므로 하나님이 그를 지극히 높여 모든 이름 위에 뛰어난 이름을 주사 10 하늘에 있는 자들과 땅에 있는 자들과 땅 아래 있는 자들로 모든 무릎을 예수의 이름에 꿇게 하시고 11 모든 입으로 예수 그리스도를 주라 시인하여 하나님 아버지께 영광을 돌리게 하셨느니라**"(빌 2:5~11) 그러므로 예수 그리스도의 성육신과 그의 죽으심과 부활과 승천과 아버지 하나님 우편에 앉으심은 우리의 구속에 있어서 매우 중요한 그리스도의 구속 사역이셨다.

  이제 이 모든 구속의 사역을 성취하셨다. 다만 사도 신경이 증거한대로 **저리로서 산자와 죽은자를 심판하러 오시리라**는 고백을 따라서 볼 때 우리 구주 예수 그리스도의 재림이 그의 마지막 구속 사역의 완성으로 남아 있다.

요한 계시록 22장 20절이다. "**이것들을 증거하신 이가 가라사대 내가 진실로 속히 오리라 하시거늘 아멘 주 예수여 오시옵소서**"(계 22:20) 이제 우리 구주 예수 그리스도의 다시오심을 기다리는 성도들은 그의 구속 사역이 궁극적으로 완성이 되는 그 날까지 그의 몸 된 교회의 일원으로 힘써 하나님의 나라의 의를 위해서 행하여야 할 것이다. 우리 구속의 중보자로서 예수 그리스도께서는 계시되신 하나님으로서 구원의 유일한 길과 진리와 생명이시다. 요한복음 14장 6절이다. "**예수께서 가라사대 내가 곧 길이요 진리요 생명이니 나로 말미암지 않고는 아버지께로 올 자가 없느니라**"(요 14:6)

제목: 이스라엘 군대의 여리고 침공
본문: 여호수아 6장 1~9절

[본 문]

1 이스라엘 자손들로 인하여 여리고는 굳게 닫혔고 출입하는 자 없더라 2 여호와께서 여호수아에게 이르시되 보라 내가 여리고와 그 왕과 용사들을 네 손에 붙였으니 3 너희 모든 군사는 성을 둘러 성 주위를 매일 한 번씩 돌되 엿새 동안을 그리하라 4 제사장 일곱은 일곱 양각나팔을 잡고 언약궤 앞에서 행할 것이요 제 칠 일에는 성을 일곱 번 돌며 제사장들은 나팔을 불 것이며 5 제사장들이 양각나팔을 길게 울려 불어서 그 나팔 소리가 너희에게 들릴 때에는 백성은 다 큰 소리로 외쳐 부를 것이라 그리하면 그 성벽이 무너져 내리리니 백성은 각기 앞으로 올라갈지니라 하시매 6 눈의 아들 여호수아가 제사장들을 불러서 그들에게 이르되 너희는 언약궤를 메고 일곱 제사장은 일곱 양각나팔을 잡고 여호와의 궤 앞에서 행하라 하고 7 또 백성에게 이르되 나아가서 성을 돌되 무장한 자들이 여호와의 궤 앞에 행할지니라 8 여호수아가 백성에게 이르기를 마치매 제사장 일곱이 일곱 양각나팔을 잡고 여호와 앞에서 진행하며 나팔을 불고 여호와의 언약궤는 그 뒤를 따르며 9 무장한 자들은 나팔 부는 제사장들 앞에서 진행하며 후군은 궤 뒤에 행하고 제사장들은 나팔을 불며 행하더라

[원문 직역]

1. 그리고 여리고가 이스라엘 자손들 면전에서 성문을 굳게 닫았다. 그래서 나가는 자도 없고 들어오는 자도 없었다. 2. 여호와께서 여호수아에게 말씀하셨다. 보라! 내가 여리고와 그곳의 왕과 힘있는 전사들을 네 손 안에 주었다. 3. 전투하는 너희 모든 병사들은 그 성을 에워싸고 발로 밟으며 돌아라. 엿세 동안 그와 같이 행하라. 4. 그리고 일곱 명의 제사장들은 법궤 앞에서 일곱 양각 나팔을 들어라. 그리고 일곱째 날에 그 도시를 일곱번을 발로 밟고 돌며 제사장들은 나팔을 불어라. 5. 그들이 양각 나팔을 길게 불어서 너희가 그 나팔 소리를 들으면 모든 백성이 힘써 큰 소리로 외쳐라. 그러면 도시의 성벽이 아래로 무너질 것이다. 그 백성 남자들은 그 앞으로 올라갈지어다. 6. 눈의 아들 여호수아가 제사장들을 불렀다. 그리고 그가 그들에게 말했다. 너희는 언약궤를 메어라. 그리고 일곱 명의 제사장들은 여호와의 법궤 앞에서 일곱 양각 나팔을 들어라. 7. 그리고 그가 백성에게 말했다. 너희는 나아가라 그리고 성을 에워싸라. 그리고 무장한 자들은 여호와의 법궤 앞에서 나아가라. 8. 여호수아가 백성에게 이른 그대로 되었다. 그래서 일곱 명의 제사장들이 여호와 앞에서 일곱 양각 나팔을 들어 올리고 나아갔다. 그리고 그 나팔을 불었다. 그리고 여호와의 언약 궤가 그들을 뒤따라 전진하였다. 9. 무장한 자들은 나팔을 부는 제사장들 앞에서 진행하였다. 무리들은 법궤 뒤에서 진행하였다. 그리고 제사장들은 나팔을 불며 행진하였다.

[**70인경 역본**]

1. 그리고 여리고가 성문을 걸어 잠갔다. 그래서 요새화 되었다. 그러므로 어느 누구도 성으로부터 나오는 자도 없었고 들어가는 자도 없었다. 2. 그리고 주님께서 예수에게 말씀하셨다. 보라! 내가 너의 손 안에 여리고와 그 도시의 왕과 그 도시 안에 있는 전사들을 넘겼다. 3. 너는 군병들로 성의 주위를 에워싸게 하라. 4. (없음) 5. 그리고 너희가 나팔을 불면 모든 백성들은 동시에 소리를 쳐라. 그렇게 너희가 소리를 치면 성의 벽이 스스로 무너질 것이다. 그러면 모든 백성은 서둘러 성 안으로 전진해서 들어갈 것이다. 6. 그리고 눈의 아들 예수가 제사장들에게 나아갔다. 7. 그리고 그가 그들에게 말했다. 이르기를 너희는 백성에게 주위를 돌아서 성을 에워싸라고 명령하여라. 그래서 무장한 자들이 주님 앞에서 먼저 나아갈 것이다. 8. 그리고 일곱 제사장들은 일곱 거룩한 나팔을 들고 그와 같이 주님 앞에서 전진하라. 그리고 분명하게 알라. 주님의 언약 궤는 뒤따를 것이다. 9. 무장한 자들은 앞서 나가고 제사장들과 그 뒤에 무리들은 주님의 언약의 궤 뒤에서 나아갈 것이다. 그리고 나팔을 계속 불 것이다.

[**본문 해석**]

오늘 본문은 이스라엘 군대가 여리고를 진멸하는 사건을 다루고 있다. 이제 이스라엘 군대는 여호와 하나님의 명령을 따라서 여리고를 진멸하는 정책을 추진하고 있다.

오늘 본문을 살펴보면 여리고는 더욱 성문을 걸어 잠그고 이스라엘 군대가 쳐들어 오지 못하도록 수비 전술을 쓰고 있다.(수 6:1)

그런데 이제 여호와 하나님께서 여호수아에게 명령하신다. 여호수아 6장 2~3절이다. "**2 여호와께서 여호수아에게 이르시되 보라 내가 여리고와 그 왕과 용사들을 네 손에 붙였으니 3 너희 모든 군사는 성을 둘러 성 주위를 매일 한 번씩 돌되 엿새 동안을 그리하라**" 히브리 성경 원문을 직역하면 이러하다. "2. 여호와께서 여호수아에게 말씀하셨다. 보라! 내가 어리고와 그곳의 왕과 힘있는 전사들을 네 손 안에 주었다. 3. 전투하는 너희 모든 병사들은 그 성을 에워싸고 발로 밟으며 돌아라. 엿세 동안 그와 같이 행하라." 70인경을 역본하면 이러하다. "2. 그리고 주님께서 예수에게 말씀하셨다. 보라! 내가 너의 손 안에 여리고와 그 도시의 왕과 그 도시 안에 있는 전사들을 넘겼다. 3. 너는 군병들로 성의 주위를 에워싸게 하라."

우리는 이 본문을 통하여서 전쟁은 여호와께 달려 있다는 말씀을 기억한다. 이 말씀은 다윗이 청년 시절에 블레셋의 거대한 전사 골리앗을 때려 높히기 전에 하였던 말씀에 있다. "**또 여호와의 구원하심이 칼과 창에 있지 아니함을 이 무리로 알게 하리라 전쟁은 여호와께 속한 것인즉 그가 너희를 우리 손에 붙이시리라**"(삼상 17:47) 그렇다. 이 세상에 여러 전쟁의 역사들을 살펴보면 신기하다고 할때가 많다. 좀 더 연약해 보이는 군대가 강한 군대를 이기기도

하고 이길 것으로 여겨졌던 강한 군대가 어이없게 패배하기도 하였다. 실로 전쟁의 미지수는 오직 여호와 하나님의 섭리에 달려 있다고 아니할 수 없다. 그런데 오늘 본문에 이스라엘 군대가 여리고를 점령하는 이러한 전쟁은 하나님의 구속사 가운데 그 하나님께서 전적으로 주도하셔서 이루어 가시는 전쟁이었다. 그러므로 이것은 시작부터 승리한 전쟁이며 결코 이기지 못할 수 없는 전쟁이었다.

무엇보다 이미 이스라엘 백성들이 애굽을 탈출 할 때 부터 가나안 일곱 족속은 그 강대한 나라 애굽을 탈출한 이스라엘 족속에 대하여서 경외심으로 바라보고 있었다. 그리고 무엇보다 광야 40년 기간 동안 이스라엘 족속이 어떻게 가나안 정복을 준비하여 왔으며 이제 모세가 살아 있었던 요단강 동편에서 부터 여호와 하나님께서 어떻게 이스라엘과 함께 하셔서 가나안 족속들을 쳐부수고 요단 강 조차 마른 땅 처럼 건너서 여리고 성벽 앞에 있다는 사실을 여리고 백성들은 알고 있었다. 그래서 그들은 이미 심히 공포에 떨며 겁먹고 일절 성문을 열고 나가서 싸울 의지조차 없이 여리고 성문을 꽁꽁 걸어 잠그고 거의 농성에 가까운 상태에 있었다.

여호수아와 이스라엘 군대가 여리고를 점령하려고 할 때에 여리고 성읍은 매우 견고한 요새였다. 실로 여리고는 오래전부터 잘 발달된 성벽 축조 기술에 의해서 공략하기 어려운 성읍이었다. 그러므로 비록 이스라엘 군대가 사기가 충만하고 여리고 성읍이 의기소침하여서 거의 싸울 의지가 없는 상태였다고 하여도 그렇게 쉽게 침공될 수 있는 성읍은 아니었다. 그러므로 여기에 이스라엘 하나님 여호와께서 직접 개입하시지 않으셨다면 이스라엘 백성들에게도 많은 병력의 손실이 불가피할 정도로 여리고는 견고한 성읍이었다. 그러나 여호수아와 이스라엘 군대가 가나안을 정복하려고 하는 이 가나안 정복의 전쟁은 전능하신 여호와 하나님께서 친히 계획하신 것이고 그가 그의 권능으로 직접 수행하시는 전쟁이기에 결코 그렇게 전쟁이 어렵게 진행되지는 않을 전쟁이었다. 그리고 여호수아서 6장 1~27절에 그 증거로서 기록되었다. 그러므로 여호수아서 6장은 여호와 하나님께서 어떻게 여리고를 공략하시고 진멸하셨는가를 상세하게 기록한 우리 하나님의 요단강 서편 가나안 정복의 첫 승리의 역사에 대한 생생한 문헌이다.

여리고 진멸 정책의 역사에 있어서 가장 중요한 말씀은 여호수아서 6장 2절이다. 그것은 여호와 하나님께서 이스라엘에게 여리고를 붙이셨다는 것이다. **"여호와께서 여호수아에게 말씀하셨다. 보라! 내가 여리고와 그곳의 왕과 힘있는 전사들을 네 손 안에 주었다."**(수 6:2) 여호수아 6장 2절에 **"붙이셨다"**는 말씀이 히브리어로 **"나타티"**으로 되어있다. 히브리어 동사 **"나타티"**은 **"내가 주었다"**라는 의미를 가지고 있다. 그래서 70인경도 **"파라디도미"**로 되어있다. 헬라어 **"파라디도미"**는 **"넘겨주다"**, **"허락하다"**라는 의미가 있다. 이것은 여호와 하나님께서 여호수아에게 약속하신 말씀이다. 그러므로 여기에서 여호와 하나님께서 여호수아에게 직접 약속하신 이 말씀은 하나님의 계시로서 반드시 그렇게 될 것을 의미한다. 예수께서 복음서에서 하나님의 말씀의 엄위로우심을 증거하실 때 다음과 같이 말씀하셨다. "**진실로 너희에게 이르노니 천지가 없어지기 전에는 율법의 일점 일획이라도 반드시 없어지지 아니하고 다 이루리라**"(마 5:18) 그렇다. 하나님의 말씀은 반드시 그대로 성취된다. 그렇게 여호수아서 6장 2절의 "**붙이셨다**"는 말씀은 여호와 하나님께서 그의 존귀하심을 따라서 여호수아에게 말씀하신 절대적인 약속이다.

그렇게 이스라엘의 승리는 이미 확실하게 어그러질 수 없게 보장된 것이다. 그런데 오늘 본문을 살펴보면 여호와 하나님께서 이스라엘 군대가 여리고를 상대하여서 승리하는 방식조차 여호수아에게 말씀하셨다. 여호수아서 6장 3~5절에 걸쳐서 증거되어 있다. "**3 너희 모든 군사는 성을 둘러 성 주위를 매일 한 번씩 돌되 엿새 동안을 그리하라 4 제사장 일곱은 일곱 양각나팔을 잡고 언약궤 앞에서 행할 것이요 제 칠 일에는 성을 일곱 번 돌며 제사장들은 나팔을 불 것이며 5 제사장들이 양각나팔을 길게 울려 불어서 그 나팔 소리가 너희에게 들릴 때에는 백성은 다 큰 소리로 외쳐 부를 것이라 그리하면 그 성벽이 무너져 내리리니 백성은 각기 앞으로 올라갈지니라 하시매**" (수 6:3~5) 히브리어 성경을 직역하면 이러하다. "3. 전투하는 너희 모든 병사들은 그 성을 에워싸고 발로 밟으며 돌아라. 엿세 동안 그와 같이 행하라. 4. 그리고 일곱 명의 제사장들은 법궤 앞에서 일곱 양각 나팔을 들어라. 그리고 일곱째 날에 그 도시를 일곱 번을 발로 밟고 돌며 제사장들은 나팔을 불어라. 5. 그들이 양각 나팔을 길게 불어서 너희가 그 나팔 소리를 들으면 모든 백성이 힘써 큰 소리로 외쳐라. 그러면 도시의 성벽이 아래로 무너질 것이다. 그 백성 남자들은 그 앞으로 올라갈지어다." 이는 실로 놀라운 말씀이다. 여호와 하나님께서 직접 그 성벽을 무너뜨리시겠다는 말씀이다. 다만 이스라엘은 여호와 하나님의 명령을 따라서 순종하면 이기는 작전이었다. 여기에서 우리는 하나님의 나라가 어떻게 세워지는 가에 대한 원리를 발견할 수 있다. 하나님의 나라는 그가 그의 절대 주권적인 명령으로 세우신다. 그리고 그 명령은 곧 여호와의 말씀이다. 오직 하나님의 말씀이 구약 시대에 이스라엘이 세워시는 유일한 원리였다. 그와 같이 새 언약의 거룩한 보편 교회도 주의 말씀으로 만 세워진다.

새 언약의 거룩한 보편 교회는 우리 구주 예수 그리스도께서 세우신 사도들과 선지자들의 터 위에 세워진다. 이는 사도 바울이 에베소 교회에게 보낸 서신에 증거되어있다. "너희는 사도들과 선지자들의 터 위에 세우심을 입은 자라 그리스도 예수께서 친히 모퉁이 돌이 되셨느니라"(엡 2:20) 여기에서 사도들과 선지자들의 터는 그들이 전한 복음의 말씀이다. 그것은 신구약 성경으로 후대에 전승되었다. 거룩한 보편 교회는 사도와 선지자들의 **디다케**로 세워야 참된 교회라고 할 수 있다. 속사도 시대에 정통 교부들은 끊임없이 사도들의 **디다케**를 해석하고 그것을 가르치는 것으로 평생의 과업으로 알고 행하였다. 그래서 사도들의 **디다케**를 따라서 거룩한 보편 교회의 자태를 드러내었다.

그러므로 16~17세기 종교 개혁자들이 추구하였던 거룩한 보편 교회의 자태는 사도들과 선지자들의 교리로 교회가 세워져야 할 것을 의미하였다. 종교 개혁자들은 사도들과 선지자들의 터 위에 교회가 세워져야 할 것을 깊이 깨닫고 사도들의 **디다케**로서 오직 성경과 모든 성경의 원리로 사도적 교회로 돌아가고자 하였다. 그러므로 지금도 종교 개혁자들의 가르침은 사도와 선지자들의 가르침 위에 거룩한 보편 교회를 세우려고 하였던 그 끊임없이 진리를 추구하는 정신이다. 왜냐하면 그 당시에 로마 교회가 너무나 하나님의 말씀으로부터 벗어나 있었기 때문이다. 로마 교회는 사도와 선지자들의 가르침으로 부터 매우 멀리 나갔다. 그러므로 그 당대에 종교 개혁자들은 근원적으로 로마 교회의 어두움을 제거하고 여호와 하나님의 말씀을 회복하여서 사도적 교회로 돌아갔던 교회 개혁의 역사였다.

그리고 이러한 사도적 교회는 다시 말해서 거룩하고 보편 교회는 종교 개혁자들의 가르침 안에 보존되어서 전승되어 있다. 그러므로 장로교 신자란 이러한 종교 개혁자들의 가르침을 따라서 거룩한 보편 교회를 세우는 자들이다. 장로교회란 사도적 교회의 자태를 표현한 것이다. 사도 시대 교회가 장로 교회였기 때문이다. 왜냐하면 사도와 선지자들과 목사와 교사들과 치리 장로들이 모두 사도 시대에 장로들이었기 때문이다. 그래서 사도 베드로는 그의 서신 베드로 전서 5장 1절에서 다음과 같이 자신을 소개하고 있다. "**너희 중 장로들에게 권하노니 나는 함께 장로 된 자요 그리스도의 고난의 증인이요 나타날 영광에 참여할 자로라**"(벧전 5:1) 그렇다. 사도 시대 교회는 사도들이 그리스도의 명령을 따라서 세웠던 그리스도께서 친히 모퉁이 돌이 되셨던 장로회로 구성된 교회였다. 장로회란 사도들의 치리회가 그 기원이다.

　종교 개혁자들은 이미 구약 시대부터 형성된 족장 제도를 따라서 세워졌던 사도 시대 교회 형태를 보존하는 이름으로서 장로회의 교회라고 개혁 교회를 명칭한 것이다. 개혁 교회란 반드시 장로회로 구성된 교회여야 한다. 어떠한 경우에도 회중 교회는 개혁 교회라고 부를 수 없다.

　그렇게 새 언약의 열두 족장들이라고 부를 수 있는 열두 사도들이 기초가 되어서 세워진 거룩한 보편 교회는 사도적 전통을 버리는 순간 기짓 교회가 된다. 오직 사도적 전승을 철저하게 계승하는 교회가 사도적 정통 교회이며 그러한 사도적 정통 교회란 치리회로 구성된 교회여야 한다. 그리고 사도 신경이 증거하는 거룩한 보편 교회여야 한다.

　이제 여호와 하나님의 명령을 따라서 여리고를 점령하려고 하는 여호수아와 이스라엘 군대는 이미 모세 시대부터 하나의 국가 교회로서 장로 정치 제도를 따라서 거룩성과 보편성을 가진 여호와의 군대로서 가나안 정복 전쟁을 치루었다.

　그렇게 가나안 정복 전쟁을 살펴보면 여호와 하나님께서 여호수아를 중보자로 하여서 그의 통치와 지휘 아래에 이스라엘 열두 지파의 족장들을 데리시고 가나안에 하나님의 나라를 세우셨다. 그리고 사사 시대 역사를 살펴보면 그렇게 세워진 하나님의 나라는 지속적으로 사사들과 함께 이스라엘 열두 족장들이 다스리는 나라로 통치되었다. 그래서 사사 시대를 신정 정치 시대라고 부른다. 여호와 하나님께서 사사들을 가지시고 열두 지파를 직접 통치하시는 방식이시다.

그러나 그 이후에 다윗 왕국 시대부터 세워지는 이스라엘 왕국 시대도 여전히 여호와 하나님께서 이스라엘 왕을 일종의 대리 통치자로 세우시고 이스라엘을 다스리시는 왕정 정치 시대이다. 항상 여호와 하나님께서 이스라엘의 통치자로 계신다. 인간 왕은 단지 대리자에 불과하였다. 그것은 중보자 이신 우리 구주 예수 그리스도의 예표와 모형이었다.

그렇게 우리 구주 예수 그리스도께서 직접 명령하여 세우신 사도들의 치리회를 통하여서 그가 직접 통치하시는 장로 정치 제도가 새 언약의 거룩한 보편 교회가 세워지는 올바른 교회 정치 제도이다. 그러므로 거룩한 보편 교회에 치리회는 사도적 전승을 가지고 있는 매우 중요한 교회 치리 제도이다. 그리고 이것을 거룩한 보편 교회의 질서라고 부른다. 거룩한 보편 교회의 질서란 그렇게 여호와 하나님께서 항상 살아 계셔서 절대 주권자로 계시며 다스리시고 다만 그가 정하신 치리회 법을 가지시고 치리회를 통하여서 다스리시는 방식이다.

이는 항상 살아계신 여호와 하나님께서 구약 시대부터 신적 작정 가운데 계시하신 거룩한 보편 교회의 통치 방식이다. 오늘 여호수아 6장의 여리고 침공은 철저하게 여호와 하나님께서 여호수아를 대리자로 세우셔서 이스라엘 군대를 데리시고 승리하신 전쟁으로 기록되어 있다. 그러므로 이 전쟁은 여호와 하나님의 전쟁이요 그가 반드시 완전하게 성취하실 전쟁이었다. 그리고 여리고를 점령한 이러한 정복 전쟁의 역사는 우리 하나님의 구속사의 한 페이지를 장식하며 이제 가나안에서 본격적으로 시작될 이스라엘 구속사의 서막과도 같은 전쟁이다.

[교리 강론]
1. 거룩한 보편 교회의 설립의 역사

오늘 여리고를 침공하는 이스라엘 군대의 전쟁의 역사는 거룩한 보편 교회가 어떻게 세워져야 할 것에 대한 원리를 우리에게 제공한다.

첫째는 하나님의 교회는 철저하게 그가 계시하신 말씀을 단 한 치도 벗어남이 없이 세워져야 할 것이라는 것이다. 오늘 여리고를 침공한 역사를 담고 있는 여호수아서 6장을 살펴보면 여호수아와 이스라엘 군대는 오직 여호와의 계명에 온전하게 순종하였을 뿐이다. 오직 여호와 하나님께서 홀로 모든 일을 행하셨다. 이스라엘의 존재 이유와 목적은 그들이 여호와의 계명을 받은 자들이라는 것에 있다. 그들이 여호와의 계명에 불순종하는 순간 그들은 세상 나라와 다를 바 없다. 그렇다. 거룩한 보편 교회가 하나님의 계명을 벗어나는 순간 세상의 이방 종교와 다를바 없게 된다. 그것을 중세 시대 역사 가운데 로마 교회가 한 번 보여 주었다. 그리고 종교 개혁은 그러한 이방 종교화된 세속화되고 타락한 거짓 교회로부터 참된 교회를 세우려고 하는 종교 개혁자들의 끊임없는 몸부림의 역사이다. 그러므로 그때에 개혁된 교회는 지금도 종교 개혁의 원리로 남아 있다. 개혁 교회란 끊임없이 사도적 교회의 전승을 온전하게 보존하려고 하는 보수 신학의 원리에 담겨 있다.

그래서 개혁 장로교회란 인간의 부패한 본성으로 인하여서 지속적으로 변질되어 가는 거짓된 교회에 대하여서 끊임없이 오직 진리로 사도적 교회를 추구하는 거룩한 보편 교회이다. 그것은 오직 성경과 모든 성경의 원리로서 거룩한 보편 교회를 세우는 것이다. 그러므로 신자들이 하나님의 계명에 무지할수록 개혁 장로교회는 세워질 수 없다. 그렇게 개혁 장로교회란 사도적 신앙을 추구하는 개혁 신앙을 가진 성도들의 모임이다.

둘째로 참된 하나님의 교회는 거룩한 보편 교회의 공적 선포로서 공의회의 신조를 따라서 세워지는 교회이다. 사도들의 전승을 온전하게 보존하는 정통 교리는 오직 공의회의 신조에 담겨 있다. 그것은 이미 사도 베드로가 그 시대에 교회에게 권면하였던 말씀 가운데 있다. 사도 베드로는 그의 서신 베드로 후서 1장 20~21절이다. "**20 먼저 알 것은 경의 모든 예언은 사사로이 풀 것이 아니니 21 예언은 언제든지 사람의 뜻으로 낸 것이 아니요 오직 성령의 감동하심을 입은 사람들이 하나님께 받아 말한 것임이니라**"(벧후 1:20~21) 그렇다. 신구약 성경은 하나님의 구속 계시의 말씀이다. 이것은 사람의 말이 아니라 하나님의 말씀이다. 그러므로 그 말씀의 해석도 사사로이 해석하면 안 된다. 오직 거룩한 보편 교회의 공적 선포로서 결정된 공의회의 신조와 신앙 고백서를 따라서 해석이 되어야 한다. 그것이 사사로이 성경을 해석하지 않는 원리이다. 그러므로 참된 교회란 거룩한 보편 교회의 공적 선포로서 공의회의 신조와 신앙 고백서가 가르쳐지는 교회이다. 그것이 가르쳐지지 않는 교회는 참된 교회가 아니다.

셋째로 참된 하나님의 교회는 사도들의 치리회로서 다스려지는 교회이다. 그것은 새 언약의 열두 족장이라고 할 수 있는 열두 사도들이 세웠던 사도 시대 교회가 그 표상이 될 것이다. 비록 사도 시대 교회가 완전한 교회는 아니었어도 사도들이 직접 통치하면서 후대에 세워질 교회가 어떠한 자태를 가져야 할 것을 알려주고 있다. 그것은 사도들의 지리회로서 징로의 회로서 다스려지는 거룩한 보편 교회이다.

로마 카톨릭 교회는 보편성은 있으나 거룩성이 없다. 그들의 보편성은 오로지 감독 제도를 통한 획일적인 보편성이다. 그들은 보편성을 보존하면서 거룩성을 철저하게 버렸다. 매우 강압적이고 폭군적인 교회 정치 형태를 가지게 되었다. 그래서 로마 카톨릭 교회는 결코 거룩한 보편 교회의 자태를 지닌 참된 교회가 될 수 없다. 오직 세속화된 교회일 뿐이다.

회중 교회는 거룩성도 보편성도 없는 교회이다. 그들의 교리는 오염되어 있다. 그래서 그들은 거룩성이 없다. 그들의 교회 정치는 중구난방의 무질서가 그 본질이다. 그래서 보편성이 없다. 거룩성도 보편성도 없는 회중 교회로서는 거룩한 보편 교회의 자태를 드러낼 수 없다. 그렇게 사도 시대부터 세워진 거룩한 보편 교회의 자태는 사도들의 치리회로서 장로의 회로 다스려져야 한다.

2. 여리고 침공이 갖는 신학적 의의들

우리는 여호와 하나님께서 여호수아를 데리시고 이스라엘 군대를 이끌고 여리고를 진멸하셨던 이 놀라운 구속사를 통하여서 한 가지 깨닫게 되는 진리의 말씀이 있다.

여리고는 비록 견고하였지만 세속화된 도시였다. 여호와 하나님께서 여리고 전체를 진멸하신 것은 그의 거룩하신 작정이 있으시다. 여리고는 세상을 표상한다. 그리고 그곳으로부터 어떠한 것도 취하시지 않으시는 여호와 하나님의 뜻은 이러하다. 하나님의 교회는 세속화와 끝없이 싸워야 한다. 그 풍요로운 땅 여리고는 이스라엘 백성들에게 매우 크나큰 유혹이 될 수 있다. 또한 그들의 백성들과 교류하게 된다면 더욱 심각한 세속화의 과정을 겪게 될 것을 하나님께 아셨다.

그러므로 여리고를 진멸시키심으로서 이스라엘로 하여금 경계하시는 것이다. 하나님의 말씀에 이방 종교를 첨가시키키 말라는 것이다. 여호와 하나님께서는 질투하시는 하나님이신 즉 이스라엘이 이방 종교의 요소들을 여호와의 종교에 첨가 시키면 결코 가만 두지 않으시겠다는 것을 의미한다.

그것은 십계명의 첫번 째 계명과 두 번째 계명의 명령으로 되어 있다. 출애굽기 20장 3~6절이다. "**3 너는 나 외에는 다른 신들을 네게 있게 말지니라 4 너를 위하여 새긴 우상을 만들지 말고 또 위로 하늘에 있는 것이나 아래로**

땅에 있는 것이나 땅 아래 물 속에 있는 것의 아무 형상이든지 만들지 말며 5 그것들에게 절하지 말며 그것들을 섬기지 말라 나 여호와 너의 하나님은 질투하는 하나님인 즉 나를 미워하는 자의 죄를 갚되 아비로부터 아들에게로 삼 사대까지 이르게 하거니와 6 나를 사랑하고 내 계명을 지키는 자에게는 천대까지 은혜를 베푸느니라"(출 20:3~6) 여호와 하나님께서 시내 산에서 모세에게 말씀하신다. "**나 외에 다른 신을 두지 말라**"(출 20:3)는 것이다. 그 당시에 이방 나라는 다양한 신들을 섬겼던 다신론 사회였다. 여러 신들이 있었다. 그런데 그러한 다양한 신들은 모두 신상이 있었다. 그것은 우상 숭배이다. 여호와 하나님께서는 이스라엘이 가나안 일곱 족속의 종교로 인하여서 그 신앙이 더럽혀지는 것을 결코 용납하지 아니하셨다. 그래서 가나안 정복 사업이 완수되고 이스라엘이 가나안 땅에 세워졌을 때 여호와 하나님께서 우려하신 대로 이스라엘은 가나안 종교에 영향을 받고 바알을 섬기고 하였다. 결국 끊임없는 경고에 불구하고 이스라엘은 지속적으로 불순종하였고 이스라엘 나라는 결국 멸망하였다. 그것이 바벨론 유수의 역사이다. 그렇게 여호와 하나님께서는 여전히 완전하지 않은 이스라엘 족속들이 이 세상에서 타락하여서 오염되고 세속화될 것을 아셨다. 그러므로 가나안 일곱 족속에 대한 진멸 정책은 그렇게 이스라엘 백성들을 순수한 신앙으로 보존하시고자 하신 여호와 하나님의 선하신 뜻이 반영이 되어 있는 정책이었다.

새 언약의 거룩한 보편 교회도 마찬가지이다. 그리스도의 전권대사로서 사도들이 세운 사도 시대 교회도 여러 교회들에서 타락상이 드러났고 사도들이 그러한 교회들을 돌이키게 하고자 서신들을 남겼다. 그리고 그러한 사도들의 서신들은 우리 시대 교회를 비추어 보게 하는 거울과도 같다. 그러므로 참된 신자들은 부지런히 사도들의 서신을 읽고 듣고 그 가운데 기록한 것을 지키는 자들이다.(계 1:3) 왜냐하면 때가 가까웠기 때문이다. 사도 요한이 신구약 성경 맨 마지막에 기록한 요한 계시록 1장 3절을 이다. "**이 예언의 말씀을 읽는 자와 듣는 자들과 그 가운데 기록한 것을 지키는 자들이 복이 있나니 때가 가까움이라**"(계 1:3)

제목: 아간의 범죄
본문: 여호수아 7장 1절

[본 문]

이스라엘 자손들이 바친 물건을 인하여 범죄하였으니 이는 유다 지파 세라의 증손 삽디의 손자 갈미의 아들 아간이 바친 물건을 취하였음이라 여호와께서 이스라엘 자손들에게 진노하시니라

[원문 직역]

1. 이스라엘 자손들이 바쳐진 물건 중에서 어리석게도 불성실하게 행하였다. 유다 지파 중에 세라의 증손 삽디의 손자 갈미의 아들 아간이 바쳐진 물건 중에서 취하였다. 그러자 여호와의 진노가 이스라엘 자손들에게 임하였다.

[70인경 역본]

1. 그리고 이스라엘 아들들이 매우 큰 잘못 중에 잘못을 범하였다. 그리고 그들이 바쳐진 물건으로부터 훔쳤다. 그리고 유다 지파로부터 자라의 아들 잠브로이의 아들 카르미의 아들 아카르가 바쳐진 물건으로부터 취하였다. 주님의 진노가 이스라엘 아들에게 일어났다.

[본문 해석]

오늘은 아간의 범죄로 인하여서 이스라엘이 아이성의 거

민들과 전투에서 패배하는 사건과 아간의 범죄를 찾아내서 형벌하는 사건을 다루고 있다.

오늘 본문 여호수아 7장 2절에 보면 여호수아가 여리고에 주둔해 있었던 군대 중에 일부를 벧엘 동편 벧아웬 부근에 있는 아이성으로 보내서 그곳 성읍을 정탐하라고 명령하였다. 이제 아이성을 정탐한 척후병들은 여호수아에게로 돌아와서 아이성의 상태를 알린다. 그들은 말한다. **"주력 부대가 전투하러 올라갈 필요는 없습니다. 대략 이삼천명 정도의 병력으로 아이성을 점령할 수 있을 듯 합니다."**(수 7:3) 그러므로 이제 이삼천명 정도의 병력이 아이성에 접근하여서 성을 치러 나아갔다. 그러나 아이성을 공략했던 군대가 대패하고 후퇴하였다. 아이성의 군대가 오히려 이스라엘 군대를 쳐서 대략 36인 정도의 이스라엘 군사들을 죽이고 아이성문 앞에서 스바림까지 이스라엘 군대를 격퇴시켰다.(수 7:5)

여호수아가 이스라엘 군대의 패배 전갈을 듣고 심히 낙담하여서 옷을 찢고 이스라엘의 장로들과 함께 여호와의 궤 앞에서 엎드려서 머리에 티끌을 무릅쓰고 저물도록 있었다.(수 7:6) 여호수아가 여호와 하나님께 아뢰었다. **"슬프도소이다 주 여호와여! 어찌하여 이 백성을 인도하여 요단을 건너게 하시고 우리를 아모리 사람의 손에 붙여 멸망시키려 하셨나이까? 우리가 요단 저편을 족하게 여겨 거하였더면 좋을 뻔하였습니다. 여호와여 이스라엘 군이 적군에 패하여서 쫓겨 왔으니 내가 무슨 말을 할 수 있겠습니까? 가나안 사람과 이 땅의 거민들이 듣고 우리를 둘러싸고 우리 이름을 세상에서 사라지게 할 것입니다. 주의 크신 이름을 위하여서 어떻게 하시려 나이까?"(수 7:7~9)

이에 여호와께서 여호수아에게 말씀하셨다. "어서 일어나거라 어찌하여 이렇게 엎드렸느냐? 이스라엘이 범죄하였다. 내가 그들에게 명한 나의 언약을 어겼다. 그들이 바쳐야 할 물건을 취하고 훔치고 거짓말하여 자기 기구에 두었다. 그러므로 이스라엘 군대가 그들의 대적들을 능히 이기지 못하고 그 앞에서 패배한 것이다. 그들 자신들이 섬멸 대상이 된 것이다. 너희 가운데 그 바쳐진 물건을 없애지 아니하면 내가 다시는 너희와 함께 있지 않을 것이다."(수 7:10~12) 그리고 나서 여호와 하나님께서 여호수아에게 이스라엘 백성에게 이를 말씀을 전하셨다. "너는 일어나서 백성을 성결케 하라. 그리고 말하라. 너희는 스스로 성결케 하여 내일을 기다리라. 이스라엘의 하나님 여호와께서 말씀하시기를 이스라엘아! 너희 중에 바쳐진 물건을 제하기 전까지는 네 대적을 이기지 못하리라."(수 7:13) 그리고 나서 어떻게 그 바쳐진 물건을 훔쳐간 범인을 색출해 낼 것을 말씀하셨다. "아침에 너희는 너희 지파대로 가까이 나아오라. 여호와께서 지적하신 지파는 그 족속대로 나아오라. 그리고 여호와께서 지적하시는 족속들은 그 가족대로 나아오라. 그리고 여호와께서 지적하시는 그 가족들은 남자대로 가까이 나아오라. 그리고 너희는 여호와께서 바쳐진 물건을 훔친 자를 지적하시면 그자를 불사르고 그와 그의 모든 소유를 그리하라."(수 7:14~15)

그리고 나서 여호와 하나님께서 여호수아에게 그 범죄한 자가 범한 죄악이 어떠한 죄인가를 판결하여 주신다. "**이는 그가 여호와의 언약을 어기고 이스라엘 가운데서 망령된 일을 행하였기 때문이다.**"(수 7:15) 이제 여호수아는 여호와 하나님께서 이르신 대로 아침이 일찍 일어나서 이스라엘을 그 지파대로 나아오게 하였다. 그러자 여호와께서 유다 지파를 지적하셨다. 그리고 유다 지파를 나아오게 하였더니 세라 족속이 지적당하였다.

그리고 세라 족속의 남자들을 나아오게 하였더니 삽디가 뽑혔다. 그리고 삽디의 가족 각 남자를 나아오게 하였더니 유다 지파 세라의 증손으로 삽디의 손자이며 갈미의 아들 아간이 **뽑혔다**.(수 7:16~18) 여호수아가 아간에게 그의 범죄를 고하라고 다그쳤다.(수 7:19) 그러자 아간이 그제야 겨우 자신의 범죄 행위를 자백하였다.(수 7:20~21) 그러자 여호수아가 심부름꾼을 보내서 아간이 자백한대로 그 물건을 찾아오라고 명령하였다. 그 명령 받은 자들이 가서 아간이 훔쳐서 숨겨놓은 물건들을 가져왔다.(수 7:22)

그러므로 여호수아가 여호와 하나님께서 명하신대로 처형하였다. 이 범죄의 형벌에 대한 기록은 여호수아서 7장 24~26절에 있다. "**24 여호수아가 이스라엘 모든 사람으로 더불어 세라의 아들 아간을 잡고 그 은과 외투와 금덩이와 그 아들들과 딸들과 소들과 나귀들과 양들과 장막과 무릇 그에게 속한 모든 것을 이끌고 아골 골짜기로 가서 25 여호수아가 가로되 네가 어찌하여 우리를 괴롭게 하였느뇨 여호와께서 오늘날 너를 괴롭게 하시리라 하니 온**

이스라엘이 그를 돌로 치고 그것들도 돌로 치고 불사르고 26 그 위에 돌무더기를 크게 쌓았더니 오늘날까지 있더라 여호와께서 그 극렬한 분노를 그치시니 그러므로 그 곳 이름을 오늘날까지 아골 골짜기라 부르더라"(수 7:24~26)

실로 오늘 본문 여호수아서 7장 1~26절에 기록된 아간의 범죄에 대한 사건은 이스라엘 공동체가 요단강을 건너서 처음 행한 범죄자에 대한 처형이었다. 구약 시대에는 이렇게 그 사람의 생명을 빼앗음으로서 이스라엘 가운데 범죄를 제거하였다. 아골 골짜기에 돌로 맞아서 죽고 불살라진 아간의 처형은 이스라엘 공동체의 거룩성을 보존하시고자 하신 하나님의 징계였다. 이것은 일종이 권징이었다. 그렇게 여호와 하나님께서 이스라엘 가운데 죄악을 제거하셨다.

이제 우리는 이 사건을 통하여서 구약 시대에 여호와 하나님께서 이스라엘 가운데 어떻게 죄악을 제거하셨는가를 살펴 볼 수 있었다. 그러므로 구약 시대 이스라엘 공동체는 범죄한 자를 돌로 쳐서 그의 생명을 거두는 처형 방식을 시행하였다. 이제 교리 강론 시간을 통하여서 이러한 구약의 이스라엘 공동체의 권징의 방식이 새 언약의 거룩한 보편 교회는 어떻게 바뀌었는가를 살펴 보고자 한다.

[교리 강론]
1. 새 언약의 거룩한 보편 교회의 권징에 대하여서

새 언약의 거룩한 보편 교회의 권징은 예수 그리스도께서 구약 교회 시대의 권징의 방식을 폐하심을 통하여서 알 수 있다. "2 아침에 다시 성전으로 들어오시니 백성이 다

나아오는지라 앉으사 저희를 가르치시더니 3 서기관들과 바리새인들이 간음 중에 잡힌 여자를 끌고 와서 가운데 세우고 4 예수께 말하되 선생이여 이 여자가 간음하다가 현장에서 잡혔나이다 5 모세는 율법에 이러한 여자를 돌로 치라 명하였거니와 선생은 어떻게 말하겠나이까 6 저희가 이렇게 말함은 고소할 조건을 얻고자 하여 예수를 시험함이러라 예수께서 몸을 굽히사 손가락으로 땅에 쓰시니 7 저희가 묻기를 마지 아니하는지라 이에 일어나 가라사대 너희 중에 죄 없는 자가 먼저 돌로 치라 하시고 8 다시 몸을 굽히사 손가락으로 땅에 쓰시니 9 저희가 이 말씀을 듣고 양심의 가책을 받아 어른으로 시작하여 젊은 이까지 하나씩 하나씩 나가고 오직 예수와 그 가운데 섰는 여자만 남았더라 10 예수께서 일어나사 여자 외에 아무도 없는 것을 보시고 이르시되 여자여 너를 고소하던 그들이 어디 있느냐 너를 정죄한 자가 없느냐 11 대답하되 주여 없나이다 예수께서 가라사대 나도 너를 정죄하지 아니하노니 가서 다시는 죄를 범치 말라 하시니라)"(요 8:2~11) 이 본문을 대략 다시 정리하여 보기로 하면 이러하다. 예수께서 아침 일찍 다시 성전에 들어가셨다. 그러자 많은 무리들이 그에게 나아왔다. 그러므로 예수께서 자리를 잡고 앉으셔서 그들을 가르치셨다. 그러자 어떤 서기관들과 바리새인들이 간음한 여자를 끌고 와서 세우고 다자고짜 예수께 묻는다. "선생이시여! 이 여자가 간음을 하다가 현장에서 잡혔습니다. 율법에서 모세는 우리에게 이런자는 돌로 치라고 명령하고 있습니다. 그러므로 당신이면 어떻게 하시겠습니까?"(요 8:5) 그들이 이러한 행동을 하는 것은 주님을 시험하고자 함이었다. 혹시라도 주님께서 잘못된 답변을 하시면 유대 법정에 그를 고소하고자 함이었다. 그때에 예수께서 몸을 굽히셔서 손가락으로 땅에 무엇인가를 쓰셨다.(요 8:6) 그러자 그들이 계속 주님께 다그치면서 답변을 요구하였다. 주님께서 일어나셔서 말씀하셨다. **"너희 중에 죄 없는 자가 먼저 돌로 치라"**(요 8:7)

그리고 다시 몸을 굽히사 땅에 무엇인가 쓰셨다.(요 8:8) 어쩌면 그들의 가슴을 치는 매우 엄중한 율법의 계명을 쓰셨을 수도 있다. 그런데 모든 무리들이 주님의 이 말씀을 듣고는 하나 둘씩 양심의 가책을 받아서 사라졌다. 그리고 오직 주님과 그 여자만 남았다. 그러자 예수께서 그 여자에게 말씀하셨다. **"여자여 너를 고소하던 그들이 어디 있느냐 너를 정죄한 자가 없느냐"**(요 8:10) 그러자 그 여자가 말했다. **"주여 없나이다"**(요 8:11) 그러자 예수께서 그 여자에게 말씀하셨다. **"나도 너를 정죄하지 아니하노니 가서 다시는 죄를 범치 말라"**(요 8:11)

요한복음 8장 2~11절까지의 이 사건은 우리에게 언약의 거룩한 보편 교회의 권징이 어떠한 형태가 될 것을 알게 한다. 이제 주님께서는 구약의 모든 권징의 방식을 폐하셨다. 그리고 이제 새 언약의 권징은 예수 그리스도께서 자신의 두 어깨에 그 여인의 간음한 죄를 짊어지셨다는 의미로 시작된다. 그것은 우리 구주 예수 그리스도의 대속의 죽으심이다. 예수 그리스도께서 그 여인의 죄를 대신 짊어지셨다는 의미이다. 예수께서는 그 여인을 용서하셨다. 그리고 그 여인의 죄를 자신이 짊어지실 대속의 십자가에 얹으셨다. 그것이 새 언약의 거룩한 보편 교회의 권징의 시작이다. 그러므로 이제 구약의 권징의 방식은 폐하여졌다. 그래서 새 언약의 거룩한 보편 교회는 범죄한 자를 돌로 쳐서 생명을 **빼앗는** 제도를 이제 더 이상 시행할 수 없다.

우리는 주님께서 간음한 여인의 죄를 대신 짊어지시고 그 여인을 용서하신 사건을 통하여서 권징의 목적을 엿볼 수 있다. 새 언약의 거룩한 보편 교회의 권징은 교정이 목적이다. 그러므로 새 언약의 거룩한 보편 교회는 범죄한 자를 교정하는 것이 유일한 목적이다. 만약 그럼에도 불구하고 교정이 되지 않는 질낮은 범죄자에 대하여서 거룩한 보편 교회는 어떻게 권징하는가? 그것도 주님께서 이미 복음서에서 말씀하셨다. 마태복음 18장 15~18절이다. "**15 네 형제가 죄를 범하거든 가서 너와 그 사람과만 상대하여 권고하라 만일 들으면 네가 네 형제를 얻은 것이요 16 만일 듣지 않거든 한 두 사람을 데리고 가서 두 세 증인의 입으로 말마다 증참케 하라 17 만일 그들의 말도 듣지 않거든 교회에 말하고 교회의 말도 듣지 않거든 이방인과 세리와 같이 여기라 18 진실로 너희에게 이르노니 무엇이든지 너희가 땅에서 매면 하늘에서도 매일 것이요 무엇이든지 땅에서 풀면 하늘에서도 풀리리라**"(마 18:15~18) 이 본문은 거룩한 보편 교회의 권징의 방식이 잘 규정되어있다. 그러므로 이 본문을 거룩한 보편 교회의 권징의 방식으로 설명하고자 한다.

주님께서 말씀하셨다. 가장 먼저 형제가 범죄하면 너는

그 사람과만 상대하여 권고하라. 그 형제가 들으면 네가 그 형제를 얻을 것이다. 이 부분은 그 지교회를 치리하는 담임 목사님이 범죄한 형제에게 권면하는 것이다. 만약 그 형제가 자신의 범과를 인정하는 순간 그 형제의 모든 죄는 사하지고 거기에 권징은 멈춘다. 왜냐하면 권징의 목적이 교정에 있기 때문이다. 그 권징의 목적이 달성되었기에 그 범죄한 형제는 그리스도의 보혈로 용서받은 것으로 간주한다. 그래서 이것을 권고라고 한다.

이제 두 번째로 그런데 그 형제가 자신의 잘못을 인정하지 않으면 한 두 사람을 데리고 가서 두 세 증인의 입으로 증참케 한다. 이것은 그 지교회의 당회가 그 형제를 소환해서 사실 관계를 다투어 보고 담임 목사님을 포함한 당회원 모두가 권면하여서 그것이 받아들여지고 그가 자신의 잘못을 인정하면 그것으로 권징은 멈춘다. 그것이 견책이다. 당회는 그러한 사실을 당회록에 기록함으로서 모든 사건을 마무리 한다.

이제 당회의 견책도 거부할 때에는 교회에게 말한다. 그것이 수찬 정지이다. 그런데 그 형제가 수찬 정지된 이후에 회개하고 돌이키면 다시 그 권징은 멈춘다. 그리고 그 형제는 그리스도께서 보혈로 그를 용서하신 것으로 간주하고 함께 그 형제를 공동체 안으로 받아들인다.

만약 그런데 수찬 정지 이후에도 계속 자신의 잘못을 인정하지 않고 교정하지 않는다면 그 지교회의 당회는 그 형제를 출교시킨다. 그리고 그를 이방인과 세리와 같이 여긴다. 그 의미는 교류 금지이다. 구약 시대에 이스라엘 사람들은 이방인과 상종하지 않았다. 그러한 원리를 따라서 출교된 자와는 교류를 금지한다. 그리고 그것이 교리적인 부분일 때에는 이단으로 분류된다.

이제 마태복음 18장 15~18절의 맨 마지막 본문에서 주님께서는 다음과 같이 말씀하셨다. "**진실로 너희에게 이르노니 무엇이든지 너희가 땅에서 매면 하늘에서도 매일 것이요 무엇이든지 땅에서 풀면 하늘에서도 풀리리라**"(마 18::18) 이것은 거룩한 보편 교회의 치리권에 대한 주님의 말씀이다. 이 본문에서는 사도들에게 하신 말씀이다. 그리고 이러한 거룩한 보편 교회의 열쇠권은 후대에 사도들의 치리회로서 장로의 회에게 있을 것을 의미한다. 그러므로 사도들은 주님의 명령을 따라서 사도 시대교회부터 치리회를 구성하였다. 그리고 그것을 장로의 회라고 명명하였다. (딤전 4:14) 이 장로의 회는 거룩한 보편 교회가 세워진 그 지방 안에 지교회들 안에 모든 치리와 권징에 봉사하는 기관으로서 그 지방의 교회들을 세우고 지도할 성직자를 안수하여 세우고 지교회로 파송하며 각 지교회 당회들을 살피고 지도하며 보호하는 역할을 한다. 그래서 장로회는 목사와 지교회에서 파송한 치리 장로로 구성되어있다. 그리고 장로회 아래에 당회는 목사와 당회원들로 구성되어서 지교회를 치리하는 일에 봉사한다. 이러한 모든 기관들은 사도들의 치리회로서 거룩한 보편 교회를 세우는 일에 수고하는 기관이다. 그러므로 새 언약의 거룩한 보편 교회의 권징은 첫째는 그 범죄한 자의 교정이 목적이다. 둘째는 공동체의 거룩성을 보존하는 것에 있다. 이 두 가지가 새 언약의 거룩한 보편 교회의 권징의 목적이다.

제목: 에발산의 율법 낭독
본문: 여호수아 8장 30~35절

[본 문]

30 때에 여호수아가 이스라엘의 하나님 여호와를 위하여 에발 산에 한 단을 쌓았으니 31 이는 여호와의 종 모세가 이스라엘 자손에게 명한 것과 모세의 율법책에 기록된 대로 철 연장으로 다듬지 아니한 새 돌로 만든 단이라 무리가 여호와께 번제와 화목제를 그 위에 드렸으며 32 여호수아가 거기서 모세의 기록한 율법을 이스라엘 자손의 목전에서 그 돌에 기록하매 33 온 이스라엘과 그 장로들과 유사들과 재판장들과 본토인뿐 아니라 이방인까지 여호와의 언약궤를 멘 레위 사람 제사장들 앞에서 궤의 좌우에 서되 절반은 그리심 산 앞에, 절반은 에발 산 앞에 섰으니 이는 이왕에 여호와의 종 모세가 이스라엘 백성에게 축복하라고 명한 대로 함이라 34 그 후에 여호수아가 무릇 율법책에 기록된 대로 축복과 저주하는 율법의 모든 말씀을 낭독하였으니 35 모세의 명한 것은 여호수아가 이스라엘 온 회중과 여인과 아이와 그들 중에 동거하는 객들 앞에 낭독하지 아니한 말이 하나도 없었더라

[원문 직역]

30. 그때에 여호수아가 에발 산에 이스라엘의 하나님 여호와를 위해서 제단을 세웠다. 31. 이는 여호와의 종 모세가 이스라엘 자손들에게 명령한 것이다. 이는 모세의

율법 책 안에 기록된 그대로이다. 그 제단은 철연장으로 다듬지 않은 흠잡을 데 없는 돌로된 제단이었다. 그리고 그들이 그 제단 위에 번제와 화목제로 여호와께 드렸다. 32. 그리고 그가 이스라엘 자손의 목전에서 모세가 기록한 모세의 율법의 복사본을 돌 위 거기에 기록하였다. 33. 모든 이스라엘과 그의 장로들과 관원들과 그의 재판관들이 여호와의 언약궤를 맨 레위인들의 제사장 앞에 법궤에 여기로 부터 서 있었으며 그와같이 여행객과 본토인도 저리로 부터 서 있었다. 절반은 그림심산 앞에 그리고 절반은 에발 산 앞에 서 있었다. 이는 이전에 여호와의 종 모세가 이스라엘 백성들에게 축복하라고 명령한 그대로이다. 34. 그와 같은 일 이후에 그가 율법의 책에 기록된 모든 축복과 저주하는 율법의 모든 말씀을 낭독했다. 35. 이스라엘 총회와 여자들과 자녀들과 그들 가운데 행하는 거류민 앞에서 여호수아가 낭독하지 아니한 모세가 명령한 말씀은 없었다.

[70인경 역본]

여호수아서 8장 30~35절은 70인경에는 없기에 헬라어 성경 역본이 불가하다.

[본문 해석]

오늘 이 본문은 여호수아와 이스라엘 군대가 아이 성을 점령하고 나서 아이 성을 여호와께서 명령하신 대로 모두 불살라 버린 이후에 여호수아가 에발 산에서 여호와 하나님께 번제와 화목제를 드리고 율법을 낭독하는 사건을 기록하고 있다. 여호수아가 에발 산에 이스라엘의 하나님 여호와를 위하여서 제단을 세웠다.(수 8:30) 그리고 이것은 여호와의 종 모세가 이스라엘 자손들에게 명령한 것이었다. 그리고 그 방식은 모세의 율법 책에 기록된 그대로였다.(수 8:31) 그래서 여호수아는 철로된 연장으로 다듬지 않은 돌들을 모아서 제단을 세웠다(수 8:31) 그리고 여호수아는 그 제단 위에서 번제와 화목제를 드렸다.(수 8:31) 그리고 나서 여호수아는 이스라엘 자손들의 목전에서 모세가 기록한 모세의 율법 복사본을 돌 위에 그대로 기록하였다.(수 8:32)

그때에 이스라엘의 장로들과 관원들과 재판관들 그리고 본토인뿐만 아니라 이방인들까지 여호와의 언약궤를 맨 레위인들 제사장 앞에 법궤 앞에 둘러 섰다. 그리고 그 절반은 그림심산 앞에 절반은 에발산 앞에 섰다.(수 8:33)

여호수아는 여호와의 종 모세가 이스라엘 백성들에게 축복하라고 명령한 그대로 율법 책을 낭독하였다. 그래서 여호수아가 율법책에 기록된 모든 축복과 저주의 율법을 낭독하였다.(수 8:34) 그러므로 여호수아는 이스라엘 총회와 여인들과 자녀들과 이방인들 앞에서 모세가 명령한 모든 말씀을 낭독하였다.(수 8:35) 실로 여호수아가 여호와 하나님께 번제와 화목제를 드리고 나서 모세의 율법을 이스라엘 온 총회와 장로들과 관원들과 재판관들과 본토인과 이방인 그리고 여인들과 아이들 앞에서 낭독한 이 사건은 매우 중요한 의미가 있다.

첫째 이것은 이스라엘 종교가 다른 모든 이방 종교와 구분되는 성격을 드러낸다. 하나님께서 오늘 본문에서 그의 율법의 기념을 돌판에 기록하게 하셔서 항상 나타내시는 것은 이스라엘 종교를 애굽의 미신적인 종교로 부터 분리시키시고 보호하시고자 하심이다.

둘째로는 이스라엘 백성들에게 하나님의 율법에 순종하는 자들이 충분한 보상을 받게 될 것을 알게 하시고자 하신 것이다. 그러므로 본문 여호수아서 8장 34절에 다음과 같이 기록되어있다. **"그 후에 여호수아가 무릇 율법책에 기록된 대로 축복과 저주하는 율법의 모든 말씀을 낭독하였다."**(수 8:34) 이는 하나님의 계명이 축복과 저주를 함께 담고 있다는 것이다. 여호와의 계명을 지키는 자에게는 축복이 주어질 것이고 그의 계명을 어기는 자에게 저주가 내려질 것을 의미한다.

[교리 강론]
1. 거룩한 보편 교회의 공적 선포에 대하여서

오늘 본문은 매우 중요한 두 가지 의미를 지니고 있다. 첫째는 이스라엘의 종교가 이방 종교와 본질적으로 다른 종교라는 것이다. 이스라엘 백성들이 애굽으로부터 나왔으나 이스라엘의 종교는 애굽의 미신과는 본질적으로 다르다는 것이다.

그것이 오늘 본문에 여호수아가 에발 산에서 여호와께 번제와 화목제를 드린 이후에 율법의 모든 말씀을 낭독한 사건에 담겨 있다. 구약 시대부터 이미 아브라함과 이삭과 야곱의 하나님을 섬기는 이스라엘의 종교는 이 세상의 모든 이방 종교와 구분이 되었다. 그리고 이스라엘의 종교가 모든 이방 종교가 다르다는 것을 분명하게 드러낸 사건이 시내 산에서 이스라엘이 모세를 통하여서 율법을 받은 것이다.

그리고 그 율법은 첫째는 하나님께 어떻게 예배드릴 것을 증거하고 있으며 둘째로 이스라엘 나라가 어떻게 유지되어야 할 사회적인 법을 담고 있다. 그것이 십계명이다. 그러므로 모세의 율법의 모든 계명들은 십계명으로 함축이 된다. 십계명 안에 모두 담겨 있다는 것이다. 그렇게 여러 다양한 의식들과 종교적 제의는 십계명에 첫 번째 돌판에 그 핵심적인 의미가 담겨 있고 모세의 법에 기록된 여러가지 이웃 상호간에 지켜야 할 규례들은 십계명의 두 번째 돌판의 계명에 준한다.

모세가 시내 산에서 여호와께 받은 율법의 모든 말씀은 이스라엘 종교의 독특성을 드러낸다. 그렇다고 하면 이스라엘 종교를 한 마디로 어떠한 종교라고 부를 수 있는가? 그 답변은 이러하다. 이스라엘 종교는 계시 종교이다. 이스라엘은 천지를 창조하신 여호와 하나님께서 직접 자신을 계시하셔서 다스리시고 통치하셨던 그러한 나라였다. 구약 이스라엘 공동체는 하나님의 나라의 예표와 같았다. 그렇게 요단강을 건너서 정착한 이스라엘 나라는 하나님의 나라를 표상한다. 그렇게 이스라엘이 섬겼던 구약 여호와의 종교는 이방의 모든 미신적인 종교와 구별이 되는 매우 독특한 종교였다. 그러므로 이러한 계시 종교로서 구약 시대에 이스라엘 백성들이 섬겼던 여호와의 종교는 항상 율법의 선포가 있었다. 오늘 본문에서도 여호수아가 번제와 화목제를 드리고 나서 모세의 율법 전체를 낭독하였다. 이것은 이스라엘이 섬기는 여호와의 종교의 독특성이다. 그것은 여호와 하나님께서 스스로 자신을 계시하신 그 율법의 토대 위에서 이스라엘 종교가 이방의 미신적 종교와 구별되고 보존되는 것이다.

우리가 여호수아 이후에 기록된 이스라엘 역사를 살펴보면 끊임없는 이스라엘 백성들의 배도와 여호와 하나님의 권징의 역사이다. 이스라엘 백성들 자체는 본질적으로 진노의 자녀들이었다. 아담의 범죄 이후에 전 인류는 전적으로 타락하여서 하나님의 저주 아래에 놓여 있었다. 이스라엘 백성들도 본질상 다를 바가 없었다.

그러나 긍휼이 풍성하신 하나님께서 아브라함을 선택하시고 그의 후손들과 은혜 언약을 체결하심으로서 이스라엘이 섬기는 종교가 이방 종교와 다르다는 것이 드러났다. 그러므로 이스라엘은 자주 여호와의 계명을 어기고 배도하였고 여호와 하나님께서는 그의 말씀으로 이스라엘을 징계하시며 돌이킬 것을 명령하셨다. 그것이 구약 이스라엘 역사의 전체를 차지한다.

우리가 구약 이스라엘 역사를 살펴 보면 이미 아브라함 시대부터 그 계시 종교로서 이스라엘 종교의 독특성이 드러나지만 이제 본격적으로 모세 시대부터 이스라엘 공동체가 섬기는 여호와의 종교가 분명하게 이방 나라의 미신적 종교와 다르다는 것이 드러나고 있다. 가장 중요한 사건은 모세가 시내 산에서 율법을 받은 것이다.

여호와 하나님께서 직접 모세에게 시내 산에서 두 돌판에 십계명 기록하여 주셨다는 것이다. 이는 이스라엘 종교가 천지를 창조하신 창조주 하나님께서 직접 자신을 계시하시는 계시 종교임을 분명하게 드러낸다. 그리고 이스라엘의 종교가 계시 종교라는 그 독특성은 율법에 담겨 있다. 모세가 시내 산에서 받은 율법의 모든 말씀은 이스라엘 종교의 독특성을 드러내고 있다.

구약 시대부터 이스라엘 나라는 율법 위에 세워진 나라이다. 그들에게 율법은 모세 시대부터 이후 지속적으로 이스라엘이 여호와 하나님께 받은 계시의 토대가 되었다. 그러므로 후대에 첨가된 모든 말씀도 실은 율법의 확장에 불과하다. 그러므로 이스라엘이 구약 시대에 여호와 하나님께 받은 율법은 모세 오경과 함께 선지서와 성문서로 나뉘어진다. 그리고 이것을 구약이라고 부른다. 율법을 히브리어로 **토라**라고 부른다. 선지서를 **네비임**이라고 부른다. 그리고 성문서를 **케투빔**이라고 부른다. 이 세 가지 종류의 구약의 분류는 단지 편의상 분류에 불과하며 전체 구약은 모두 여호와 하나님의 구속의 계시이며 동시에 하나님의 율법의 말씀이다. 그러므로 구약 이스라엘 백성들은 끊임없이 그 말씀에 순종함으로서 축복을 받았고 그 계명을 어김으로서 저주를 받았다. 그렇게 이스라엘에게는 복과 저주가 그 앞에 놓여있었다.

대략의 이스라엘 역사는 이러하다. 모세 시대에 시내 산에서 받은 율법을 따라서 광야 교회 시대가 있었다. 그리고 요단강을 건너서 가나안에 세워진 이스라엘은 사사 시대와 왕정 시대를 거쳐서 분열 왕국 시대로 접어 든다. 그리고 결국에는 북왕국 이스라엘과 남왕국 유대의 멸망으로 이어진다. 그러한 이스라엘의 멸망은 그들의 불순종이 원인이다. 하나님께서 이스라엘을 멸망시키심으로서 그들을 징계하신 것이다.

 왜냐하면 이스라엘은 끊임없이 주변국가의 미신적 종교에 유혹을 받아서 다신교적인 종교가 되려고 하였기 때문이다. 여호와 하나님께서는 계속적으로 선지자들을 보내셔서 그들을 징계하셨으나 결국에 그들은 돌이키지 못하였고 멸망을 당한 것이다. 그들이 받은 저주는 그들의 불순종이 그 원인이 되는 것이다. 그러나 여호와 하나님께서는 이스라엘을 긍휼히 여기사 바벨론으로부터 다시 고토로 돌아오게 하셨다. 그래서 이스라엘은 재건이 되게된다. 비록 옛 시대의 영화로움에는 이르지 못하지만 이스라엘은 바벨론 유수 이후에 고토로 돌아와서 철저하게 유일신앙으로 돌아서게 된다. 우리가 구약의 역사 전체를 보면 이스라엘 종교의 독특성이 무엇인가를 알 수 있다. 그것은 여호와의 계명의 선포이다. 이스라엘 선지자들은 끊임없이 하나님의 계명을 선포하며 이스라엘로 이리로 돌아올 것을 촉구하였다.

 남 왕국 유대가 멸망할 때 활동한 선지자 예레미야의 선포는 지금 시대에 기독교인들이 새겨 들어야 할 놀라운 선포이다. 예레미야 6장 11~17절이다. "**11 그러므로 여호와의 분노가 내게 가득하여 참기 어렵도다 그것을 거리에 있는 아이들과 모인 청년들에게 부으리니 지아비와 지어**

미와 노인과 늙은이가 다 잡히리로다 12 여호와께서 말씀하시되 내가 그 땅 거민에게 내 손을 펼 것인즉 그들의 집과 전지와 아내가 타인의 소유로 이전되리니 13 이는 그들이 가장 작은 자로부터 큰 자까지 다 탐남하며 선지자로부터 제사장까지 다 거짓을 행함이라 14 그들이 내 백성의 상처를 심상히 고쳐 주며 말하기를 평강하다, 평강하다 하나 평강이 없도다 15 그들이 가증한 일을 행할 때에 부끄러워하였느냐 아니라 조금도 부끄러워 아니할 뿐 아니라 얼굴도 붉어지지 않았느니라 그러므로 그들이 엎드러지는 자와 함께 엎드러질 것이라 내가 그들을 벌하리니 그 때에 그들이 거꾸러지리라 여호와의 말이니라 16 여호와께서 이같이 말씀하시되 너희는 길에 서서 보며 옛적 길 곧 선한 길이 어디인지 알아보고 그리로 행하라 너희 심령이 평강을 얻으리라 하나 그들의 대답이 우리는 그리로 행치 않겠노라 하였으며 17 내가 또 너희 위에 파수꾼을 세웠으니 나팔 소리를 들으라 하나 그들의 대답이 우리는 듣지 않겠노라 하였도다"(렘 6:11~17) 선지자 예레미아는 이스라엘 멸망의 원인이 어디에 있는가를 선포한다. 이스라엘 멸망의 원인은 여호와의 계명에 불순종하는 이스라엘 백성들을 향한 여호와 하나님의 진노하심에 있다.

이 본문에 선지자 예레미아는 여호와 하나님께서 진노하심으로 유대 왕국의 많은 백성들 곧 아이들과 청년들과 아비들과 어미들과 노인과 늙은이들이 모두 잡혀서 바벨론에 끌려 갈 것을 선포한다. 선지자 예레미아는 다음과 같이 여호와의 말씀을 선포한다. "**그들이 내 백성의 상처를 심상**

히 고쳐 주며 말하기를 평강하다, 평강하다 하나 평강이 없도다 "(렘 6:14) 이는 거짓 선지자들이 어설픈 가르침으로 이스라엘 백성들의 심령을 더욱 왜곡시켰다는 것이다. 결국 이렇게 그들의 멸망의 원인이 여호와의 계명에 불순종함에 있음에도 불구하고 거짓 선지자들이 여호와의 말씀으로 이스라엘 백성들을 가르치지 않고 듣기 편안 안이한 말로 이스라엘 백성들의 신앙을 더욱 병들게 하였다는 것이다. 그것이 바로 예레미야 6장 14절이다. "**그들이 내 백성의 상처를 심상히 고쳐 주며 말하기를 평강하다, 평강하다 하나 평강이 없도다**"(렘 6:14) 선지자 예레미야는 증거한다. 이렇게 하여서 완고하게 된 이스라엘 백성들의 신앙이 다음과 같은 결과를 낳았다는 것이다. 예레미야 6장 15절이다. "**그들이 가증한 일을 행할 때에 부끄러워하였느냐 아니라 조금도 부끄러워 아니할 뿐 아니라 얼굴도 붉어지지 않았느니라**"(렘 6:15) 그러므로 여호와 하나님의 계명에 순종함으로서 그 영혼의 질병이 고쳐질 텐테 가장 중요한 여호와의 율법을 제쳐두고 세속적인 교훈으로 가르침으로 이스라엘 백성들의 신앙이 더욱 완고해져 갔음을 증거한다. 이제 여호와 하나님께서 그들을 책벌하셔서 그들이 열국 가운데 엎드러지고 거꾸러질 것이라 말한다. 그리고 나서 선지자 예레미야는 이스라엘이 돌아가야 할 올바른 길이 어디인가를 제시하고 있다. 그러나 이스라엘 백성들이 듣지 않았다고 선포한다. 예레미야 6장 16~17절이다. "**여호와께서 이같이 말씀하시되 너희는 길에 서서 보며 옛적 길 곧 선한 길이 어디인지 알아보고 그리로 행하라**

너희 심령이 평강을 얻으리라 하나 그들의 대답이 우리는 그 리로 행치 않겠노라 하였으며 17 내가 또 너희 위에 파수꾼을 세웠으니 나팔 소리를 들으라 하나 그들의 대답이 우리는 듣지 않겠노라 하였도다**"(렘 6:16~17) 그렇다. 이스라엘 백성들이 돌아가야 할 선한 길은 옛적 길이다. 그것은 가장 오래된 말씀으로서 여호와의 율법이었다.

이스라엘의 건국 시기부터 이스라엘 백성들에게 알려져 있는 여호와의 율법이다. 그러나 이스라엘은 여호와의 율법을 내팽개치고 그 계명에 불순종함으로서 그들의 영혼이 더욱 심각하게 망가져갔다. 하나님의 계명에 불순종하는 자들이 최후에 받을 심판이 가공할 것이다. 이에 대하여서 사도 바울이 히브리서에서 증거하였다. "**1 그러므로 모든 들은 것을 우리가 더욱 간절히 삼갈지니 혹 흘러 떠내려 갈까 염려하노라 2 천사들로 하신 말씀이 견고하게 되어 모든 범죄함과 순종치 아니함이 공변된 보응을 받았거든 3 우리가 이같이 큰 구원을 등한히 여기면 어찌 피하리요 이 구원은 처음에 주로 말씀하신 바요 들은 자들이 우리에게 확증한 바니 4 하나님도 표적들과 기사들과 여러 가지 능력과 및 자기 뜻을 따라 성령의 나눠 주신 것으로써 저희와 함께 증거하셨느니라**"(히 2:1~4) 사도는 증거한다. 구약시대에 천사를 통하여서 주어진 말씀을 불순종하는 자들이 상당한 보응을 받았거늘 하물며 구주 예수 그리스도께서 직접 오셔서 가르치신 복음의 말씀을 거역하는 자들이 더욱 큰 심판을 받지 않겠는가 하는 것이다.

사도는 이어서 증거한다. 이 복음은 처음에 그리스도께서 친히 공생애 기간에 이스라엘 백성들에게 말씀하셨던 것이고 후에 주님께 복음을 받은 열두 사도들이 성도들에게 확증하여 주었으며 하나님께서 표적과 기사와 여러가지 능력으로 더욱 분명하게 증거하였다는 것이다. 사도 바울은 율법과 복음의 관계를 잘 설명하고 있다. 율법을 어긴 자들이 그에 합당한 보응을 받았다면 하물며 복음을 받은 성도들이 더욱 큰 구원을 가볍게 여기면 그 댓가를 반드시 치르게 될 것이라는 말씀이다.

그러므로 구약 시대부터 사도와 선지자들이 선포한 모든 말씀을 우리는 거룩한 보편 교회의 공적 선포라고 할 수 있다. 이러한 공석 선포는 구약 시대에서는 이스라엘 백성들이 반드시 지켜야 할 계명으로서 율법이라고 불렀다. 그리고 새 언약의 경륜 아래에 속한 사도 시대에서는 기독교인들이 지켜야 할 계명으로서 복음이라고 불렀다.

그리고 이 모든 계명을 하나로 묶어서 가르쳤던 것이 정통 교리이다. 그리고 이러한 정통 교리는 속 사도 시대에 정통 교부들에 의하여서 더욱 분명하게 알려졌다. 속 사도 시대에 교부들은 사도들의 디다케를 부지런히 살피고 그것을 체계화하여 그 시대에 언어로 가르쳤다. 그것이 정통 교리이다.

그리고 속 사도 시대에 정통 교부들이 가르쳤던 교훈들은 일종의 공적 선포라고 할 수 있다. 그들은 철저하게 사도와 선지자들의 디다케를 따라서 거룩한 보편 교회에게 하나님의 말씀을 선포하였다. 그리고 이러한 그들의 공적 선포는 하나의 정통 교리로 자리를 잡았다.

그것이 주후 325년에 니케아 공의회에서 결정된 니케아 신경이다. 이 니케아 신경은 우리가 믿는 하나님께서 어떠하신 분이신 것을 분명하게 증거하고 있다. 니케아 신조를 니케아 신경이라고 부르는 것은 거룩한 보편 교회의 공적 선포로서 이러한 신경들이 그 권위에 있어서 성경 바로 아래에 놓여 있기 때문이다.

  모든 성도들은 신구약 성경과 함께 권위에 있어서 그 다음에 속한 여러 신경들을 믿어야 할 신앙 고백으로 삼아야 한다. 그것이 거룩한 보편 공의회의 신앙이고 정통 신앙이다.

  이제 니케아 신경을 통하여서 성삼위일체 하나님에 대한 교리가 세워졌다. 그러자 즉시 우리 구주 예수 그리스도에 대한 정통 교리의 논쟁이 있었고 주후 451년에 칼게돈 공의회에서 칼게돈 신경으로 결정되었다.

  그러므로 정통 신앙은 사도 신경과 함께 니케아 신경과 칼게돈 신경을 거룩한 보편 교회의 공적 선포로서 받아들이는 신앙이다.

  신구약 성경이 계시된 하나님의 말씀으로서 거룩한 보편 교회의 공적 선포라면 그 이후에 결정된 에큐메니칼 신경들은 계시된 하나님의 말씀에 대한 모든 성도들의 신앙의 고백으로서 거룩한 보편 교회의 공적 선포이다. 신구약 성경이 토대이고 에큐메니칼 신경이 그 다음이다. 그렇게 정통 신앙은 항상 옛적 길 선한 길을 따라고 돌아가는 것이다. 그것이 개혁 신앙(Reformed Faith)이다. 그러므로 항상 개혁 신앙은 사도적 신앙으로 돌아간다. 사도적 신앙이

옛적 길이다. 로마 카톨릭 신앙은 후대에 변질된 거짓 신앙이다.

정통 신앙은 공의회의 결정을 따라가는 신앙이다. 그러므로 정통 신앙은 몇 몇 사람들이 모여서 작당하여서 세워질 수 있는 신앙이 아니다. 그렇게 정통 신앙은 거룩한 보편 교회적 신앙이며 사도들의 디다케로 돌아가는 신앙이다. 그래서 정통 신앙은 거룩한 보편 교회와 분리되는 신앙이 아니다.

오늘 여호수아서에서 여호수아가 여호와 하나님께 번제와 화목제를 드리고 나서 이스라엘 백성들에게 선포한 율법은 그러한 의미가 있다. 여호수아는 모세의 율법을 한 가지도 빠짐없이 그대로 선포하였다. 이것은 무엇을 의미하는가? 하나님의 말씀을 한 본문도 빠뜨리지 않고 가르치는 신앙을 의미한다. 그것이 모든 성경(Tota Scriptura)

개혁 신앙은 오직 성경과 모든 성경의 원리를 따라서 거룩한 보편 교회의 공적 선포로서 공의회의 신앙을 따라간다. 그것은 항상 거룩성과 보편성을 추구하는 신앙이라는 것이다. 좌로나 우로나 치우치지 않는 정도의 신앙이다.

2. 하나님께서 내리시는 복과 저주에 대하여서

오늘 여호수아서 8장 34~35절이 증거하는 본문을 교리적으로 해석하고자 한다. "**34 그 후에 여호수아가 무릇 율법책에 기록된 대로 축복과 저주하는 율법의 모든 말씀을 낭독하였으니 35 모세의 명한 것은 여호수아가 이스라엘 온 회중과 여인과 아이와 그들 중에 동거하는 객들 앞에**

낭독하지 아니한 말이 하나도 없었더라"(수 8:34~35)

여호와의 말씀은 축복과 저주가 함께 담겨 있다. 그리고 그것은 새 언약의 경륜 아래에서 복음으로 더욱 분명하게 드러났다. 요한복음 3장 16~18절이다. "**16 하나님이 세상을 이처럼 사랑하사 독생자를 주셨으니 이는 저를 믿는 자마다 멸망치 않고 영생을 얻게 하려 하심이니라 17 하나님이 그 아들을 세상에 보내신 것은 세상을 심판하려 하심이 아니요 저로 말미암아 세상이 구원을 받게 하려 하심이라 18 저를 믿는 자는 심판을 받지 아니하는 것이요 믿지 아니하는 자는 하나님의 독생자의 이름을 믿지 아니하므로 벌써 심판을 받은 것이니라**"(요 3:16~18) 직역하면 이러하다. "16. 왜냐하면 이와 같이 하나님께서 세상을 사랑하셨다. 그러므로 그가 독생자를 주셨다. 이는 그를 믿는자 모두 멸망하지 않고 영생을 얻게 하려 하심이다. 17. 하나님께서 아들을 세상에 보내신 것은 세상을 심판하시려 하심이 아니라 그를 통하여서 세상이 구원을 받게 하시고자 하심이다. 18. 그를 믿는 자는 심판을 받지 않는다. 그러나 믿지 않는 자는 이미 심판을 받은 것이다. 하나님의 독생자의 이름을 믿지 않는 것이 심판이다."

이 말씀은 주님께서는 바리새인 중에 유대인의 관원이었던 니고데모라는 사람이 찾아 왔을 때 그에게 하신 말씀 중에 담겨 있다. 주님께서는 율법에 능통한 니고데모에게 말씀하셨다. "**하나님께서 세상을 사랑하셔서 독생자를 보내셨다. 그리고 그를 믿는 자에게 멸망하지 않고 영생을**

얻게 하려는 것이다."(요 3:16) 실로 이러한 선언은 율법에 능통한 바리새인 니고데모에게는 매우 놀라운 가르침이었다. 그 당대에 유대인들에게만 구원이 있다고 믿었던 니고데모에게 하나님께서 세상을 사랑하셨다는 선언은 놀랄만한 선언이었기 때문이다. 그리고 이러한 주님의 선언은 이제 새 언약의 경륜의 시대에는 하나님께서 단지 이스라엘만을 사랑하시지 않는 다는 것을 의미한다. 유대인을 포함한 온 세상을 사랑하실 것이라는 선언이다.

이제 새 언약의 경륜 아래에서는 유대인이나 헬라인이나 구원을 받는 일에 차별이 없다는 것을 의미한다. 그렇다고 하면 어떠한 형태로 차별이 주어지는가 하는 것이다. 그것이 바로 요한복음 3장 18절이다. "**저를 믿는 자는 심판을 받지 아니하는 것이요 믿지 아니하는 자는 하나님의 독생자의 이름을 믿지 아니하므로 벌써 심판을 받은 것이니라**"(요 3:18) 직역한 본문이 중요하다. "그를 믿는 자는 심판을 받지 않는다. 그러나 믿지 않는 자는 이미 심판을 받은 것이다. 하나님의 독생자의 이름을 믿지 않는 것이 **심판이다.**" 첫째로 예수 그리스도의 이름을 믿지 않고 살아가는 삶 자체가 이미 저주받은 인생이라는 말씀이다. 그래서 주님께서는 "**이미 심판을 받은 것이다**"라고 말씀하신다. 그렇다. 하나님께서 그리스도의 이름을 주시지 않는 그 자는 이미 심판을 받은 것이다. 그래서 요한복음 3장 18절 후반부에 "**하나님의 독생자의 이름을 믿지 않는 것이 심판이다.**"라고 주님께서 선언하고 계신다.

그러므로 하나님께서 이제 내리시는 차별은 혈통도 육정

도 사람의 뜻도 그 차별의 기준이 아니다. 우리 구주 예수 그리스도의 이름을 믿거나 믿지 않는 것이 하나님께서 이 세상을 차별하시는 기준이 된다. 사도 요한은 그의 서신 요한복음 1장 12~13절에 다음과 같이 증거한다. "**12 영접하는 자 곧 그 이름을 믿는 자들에게는 하나님의 자녀가 되는 권세를 주셨으니 13 이는 혈통으로나 육정으로나 사람의 뜻으로 나지 아니하고 오직 하나님께로서 난 자들이니라**"(요 1:12~13) 우리 구주 예수 그리스도의 이름을 믿지 않는 것이 이미 심판을 받은 것이다.

그러므로 하나님께서 내리시는 복과 저주는 우리 구주 예수 그리스도의 이름 안에 있다. 주님께서 전하여 주신 복음의 말씀을 믿고 따르는 자는 복을 받지만 거절하고 불순종하는 자는 저주를 받는다. 그것이 하나님께서 온 세상에 내리시는 차별의 기준이다.

사도 바울은 로마서 3장 20~22절에 다음과 같이 선언한다. "**20 그러므로 율법의 행위로 그의 앞에 의롭다 하심을 얻을 육체가 없나니 율법으로는 죄를 깨달음이니라 21 이제는 율법 외에 하나님의 한 의가 나타났으니 율법과 선지자들에게 증거를 받은 것이라 22 곧 예수 그리스도를 믿음으로 말미암아 모든 믿는 자에게 미치는 하나님의 의니 차별이 없느니라**"(롬 3:20~22) 사도 바울은 이제 복음 아래에서 유대인과 이방인이 하나가 되었다는 것을 다음과 같이 선포한다. "**11 성경에 이르되 누구든지 저를 믿는 자는 부끄러움을 당하지 아니하리라 하니 12 유대인이나 헬라인이나 차별이 없음이라 한 주께서 모든 사람의 주가**

되사 저를 부르는 모든 사람에게 부요하시도다"(롬 10:11~12)

제목: 기브온 거민의 구원
본문: 여호수아 9장 24~27절

[본 문]

24 그들이 여호수아에게 대답하여 가로되 당신의 하나님 여호와께서 그 종 모세에게 명하사 이 땅을 다 당신들에게 주고 이 땅 모든 거민을 당신들의 앞에서 멸하라 하신 것이 당신의 종에게 분명히 들리므로 당신들을 인하여 우리 생명을 잃을까 심히 두려워하여 이같이 하였나이다 25 보소서 이제 우리가 당신의 손에 있으니 당신의 의향에 좋고 옳은 대로 우리에게 행하소서 한지라 26 여호수아가 곧 그대로 그들에게 행하여 그들을 이스라엘 자손의 손에서 건져서 죽이지 못하게 하니라 27 그 날에 여호수아가 그들로 여호와의 택하신 곳에서 회중을 위하며 여호와의 단을 위하여 나무 패며 물 긷는 자를 삼았더니 오늘까지 이르니라

[원문 직역]

24. 그들이 여호수아에게 답변하였다. 그리고 그들이 말했다. 당신의 하나님 여호와께서 그의 종 모세에게 당신들에게 모든 땅을 주시겠다고 그리고 당신들 앞에서 이 땅의 모든 거주민들을 제거하시겠다고 명령하셨다는 사실을 당신의 종들에게 분명하게 들렸나이다. 그래서 우리가 당신들 앞에서 우리의 영혼으로 매우 크게 공포에 떨었습니다. 그래서 우리가 이와같은 일을 행하게 되었습니다.

25. 이제 보소서! 당신의 손 안에 우리가 있습니다. 당신이 행하시고자 하시는 대로 선한대로 옳은 대로 우리에게 행하소서. 26. 그가 그들에게 그와 같이 행하였다. 그래서 그들을 모든 이스라엘 자손들의 손으로부터 구원하여서 죽이지 못하게 하였다. 27. 그리고 여호수아가 이 날에 그들에게 회중들과 여호와의 단을 위하여서 나무를 패고 물을 긷는 일을 맡겼다. 오늘날까지 그가 정하여준 장소에서 그 일을 하고 있었다.

[70인경 역본]

24. 그리고 그들이 예수에게 답변하였다. 그들이 말하기를 당신의 하나님 주님께서 그의 종 모세에게 이 땅을 당신들에게 주시겠다고 하시고 당신들 앞에서 우리와 이 땅에 거주하는 모든 자들을 멸하시겠다고 명령하신 것이 우리에게 보고되었습니다. 그래서 우리가 극도로 우리의 영혼에 대하여서 당신들 앞에서 공포에 떨었습니다. 그래서 우리가 이와 같이 행하였습니다. 25. 그런데 이제 보소서 우리가 당신들에게 속하여 있습니다. 그러므로 당신이 원하시는대로 당신의 의향대로 우리에게 행하소서. 26. 그래서 그들이 그들에게 그와 같이 행하였다. 그리고 예수가 그 날에 이스라엘 자손들의 손으로부터 그들을 구원하였다. 그래서 그들이 그들을 죽이지 않았다. 27. 그리고 예수가 그 날에 그들에게 모든 회중들을 위하여서 그리고 하나님의 제단을 위하여서 나무를 자르는 일과 물을 나르는 일을 시켰다. 이를 인하여서 기브온 거류민들

이 그렇게 되었다.

[본문 해석]

오늘 본문은 가나안의 히위 족속중에 기브온 사람들이 이스라엘과 맺은 거짓된 약조에 대한 사건을 다루고 있다.

이제 이스라엘 족속들이 요단강을 건너서 여리고와 아이성에 행한 놀라운 역사를 듣고 요단 서편 산지와 평원 및 레바논을 대하고 있는 지중해 전 해안에 모든 왕들이 합세하여서 여호수아와 이스라엘의 군대에 대항하여서 싸우기려고 하였다.(수 9:1~2)

그때에 히위 족속중에 기브온 사람들은 달랐다. 그들은 결코 이스라엘을 이길 수 없다는 사실을 깨닫고 한 가지 속임수를 내었다. 그것은 너덜너덜한 포대와 낡아서 헤어져 꿰맨 포도주의 가죽 부대를 싣고 발에는 닳아빠져서 기운 신발을 신고 해어진 옷가지를 입고 말라서 푸석푸석한 곰팡이 핀 빵을 가지고 떠났다.(수 9:3~5)

그들은 길갈에 있는 이스라엘의 군대 진영을 찾아갔다. 그리고 여호수아와 이스라엘 사람들에게 말했다. "**우리는 먼 땅에서 왔습니다. 이제 우리와 조약을 맺어 주십시요**"(수 9:7) 그러자 이스라엘 사람들이 그들에게 말하였다. "너희가 우리 근처에 살고 있는 듯 한데 만일 그것이 사실이라면 우리가 어떻게 너희와 약조할 수 있느냐?" 그러자 기브온으로부터 온 사절들이 말했다. "우리가 당신들의 종이 되고자 합니다." 그러자 여호수아가 그들에게 말했다. "그대들은 누구이며 어디에서 왔는가?" 그러자 그들이 답변하였다. "우리는 당신의 하나님 여호와의 이름을 듣고 먼 지방에서 왔습니다. 우리는 그의 명성과 그가 애굽에서 행하신 모든 일을 들었으며 또한 요단 동편에 있는 아모리 족속의 두 왕 곧 헤스본왕 시혼과 아스다롯에 있는 바산 왕 옥에게 행한 일을 알고 있습니다. 그러므로 우리 장로들과 우리 땅의 모든 거민들이 우리에게 말하기를 우리는 이스라엘 나라의 종이되고자 하니 약조를 받아오라고 하였습니다. 이 보십시요. 떠날때 따뜻하였던 떡이 이제 말랐고 곰팡이가 피었습니다. 그리고 포도주를 담은 가죽 부대도 새것이었는데 지금은 낡아서 찢어지게 되었습니다. 그리고 우리의 옷과 신발도 여행이 매우 길어져서 낡았나이다."(수 9:7~11)

이스라엘 사람들이 기브온 거민들의 사절단들이 이렇게 말한 것을 듣고 그들이 가져온 떡의 상태를 살폈으나 이들의 요구에 대하여서 여호와께 묻지 않고 여호수아가 그들과 화친하였다.(수 9:14~15) 그래서 이스라엘 족장들이 그들에게 맹세하였다.(수 9:15) 이스라엘은 그들과 조약을 맺은지 삼일이 지나서야 그들이 가까운 곳에 사는 족속들인 것을 알게 되었다. (수 9:16) 이스라엘 온 회중이 그들과 맹세한 연고로 그들을 치지 못하게 되자 이스라엘의 족장들을 원망하였다.

이스라엘 족장들이 백성들에게 말하였다. "우리가 이스라엘 하나님 여호와로 그들에게 맹세하였은 즉 그들을 건드릴 수 없으리라."(수 9:19) 이에 여호수아가 그들을 불렀다. "너희가 우리 근처에 기거하고 살고 있으면서 어찌하여서 우리에게서 멀리 떨어져 살고 있는 거주민이라고 하여 우리를 속였느냐?"(수 9:22) 그러자 그들이 여호수아에게 답변하였다. "당신의 하나님 여호와께서 그의 종 모세에게 당신들에게 모든 땅을 주시겠다고 그리고 당신들 앞에서 이 땅의 모든 거주민들을 제거하시겠다고 명령하셨다는 사실을 당신의 종들에게 분명하게 들렸나이다. 그래서 우리가 당신들 앞에서 우리의 영혼으로 매우 크게 공포에 떨었습니다. 그래서 우리가 이와같은 일을 행하게 되었습니다."(수 9:24)

이제 여호수아가 그들에게 명령하였다. "너희는 이제 여호와께서 정하신 곳에서 희중을 위하여서 여호와의 단을 위하여서 나무 패는 일과 물 긷는 일을 하게 될 것이다."(수 9:27) 여기까지가 오늘 본문 여호수아서 9장 1~27절에 걸쳐서 증거하는 기브온 거민이 이스라엘을 속여서까지 그들의 생존을 위하여서 이스라엘과 약조하게 된 사건에 대한 기록이다. 그렇다고 하면 이 사건이 갖는 신학적 의미를 살펴보고자 한다.

[교리 강론]
1. 구약 시대에 이방인의 구원에 대하여서

우리는 구약 시대에는 아브라함의 자손들만이 이스라엘 사람이고 혈통적으로 아브라함의 자손이 아니라면 이스라엘 사람이 아니라고 여기는 경향이 있다. 그래서 구약 성경을 자세히 살피지 않으면 구약 시대의 구원 받는 백성은 오직 아브라함의 혈통을 따라서 태어난 자들로 오해할 수 있다. 그러나 대표적으로 오늘 본문의 기브온 족속의 구원에 대한 역사를 살펴보면 놀랍게도 가나안에 거하였던 기브온 족속이 하나님의 자비와 긍휼하심을 따라서 이스라엘 백성으로 가입이 되었다는 것이다. 하나의 부족 전체가 이스라엘 나라에 속한 백성이 되었던 경우는 이 경우가 거의 유일하다. 대부분 부분적으로 이스라엘 나라에 속한 백성이 되었던 경우가 있으나 하나의 부족 전체가 이스라엘 백성으로 편입되는 역사는 실로 찾기 어렵다.

 그러나 오늘 여호수아서 9장을 살펴보면 기브온 족속이 구원을 받았다. 구약 시대에 이방 민족이며 여호와 하나님께서 진멸하라고 명령하신 그 가나안 일곱 족속에 속하였던 기브온 족속이 구원을 얻었다는 것이다. 매우 이례적인 사건이 발생한 것이다. 그리고 우리는 이로 부터 하나님의 놀라운 섭리를 발견하게 된다. 구약 이스라엘 백성들은 결코 혈통으로 형성된 나라가 아니라는 사실이다. 구약 이스라엘 공동체는 열려있는 공동체였다. 혈통적으로 아브라함 자손이라서 구원을 받는 것이 아니라 오직 여호와의 종교를 믿음으로 구원을 받았다. 그래서 이방인이라도 합당한 절차를 따라서 이스라엘 백성이 될 수 있었다. 그것은 이스라엘백성들이 애굽에서 나올 때에도 그러하였다. 이스라엘 백성들 중에 일부는 여러 족속들로 부터 이스라엘의 출애굽을 따라 나온 자들이있다. 출애굽기 12장 38절이다. "**중다한 잡족과 양과 소와 심히 많은 생축이 그들과 함께 하였으며**"(출 12:38) 이 본문은 이스라엘 백성들이 애굽에서 탈출 할 때 여러 족속의 이방인들이 함께 동참하였다는 것을 의미한다. 그러므로 출애굽 시에 이스라엘 나라에 동참한 이방인들 중에서는 애굽 사람도 상당수 있었을 것으로 추정된다. 그리고 애굽에 기거하던 여러 이방 나라의 백성들도 출애굽시에 이스라엘의 출애굽에 동참하였을 것으로 여겨진다. 그렇게 구약 시대에도 하나님의 은혜 가운데 구원을 받은 이방인들이 많이 있었다. 구약의 이스라엘 공동체는 혈통이나 육정이나 사람의 뜻으로 부터 형성된 공동체가 아니었다. 오직 하나님의 말씀으로서 율법이 그들의 응집력의 토대였다.

하나님의 율법이 이스라엘 백성 됨의 가장 중요한 잣대였다. 그래서 모세의 율법을 따라서 할례를 받고 이스라엘의 법을 따라서 살아가면 모두 이스라엘 사람이었다. 우리는 룻기에서 나오미의 자부로서 모압 여자였던 룻이 구원을 받아서 이스라엘 백성이 되었을 뿐만 아니라 다윗의 혈통의 모계를 형성하는 중요한 인물이 되었다는 것을 알 수 있다. 그녀가 그녀의 시어머니 나오미와 함께 베들레헴으로 이주하여서 그곳에서 다윗의 조상에 속한 보아스를 만나서 그와 혼인함으로서 다윗의 모계 조상이 되었다. 보아스는 이새의 조부이며 다윗의 증조부였다.(룻 4:21~22)

2. 기브온 족속의 구원의 의미

기브온 족속의 역사는 하나님의 구속의 은총이 어떠한 형태인 것을 알게 한다. 기브온은 벤야민 지파에 속하여서 살았다. 그런데 기브온 족속들은 남왕국 유대가 멸망할 때 유대인들과 함께 바벨론으로 끌려갔다. 많은 기브온 족속의 사람들이 바벨론으로 끌려갔다. 그러나 그들은 거기에 멈추지 않았다. 그들은 바벨론에서 치열하게 세속주의 싸웠으며 그들의 일부는 유대의 백성들이 고토로 돌아올 때 이스라엘 백성들과 함께 가나안으로 돌아왔다. 느헤미아 7장 25절이다. "**기브온 사람이 구십오 명이요**"(느 7:25) 이에 대하여서는 느헤미아 7장 6~7절을 살펴보면 알 수 있다. 느헤미아 7장은 6~60절에 보면 바벨론 포로들 중에서 돌아온 이스라엘 백성들의 이름을 기록하고 있다. "**6 옛적에 바벨론 왕 느부갓네살에게 사로잡혀 갔던 자 중에서 놓임을 받고 예루살렘과 유다로 돌아와 각기 본성에 이른 자 곧 7 스룹바벨과 예수아와 느헤미야와 아사랴와 라아먀와 나하마니와 모르드개와 빌산과 미스베렛과 비그왜와 느훔과 바아나 등과 함께 나온 이스라엘 백성의 명수가 이러하니라**"(느 7:6~7) 원래 이방인이었던 기브온 족속은 바벨론의 포로로 끌려갔었음에도 불구하고 이스라엘 백성으로서 정체성을 잊지 않고서 바벨론 유수 때에 유대로 돌아오는 백성 중에 속한다. 그것이 느헤미아서 7장 25절에 있다.

 기브온 족속들은 유대 왕국이 멸망하였음에도 불구하고 유대인들과 함께 바빌론으로 끌려갔으며 다시 바벨론 유수 때에 이스라엘로 돌아왔다. 그리고 그들도 성전 재건에 힘을 보태었을 것으로 추정된다. 그렇게 기브온이 구원을 받은 것은 그들이 거짓으로 이스라엘과 약조한 것에 있지 않다. 여호와 하나님의 긍휼하심이 그들의 구원의 기초이다. 여호와께서 다만 그들을 불쌍히 여기셔서 그들을 이스라엘 백성들의 회중 가운데 가입됨을 허락하셨다.

기브온 족속의 구원은 근본적으로 혈통적 아브라함 자손들과 차별이 없다는 것을 보여준다. 다만 멸망으로 가는 이방인들은 모세의 율법으로 돌아오거나 아브라함의 언약을 따라서 할례를 받거나 하지 않는다. 그것이 그들의 멸망의 원인이다. 그러므로 사도 바울은 하나님의 계명에 순종하지 않는다면 그들이 받은 할례도 의미가 없음을 증거한다. 그래서 사도 바울은 로마서 2장 18~19절에서 다음과 같이 증거하였다. "**28 대저 표면적 유대인이 유대인이 아니요 표면적 육신의 할례가 할례가 아니라 29 오직 이면적 유대인이 유대인이며 할례는 마음에 할지니 신령에 있고 의문에 있지 아니한 것이라 그 칭찬이 사람에게서가 아니요 다만 하나님에게서니라**"(롬 2:18~29) 그러므로 비록 기브온 거민들이 이스라엘 백성들의 혈통에 속하지 아니하였다고 하여도 그들은 이스라엘과 동일한 구원의 반열에 들었다. 이것이 구약과 신약이 본질적으로 차이가 없다는 것을 의미한다. 그러므로 신구약 언약은 결코 본질적으로 다른 언약일 수 없다. 그러므로 신구약 언약은 모두 우리 구주 예수 그리스도를 구원의 중보자로 삼고 성삼위일체 하나님을 섬기는 신앙을 가지고 있다. 다만 구약과 신약의 경륜의 차이가 있을 따름이다.

3. 하나님 나라의 의

우리는 구약 시대부터 희미하게 나마 계시되었던 하나님의 나라의 의에 대하여서 오늘 기브온 족속의 구원의 사건을 통하여서 알아보고자 한다. 예수께서 공생애를 시작하고 처음 가르치신 복음의 도리는 마태복음 5장~7장에 걸쳐 있는 산상 보훈이다. 산상 보훈은 예수께서 첫 사역을 시작하시면서 매우 자세하게 하나님 나라의 의에 대하여서 선포하신 말씀이다.

우리가 산상 보훈을 피상적으로 읽게되면 일반적인 윤리적인 가르침 정도로 치부하게 된다. 그러나 산상 보훈에는 매우 중요한 하나님 나라의 의에 대하여서 말씀하신다.

그런데 놀랍게도 산상보훈은 십계명의 두 번째 돌판의 계명에 대하여서 자세하게 설명하시는 것으로 되어있다. 그러므로 산상보훈이 증거하는 십계명의 두 번째 돌판의 해설에는 하나님의 나라가 어떠한 형태인가를 제시한다.

첫째 하나님의 나라는 각 사람의 심령 안에서 성취된다. 그것은 대표적으로 산상 보훈 첫 장면으로서 마태복음 5장 3~12절에 걸쳐서 주님께서 증거하신 말씀에 담겨 있다.

예수께서 여덟가지 복으로 말씀하신 이 팔복은 하나님 나라에 속한 자들의 속성이다. 하나님 나라의 의를 추구하는 자들은 이 팔복이 더욱 충만하다. 우리의 삶은 지향성의 연속이다. 사람이 무엇을 행하는 것은 그의 지향성의 결과이다. 그가 무엇을 추구하느냐에 따라서 그의 삶의 양상이 다르게 나타난다. 그런데 인간들의 삶의 양상은 모두 하나님의 섭리에 따라서 다양하게 표출되는 것이다. 어느 것 한 가지도 하나님의 섭리적 역사 없이 되어지는 것은 없다. 그것이 성삼위일체 하나님의 절대 주권의 교리이다.

성삼위일체 하나님께서 창세전에 이미 만물들이 되어질 것을 신적으로 작정하셨다. 그것이 신적 작정 교리이다. 그러므로 여러 사람들이 다양한 삶의 형태로 살아가는 것은 비록 인간 편에서는 자신이 의지로 행하는 것이지만 하나님의 섭리 밖에서 일어나는 것은 아니다. 모두 하나님의 절대주권적인 섭리 아래에 있다. 그러나 그 책임은 그렇게 행한 그 사람에게 있다. 하나님의 절대주권적인 섭리는 인간의 책임을 회피하는 교리를 담고 있는 것이 아니다. 다만 인간들이 행한 복된 행위 그 자체가 하나님의 은총의 산물이라는 것이다. 그래서 우리 편에서 자랑할 것이 없다는 것이다. 그래서 예수께서는 산상 보훈에서 십계명의 두 번째 돌판의 계명들을 해설하시면서 유대인 무리들에게 설파하신 것이다.

둘째로 하나님의 나라는 영원하다. 시간 속에서 달라지는 것이 아니다. 그래서 하나님의 나라의 의는 신구약이 본질적으로 동일하다. 마태복음 5장 17절에서 주님께서 증거하셨다. **"내가 율법이나 선지자나 폐하러 온 줄로 생각지 말라 폐하러 온 것이 아니요 완전케 하려 함이로라"**(마 5:17) 그러므로 이미 율법 시대인 구약부터 하나님의 나라의 의는 시작되었다는 것을 의미한다. 그리고 복음 아래에서 하나님의 의는 더욱 분명하게 성취되었다는 것이다. 그러므로 율법과 복음의 관계는 본질적으로 하나라는 관점으로부터 보아야 한다. 여기에서 그렇다고 하면 하나님의 나라의 의는 어떻게 인간들에게 주어지는가?

그것이 셋째로 하나님의 나라의 의는 오직 믿음으로 받는다는 것이다. 전적으로 타락한 인간 사회 안에서 어떠한 경로로서도 하나님의 나라의 의에 이를 수 없다. 그것이 이 세상의 탁월한 문화 유산이건 어떠한 윤리 교육이건 혹은 다양하게 발전하는 물질 문명으로서도 인간은 하나님의 나라의 의에 이를 수 없다. 오직 믿음으로서만 하나님의 나라의 의에 이를 수 있다.

넷째로 하나님의 나라의 의는 역사 안에서 점진적으로 명료해진다. 그래서 옛 언약의 역사 가운데서도 하나님의 나라의 의는 희미하게나마 비추어 주고 있다. 모세 시대 보다 다윗 시대에 그리고 다윗 시대 보다 이스라엘이 멸망하는 시기에 더욱 분명하게 하나님의 나라의 의가 선포되었다. 그러나 하나님의 나라의 의는 새 언약의 역사 가운데 더욱 분명하게 드러났다. 새 언약의 경륜은 하나님 나라의 의가 실체로서 계시되었다.

우리 가운데 찾아오셨다가 십자가에 달려 돌아가시고 삼일 만에 죽은 자들 가운데서 다시 살아나신 우리 구주 예수 그리스도께서 하나님 나라의 의의 실체이시다. 이제 우리 시대에 하나님의 나라의 의는 사도들의 가르침에 충실하였던 정통 교부 시대를 지나오면서 더욱 분명해졌다.

첫째로 하나님의 속성이 계시되어있다. 둘째로는 성삼위 일체 하나님께서 계시되어있다. 그리고 셋째로 하나님으로부터 보내심을 받으신 우리 구주 예수 그리스도께서 계시되어있다. 우리 구주 예수 그리스도는 매우 중요한 하나님의 나라의 실체이시다. 결국 이러한 하나님의 나라 의는 인간의 구원으로 연결된다. 그것은 로마서에서도 바울 서신 전체에서 그리고 야고보서에도 베드로 전후서에서도 증거하고 있다. 그러므로 신자들은 하나님의 나라의 의를 깨달

고 믿음으로 그분의 계명에 순종함으로서 구원에 이르게 됨을 알아야 할 것이다.(약 2:26)

제목: 진멸 정책
본문: 여호수아 10장 40~43절

[본 문]

40 이와 같이 여호수아가 온 땅 곧 산지와 남방과 평지와 경사지와 그 모든 왕을 쳐서 하나도 남기지 아니하고 무릇 호흡이 있는 자는 진멸하였으니 이스라엘의 하나님 여호와의 명하신 것과 같았더라 41 여호수아가 또 가데스 바네아에서 가사까지와 온 고센 땅을 기브온에 이르기까지 치매 42 이스라엘의 하나님 여호와께서 이스라엘을 위하여 싸우신 고로 여호수아가 이 모든 왕과 그 땅을 단번에 취하니라 43 여호수아가 온 이스라엘로 더불어 길갈 진으로 돌아왔더라

[원문 직역]

40. 여호수아가 산지와 남방과 저지대와 경사지의 온 땅과 모든 왕들을 쳤다. 결코 어떠한 생존자도 남기지 않았다. 그가 호흡이 있는 모든 자들을 진멸하였다. 이는 이스라엘 하나님 여호아게서 명령하신 바이다. 41. 여호수아가 가데스 바네아로부터 가자까지 그리고 모든 고센 땅을 기브온까지 쳤다. 42. 이 땅의 모든 왕들과 그 땅을 여호수아가 단 번에 취하였다. 이는 이스라엘 하나님 여호와께서 이스라엘과 함께 싸우셨기 때문이다. 43. 여호수아와 모든 이스라엘이 그와 함께 길갈 진으로 돌아왔다.

[70인경 역본]

40. 그리고 예수가 산지와 나게르와 평지와 아세돈의 모든 땅과 그곳의 왕들을 쳤다. 그들 중에 구원을 받아서 남은 자가 전혀 없었다. 그가 생명의 호흡을 하는 자들을 진멸시켰다. 이는 이스라엘의 하나님 주님께서 명령하신 그대로였다. 41. 가데스 바르네로부터 가자까지 모든 고손을 가본까지 쳤다. 42. 그리고 그들의 모든 왕들 그리고 그들의 땅을 예수가 단 번에 쳤다. 이는 이스라엘 하나님 주님께서 이스라엘과 함께 싸우셨기 때문이다.

[본문 해석]

오늘 본문은 여호수아가 기브온과 협정을 맺고 나서 그들을 살려 주게 된 소문을 듣고 이러한 사실들을 알 게된 그 주변 국가들이 연합하여서 기브온을 치고자 하였던 사건과 그로 인하여서 여호수아가 이스라엘의 군대를 보내서 그 모든 가나안 주변 국가의 동맹군을 물리치고 기브온을 구하게 된 사건 이후에 기록된 말씀이다.

예루살렘 왕 아도니세덱이 기브온이 이스라엘에게 항복하였다는 전갈을 받았다. 무엇보다 이스라엘이 아이성을 점령한 이후에 여리고에게 행한대로 모든 아이성 사람들을 진멸하였다는 사실을 알게 되었다. 그러므로 예루살렘 왕 아도니세덱은 헤브론 왕 호함과 아르롯 왕 비람과 라기스 왕 야비아와 에글론 왕 드빌에게 전갈을 보내서 함께 동맹을 맺고 기브온 거민들을 치자고 제안하였다.(수 10:1~4)

실은 기브온은 아이성 보다 큰 성이었다. 그러므로 가나안에서 큰 성읍에 해당하는 기브온이 이스라엘 군대에게 항복한 것은 여러 모로 주변 국가들에게 심각한 상황이었다. 이렇게 기브온을 치겠다고 나선 5개 국가의 왕들은 군대를 거느리고 가서 기브온과 싸우게 되었다.(수 10:5) 그러므로 기브온 사람들이 길갈에 진을 치고 있는 이스라엘 군대에게 전령을 보내서 도움을 요청하였다.(수 10:6~7)

이제 길갈에 이스라엘 군대는 시급하게 기브온을 돕고자 출정하였다. 그때에 여호와께서 여호수아에게 계시하셨다. **"너는 그들을 두려워하지 말아라. 내가 그들을 너의 손에 넘겨 주었다. 그들 가운데 어느 누구도 너를 당할 자가 없을 것이다."**(수 10:8) 이 본문의 말씀을 따라서 볼 때 이 전쟁은 이미 승리한 전쟁이라는 사실을 우리는 알 수 있다. 여호와 하나님께서 이스라엘 군대에게 그들을 부쳤다. 그리고 이후에 전투에서 여호와 하나님께서 어떻게 이스라엘에게 승리를 안겨 주시는 지를 볼 수 있다.

결국 이스라엘 군대와 5명의 가나안 왕의 군대가 전투를 치르게 되었다. 그 전투는 이스라엘의 승리고 마무리 되었다. 여호수아와 이스라엘 군대가 그들을 크게 도륙하고 벧호른에 올라가는 비탈에서 추격하여서 아세가와 막게다까지 이르러 그들을 무찔렀다.(수 10:10)

가나안 5명의 왕들의 군대가 도망 갈때에 여호와 하나님께서 우박을 내리셔서 많은 사람들로 죽게 하셨다. 이때에 이스라엘 자손들의 칼에 죽은 자들보다 우박으로 죽은 자들이 더 많았다.(수 10:11) 그때에 여호수아가 태양과 달에게 명령하였다. **"태양아 너는 기브온 위에 머무르라 달아**

너도 아얄론 골짜기에 그리할찌어다."(수 10:12) 그러자 태양과 달이 중천에 머물러서 종일 토록 내려가지 않았다. (수 10:13) 이는 이스라엘 군대가 가나안의 5 부족 동맹군을 모두 무찌를 때까지 태양과 달이 그 위치에 있음으로서 이스라엘이 종일토록 가나안 다섯명 왕의 군대를 완전히 패배시켰다. 그리고 여호수아와 그 온 군대는 길갈의 진영으로 돌아왔다.(수10:15) 전쟁에서 패한 가나안 다섯명의 왕들이 도망을 쳐서 막게다 굴에 숨었다. 여호수아가 가나안 다섯명의 왕들이 막게다 굴에 숨어들었다는 전갈을 듣고 이스라엘 군대를 보냈다. 그리고 굴 어귀에 큰 돌을 굴려서 막고 그곳에 일부 군대를 주둔시키고 나머지 병력은 가나안 다섯 왕의 잔당들을 추격하여서 멸절시키라고 명령한다.(수 10:19~21)

이제 나머지 가나안 다섯 왕의 패잔병들을 멸절시키고 막게다 굴에 숨어있던 다섯 명의 왕들을 끄집어내서 죽이고 다섯 나무에 매달아 두었다가 숨이 멎은 이후에 그들을 다시 막게다 굴에 쳐넣고 굴 어귀를 큰 돌로 막았다.(수 10:22~27) 그리고 나서 가나안에 거주하는 립나 성읍의 군대도 나와서 이스라엘 군대와 싸웠다. 그들은 적수가 되지 못하였다. 그들을 패배시키고 그들에게 여리고와 같이 행하였다.(수 10:30) 그리고 다시 라기스 성읍의 군대가 이스라엘 군대와 싸우고자 나왔다. 여호와께서 그들도 여호수아의 군대에게 부치셨기에 이스라엘 군대가 그들을 이기고 그들을 립나에게 행한 것처럼 하였다. 그것은 진멸 정책을 의미한다.

여호수아서 10장 40~43절에는 이 전쟁의 의미를 진술하고 있다. 그것은 이 전쟁이 여호와 하나님께서 주도하시는 신령한 전쟁이라는 것이며 그 전쟁의 방식은 그들의 대적자와 그 대적자가 속한 성읍의 모든 자들을 전멸시키는 방식이었다. 여호수아서 10장 40절에 기록되어있다. "**이와 같이 여호수아가 온 땅 곧 산지와 남방과 평지와 경사지와 그 모든 왕을 쳐서 하나도 남기지 아니하고 무릇 호흡이 있는 자는 진멸하였으니 이스라엘의 하나님 여호와의 명하신 것과 같았더라**"(수 10:40)

[교리 강론]
1. 진멸 정책의 신학적 의미

오늘 본문 여호수아서 10장 40절이 증거하는 진멸 정책은 여호와 하나님께서 여호수아에게 명령하신 신적 명령에 기초한 전쟁 수행 정책이었다.

가나안에게는 완전한 멸망을 의미하는 이러한 진멸 정책은 첫째로 오직 여호와 하나님께서 가나안의 죄악이 관영함으로서 그 지경을 심판하신 의미가 있고 둘째로 그 백성 이스라엘로 가나안 지경에 살게 하시고자 하신 의미가 있다.

첫 번째 신학적 의미는 이러하다. 전능하신 하나님께서 어떤 특정한 곳을 자연 재해로 멸하셨다고 하여서 어느 누구도 그에 대하여서 불평할 수 없다. 그것은 전적으로 하나님의 주권적인 섭리에 속하기 때문이다. 그런데 가나안의 죄악에 대한 여호와 하나님의 심판은 자연 재해를 통하여서 어떤 특정한 지역이 몰살하는 것처럼 그렇게 가나안 땅에 살던 거주민들의 심각한 죄악에 대한 심판의 의미가 있다. 하나님께서는 가나안 족속들의 죄악에 대하여서 두고 보시다가 이제 이스라엘이 가나안에 정착해야할 시점에 그들을 모두 멸절시킴으로서 그의 심판을 시행하신 것이다. 신명기 9장 1~5절이다. "**1 이스라엘아 들으라 네가 오늘 요단을 건너 너보다 강대한 나라들로 들어가서 그것을 얻으리니 그 성읍들은 크고 성벽은 하늘에 닿았으며 2 그 백성은 네가 아는바 장대한 아낙 자손이라 그에게 대한 말을 네가 들었나니 이르기를 누가 아낙 자손을 능히 당하리요 하거니와 3 오늘날 너는 알라 네 하나님 여호와께서 맹렬한 불과 같이 네 앞에 나아가신즉 여호와께서 그들을 파하사 네 앞에 엎드러지게 하시리니 여호와께서 네게 말씀하신 것같이 너는 그들을 쫓아내며 속히 그들을 멸할 것이라 4 네 하나님 여호와께서 그들을 네 앞에서 쫓아내신 후에 네가 심중에 이르기를 나의 의로움을 인하여 여호와께서 나를 이 땅으로 인도하여 들여서 그것을 얻게 하셨다 하지 말라 실상은 이 민족들이 악함을 인하여 여호와께서 그들을 네 앞에서 쫓아내심이니라 5 네가 가서 그 땅을 얻음은 너의 의로움을 인함도 아니며 네 마음이 정직함을 인함도 아니요 이 민족들의 악함을 인하여 네 하나님 여호와께서 그들을 네 앞에서 쫓아내심이라 여호와께서 이같이 하심은 네 열조 아브라함과 이삭과 야곱에게 하신 맹세를 이루려 하심이니라**" 여호수아와 이스라엘 군대가 가나안을 정복하려고 할 시기에 가나안의 죄악은 하나님 보시기에 심히 악하였다. 결국 가나안 일곱 족속의 죄악이 그들의 멸망의 원인이다.

이제 가나안 진멸 정책의 두 번째 신학적 의미에 대하여서 살펴보고자 한다. 다시 말해서 여호와 하나님께서 이스라엘로 가나안에서 살게 하시고자 가나안 땅의 거민을 몰아내셨던 그 신학적 의미가 무엇인가 하는 것이다.

첫 째는 무엇보다 여호와 하나님께서 아브라함과 그의 후손들과 맺은 언약으로부터 비롯된다. 여호와 하나님께서 가나안 일경을 아브라함과 그의 후손들에게 주시겠다고 약속하셨다. 창세기 15장 18~21절이다. "**18 그 날에 여호와께서 아브람으로 너불어 언약을 세워 가라사대 내가 이 땅을 애굽 강에서부터 그 큰 강 유브라데까지 네 자손에게 주노니 19 곧 겐 족속과 그니스 족속과 갓몬 족속과 20 헷 족속과 브리스 족속과 르바 족속과 21 아모리 족속과 가나안 족속과 기르가스 족속과 여부스 족속의 땅이니라 하셨더라**"(창 15:18~21) 이스라엘의 족장 시대에 아브라함과 이삭과 야곱의 자손들이 가나안에 살고 있었다. 그러나 여호와 하나님께서는 요셉을 애굽으로 이끄시고 그곳에서 총리가 되게 하셨다. 그리고 애굽의 총리가 된 요셉이 그의 부친과 그의 형제들을 애굽으로 인도하게 된다. 그러므로 요셉이 애굽에 가서 정착하여서 매우 높은 위치에 서게 되었을 때에 하나님의 섭리가운데 이스라엘 전체 가족들은 애굽으로 내려간다. 그러나 약속의 땅 가나안으로 돌아 올 것을 여호와 하나님께서 애굽으로 내려가려고 하는 야곱에게 이미 말씀하셨다. 창세기 46장 1~4절이다. "**1 이**

스라엘이 모든 소유를 이끌고 발행하여 브엘세바에 이르러 그 아비 이삭의 하나님께 희생을 드리니 2 밤에 하나님이 이상 중에 이스라엘에게 나타나시고 불러 가라사대 야곱아 야곱아 하시는지라 야곱이 가로되 내가 여기 있나이다 하매 3 하나님이 가라사대 나는 하나님이라 네 아비의 하나님이니 애굽으로 내려가기를 두려워 말라 내가 거기서 너로 큰 민족을 이루게 하리라 4 내가 너와 함께 애굽으로 내려가겠고 정녕 너를 인도하여 다시 올라올 것이며 요셉이 그 손으로 네 눈을 감기리라 하셨더라"(창 46:1~4) 그러므로 여호와 하나님께서 이스라엘의 족장 시대부터 이미 약속하신 바를 출애굽 이후 모세와 여호수아 시대에 이루려 하셨던 것이다. 젖과 꿀이 흐르는 약속의 땅 가나안은 여호와 하나님께서 이스라엘을 양육하시기에 적합한 곳이었다. 여호와 하나님께서는 갈대아 우르에 살던 아브라함을 부르셔서 가나안으로 이주하게 하시고 그곳에서 아브라함과 언약을 체결하셔서 그곳을 언약의 백성들인 아브라함과 그의 후손들이 거주할 곳으로 선정하셨던 것이다. 그리고 아브라함의 시대로부터 사백 삼십 년 후에 출애굽을 통하여서 그 놀라운 역사를 시작하시고 여호수아 시대에 완결시키셨다. 이는 세계사 어디에서도 없었던 여호와 하나님의 주권적인 권능의 역사였다. 신실하신 하나님께서 그의 언약을 그렇게 성취하신 것이다.

2. 구약 가나안 진멸 정책과 신약 교회 시대의 복음 전파

여호와 하나님께서 이스라엘을 가나안에 들이실 때에 가

나안 일곱 족속을 멸절 시킨 이 놀라운 역사는 새 언약의 경륜 아래에서 거룩한 보편 교회가 세워질 때에도 그대로 그 역사가 드러난다. 그러나 새 언약의 거룩한 보편 교회의 역사는 구약 시대와 형태적으로 다르다. 구약 시대에는 실지로 가나안에 거주하는 족속들을 생물학적으로 진멸시켰다. 그러나 새 언약의 거룩한 보편 교회는 그러한 형태로 하나님께서 역사하시지 않으신다.

그렇다고 하면 새 언약의 거룩한 보편 교회 시대에는 어떻게 그러한 역사가 일어나는가? 그것은 보이지 않는 형태로 일어난다. 구약 시대처럼 그 땅에 거민들의 생물학적 생명을 제거하는 형태가 아니라 그 땅의 문화와 역사를 전적으로 바꾸어 버리는 형태로 나타난다.

가장 먼저는 기독교가 처음 시작되었던 로마 제국 시대 역사이다. 로마 제국은 어떠한 나라인가? 로마 제국은 구약 시대부터 형성된 고대 근동의 문화와 문명을 계승한 대제국이었다. 바빌론과 애굽 그리고 페르시아 문명과 고대 헬라 문명이 로마 제국 시대에 하나로 통일되었다. 로마 제국은 고대 근동의 모든 문명을 로마 제국 안에서 흡수하여서 통일시켰다.

그러므로 구약 시대에 히브리인들의 문명과 지속적으로 충돌하였던 고대 이집트 문명과 바빌론 문명 그리고 페르시아와 헬라 제국의 문명이 로마 제국의 문명 안에서 흡수 통일되었다. 그렇게 로마 제국은 고대 시대에 모든 세속주의 문명을 계승한 나라였다. 그렇다. 로마 제국의 문명은 세속주의의 마지막 결정판과도 같은 문명이었다. 그러한 고대 로마 문명의 한 가운데에 우리 구주 예수 그리스도께서 오셨다. 그 시대에는 유대교의 문명 조차도 어느 정도 헬라 제국의 문명에 세속화되어 있었던 시대였다. 그 시기에 우리 구주 예수 그리스도께서 오셔서 구약을 성취하셨다. 그리고 사도 선지자들을 세우셔서 새 언약의 거룩한 보편 교회를 이루게 하셨다. 이 놀라운 구속 사역에 사도들이 그리스도의 전권대사로서 수고하였다.

이제 주후 3세기 즈음 로마 문명은 그 말기적 증세로 인하여서 점차로 몰락해가고 있었다. 로마 문명의 마지막은 비참하였다. 고대 로마 제국이 결국 그렇게 쉽게 멸망할 것이라고 전망하였던 사람들은 없었다. 그러나 로마는 멸망하였다. 그리고 로마 제국의 멸망은 그들의 더욱 부패한 관습과 문화 덕택이다. 로마 제국은 더 이상 대적할 나라들이 사라진 후에 더욱 방탕과 방종으로 흘렀다. 각국의 문화와 문명을 흡수한 방대한 로마 제국은 모든 부요함을 누리고 있었다. 그러나 로마 제국을 경각시킬 대적자는 없었다. 소소한 반란들이 있었으나 곧 진압되었다. 그렇게 로마제국은 고대 문명의 결정판으로서 서서히 무너져 가고 있었다.

그러한 시대에 기독교는 태동하였다. 사도들은 그들의 시대에 로마 제국 전역을 복음화 하였다. 이는 실로 놀라운 역사이다. 거의 한 세대가 마쳐지기 전에 로마 제국은 복음화 되었다. 로마 제국 각처에 그리스도의 교회가 세워졌다. 그러나 주후 1세기 로마 제국은 그리스도의 교회의 가치를 아직 깨닫지 못하였다. 오히려 기독교는 로마 제국의 문명권 아래에서 핍박을 피할 수 없었다. 그러나 기독교는 개의 치 않았다. 오직 사도와 선지자들의 가르침을 따라서 거룩한 보편 교회는 이 세상 문명에 대한 진멸 정책을 성취하고 있었다. 그리고 주후 313년 로마 황제 콘스탄티누스 대제는 기독교를 공인하였다. 그리고 기독교는 저물어가는 로마 제국의 정신적 지주가 되었다. 그렇게 로마 제국의 문명은 기독교 문명으로 탈바꿈하였다. 주후 4세기 이후에 더 이상 고대 로마 제국의 문명은 없다. 기독교 문명이 로마 제국의 문명이 되었다. 그렇게 로마 제국의 문명은 기독교에 의하여서 전멸하였다. 결국에 로마 제국은 기독교를 국교화 하였다.

이제 로마 제국은 기독교 국가가 되었다. 고대 근동의 문명의 결정판이었던 로마 제국의 문명은 그렇게 기독교에 의하여서 전멸하였다. 이러한 고대 로마 제국의 역사는 이스라엘 군대에 의하여서 멸절된 가나안 족속의 역사를 닮았다. 다만 여호와 하나님께서 그러한 구속의 역사를 이루어 가시는 방식이 구약과 신약이 다를 뿐이다. 구약은 아브라함의 언약 가운데 약속의 땅 가나안을 이스라엘에 주시고자 가나안 일곱 족속을 멸절시키셨다.

신약의 경륜은 아브라함의 언약을 성취하신 우리 구주 예수 그리스도께서 세우신 사도들과 선지자들을 통하여서 로마 문명 한 가운데서 고대 로마 제국의 문명을 멸절시키시고 로마 제국을 기독교 국가로 탈바꿈시키심으로서 고대 로마 문명을 멸절시키셨다.

이제 고대 근동의 문명은 기독교 문명으로 대체되었다. 이것이 하나님께서 새 언약의 경륜 아래에서 이방 나라를 진멸하시는 방식이다.

 구약의 이스라엘도 그랬다. 비록 가나안 족속들을 거의 멸절하셨으나 완전히 정복하지 못하여서 여전히 남아 있었던 주변 가나안 족속들에 의하여서 이스라엘은 미혹을 받았고 세속화 되었다. 그리고 북왕국 이스라엘과 남왕국 유대가 그들의 죄악으로 멸망하기도 하였다. 그러나 여호와 하나님께서는 다윗의 언약을 기억하셔서 유대 왕국을 긍휼히 여기시고 다시 회복시켜 주셨다. 그리고 그들은 고토를 회복한 후에 우리 구주 예수 그리스도께서 오시는 그 때까지 철저하게 유일신 신앙을 지켰다. 그것이 하나님의 섭리였다.

 새 언약의 교회의 역사도 그러하다. 로마 제국의 문명을 멸절시킨 거룩한 보편 교회는 점차로 세속화되었다. 그리고 중세 시대에 로마 카톨릭 교회는 게르만 민족의 신화와 결합하여서 더욱 세속화되었다. 비록 고대 로마 문명을 멸절시켰으나 거룩한 보편 교회도 심각하게 세속화 되었다.

 그러나 하나님께서는 그의 몸된 교회를 그대로 두시는 분이 아니시다. 하나님께서는 주후 16~17세기에 걸쳐서 종교 개혁을 통하여서 거룩한 보편 교회가 어떠한 신앙으로 돌아가야할 것을 제시하셨다.

 지금 모든 인류는 서구화되었고 기독교화 되었다. 다만 기독교도 그 만큼이나 세속화 되었다. 그러나 온 세상 가운데 문명화된 민족과 나라들은 기독교화 되었다. 한 주를 7일도 정하고 그 중에서 주님의 날을 쉬는 안식일 제도는 기독교 문명이 정착되었다는 것을 의미한다.

이제 온 세상에 하나님의 나라로 충만하여질 것이다. 그렇게 하나님의 나라는 계속 확장될 것이다. 그래서 기독교 복음이 전파된 그곳은 기독교 문명화 될 것이다. 그렇게 하나님의 복음이 온 세상을 뒤엎을 것이다. 그때에 우리 구주 예수 그리스도께서 다시 오실 것이다. 그러므로 그리스도의 강림은 온 세상에 땅끝까지 복음이 전파되어서 기독교 문명화 되었을 때 이루어질 것이다. 지금 우리는 놀라운 하나님의 역사를 경험하며 살아가는 것이다. 구약 시대에 이스라엘 백성들이 그러하였던 것 처럼 그러하다.

3. 예수 그리스도께서 단번에 드린 완전한 속죄의 제사에 대하여서

이 교리 강론은 여호수아서 10장 42절을 따라서 해석한 것이다. "**이스라엘의 하나님 여호와께서 이스라엘을 위하여 싸우신 고로 여호수아가 이 모든 왕과 그 땅을 단번에 취하니라**"(수 10:42) 70인경을 직역하면 이러하다. "그리고 그들의 모든 왕들 그리고 그들의 땅을 예수가 단번에 쳤다. 이는 이스라엘 하나님 주님께서 이스라엘과 함께 싸우셨기 때문이다." 여호수아서 10장 42절에 나오는 "**단번에**"는 히브리어로 "**파암 에하트**"로 되어있다. 직역하면 "**단 한번의 기회**"가 된다. 그리고 70인경은 "**에이스 아팍스**"(εἰς ἅπαξ)로 되어있다. 이것은 직역하면 "**모두를 위한 한 번으로**"가 된다. 그리고 70인경의 "**에이스 아팍스**"(εἰς ἅπαξ)와 동일한 어원을 가진 본문이 히브리서 7장 27절에 있다. "**저가 저 대제사장들이 먼저 자기 죄를 위하고 다**

음에 백성의 죄를 위하여 날마다 제사드리는 것과 같이 할 필요가 없으니 이는 저가 단번에 자기를 드려 이루셨음이니라"(히 7:27) 이 본문 중에 "**단번에**"가 헬라어로 "**에파팍스**"(ἐφάπαξ)로 되어있다. 이것도 직역하면 "**모두를 위한 한 번**"이 된다.

예수 그리스도께서 단번에 성취하신 구원의 놀라운 사역에 대하여서 사도 바울은 히브리서 9장 24~28절에 다음과 같이 증거한다. "**24 그리스도께서는 참 것의 그림자인 손으로 만든 성소에 들어가지 아니하시고 오직 참 하늘에 들어가사 이제 우리를 위하여 하나님 앞에 나타나시고 25 대제사장이 해마다 다른 것의 피로써 성소에 들어가는 것 같이 자주 자기를 드리려고 아니하실지니 26 그리하면 그가 세상을 창조할 때부터 자주 고난을 받았어야 할 것이로되 이제 자기를 단번에 제사로 드려 죄를 없게 하시려고 세상 끝에 나타나셨느니라 27 한 번 죽는 것은 사람에게 정하신 것이요 그 후에는 심판이 있으리니 28 이와 같이 그리스도도 많은 사람의 죄를 담당하시려고 단번에 드리신 바 되셨고 구원에 이르게 하기 위하여 죄와 상관 없이 자기를 바라는 자들에게 두 번째 나타나시리라**"(히 9:24~28)

사도 바울은 히브리서 7장~9장에 걸쳐서 구약의 제사장들의 불완전한 희생 제사와 우리 구주 예수 그리스도의 완전한 희생 제사를 비교하면서 그리스도의 대제사장 직분에 대하여서 증거하고 있다.

사도 바울은 그러한 비교를 통하여서 그 당시에 유대인

들이 신봉하였던 구약 제사장 제도의 한계를 드러내고 그러한 구약 제사장 제도를 단번에 성취하신 우리 구주 예수 그리스도의 구속 사역의 완전함을 증거하였다. 사도 바울은 히브리서 7장에서 예수 그리스도께서 레위 지파의 반차를 따라서 오시지 않고 멜기세덱의 반차를 따라서 오셨다고 증거하였다.(히 7:1~28) 사도 바울은 구약 레위지파에 속한 제사장들이 하나의 모형에 불과한 땅에 있는 성소에 들어갔다면 우리 구주 예수 그리스도께서는 단번에 완전한 제사를 드리사 하늘 성소에 들어가셨다고 증거하였다.(히 9:24) 사도 바울은 그리스도의 제사의 완전성에 대하여서 히브리서 10장 11~14절에 다음과 같이 증거하였다. "**11 제사장마다 매일 서서 섬기며 자주 같은 제사를 드리되 이 제사는 언제든지 죄를 없게 하지 못하거니와 12 오직 그리스도는 죄를 위하여 한 영원한 제사를 드리시고 하나님 우편에 앉으사 13 그 후에 자기 원수들로 자기 발등상이 되게 하실 때까지 기다리시나니 14 저가 한 제물로 거룩하게 된 자들을 영원히 온전케 하셨느니라**"(히 10:11~14) 그러므로 구약의 모든 희생 제사는 다만 모형이었으며 그 희생 제사 자체가 속죄의 역할을 하지 못하였다고 사도 바울은 증거한다. 그러므로 구약의 희생 제사는 그리스도의 희생 제사를 위한 예표와 그림자가 되어서 완전하게 성취하실 그리스도의 희생 제사를 다만 모형적으로 드러내었던 의식적 행위였다. 이제 우리 구주 예수 그리스도께서 단번에 완전한 희생 제사를 드리심으로서 구약의 모든 희생 제사를 소급하여서 성취하신 것이다.

제목: 신적 작정의 의미에 대하여서
본문: 여호수아 11장 18~20절

[본 문]

18 여호수아가 그 모든 왕과 싸운 지는 여러 날이라 19 기브온 거민 히위 사람 외에는 이스라엘 자손과 화친한 성읍이 하나도 없고 다 이스라엘 자손에게 쳐서 취한 바 되었으니 20 그들의 마음이 강퍅하여 이스라엘을 대적하여 싸우러 온 것은 여호와께서 그리하게 하신 것이라 그들로 저주받은 자 되게 하여 은혜를 입지 못하게 하시고 여호와께서 모세에게 명하신 대로 진멸하려 하심이었더라

[원문 직역]

18. 여호수아가 이 모든 왕들과 전쟁을 치른지 여러 날이다. 19. 히바이트에 거주하는 기브온 사람들 외에는 이스라엘 자손들과 화친한 성읍은 없었다. 이스라엘이 모두를 전쟁으로 취했다. 20. 왜냐하면 여호와로 부터 그 전쟁이 있었기 때문이다. 그 전쟁이 그들의 마음을 강퍅하게 하여서 이스라엘과 싸우게 하였다. 이는 그들을 향하여서 은혜를 입지 못하게 하여서 그들을 파괴시키려 함이다. 이는 여호와께서 모세에게 명령하신대로 그들을 진멸하려 하심이다.

[70인경 역본]

18. 그리고 여러 날 동안 예수가 이 왕들을 향하여서

전쟁을 치렀다. 19. 그리고 이스라엘이 제거하지 않은 성읍은 없었다. 전쟁으로 이스라엘이 모두를 제거하였다. 20. 이는 주님을 통하여서 그가 그들의 마음을 강팍하게 하셨기 때문이다. 그래서 그들로 이스라엘을 향하여서 전쟁을 하게 하셨다. 이는 그들이 은혜가 없게 하여서 그들이 파괴 되도록 하려 하심이다. 오히려 주님께서 모세에게 말씀하신대로 그들이 파괴되게 하려 하심이다.

[본문 해석]

오늘 본문은 여호수아서 11장 전체와 연결된다. 여호수아서 10장에서 이스라엘에게 항복하였던 기브온의 거민들에게 가나안 족속들의 복수가 시작되었고 그 전갈을 여호수아가 듣고 기브온 거민들을 구하고자 길갈에서 출정하였다. 그리고 여호수아의 군대가 기브온에게 복수하려고 모인 가나안 족속의 군대를 격파하였다.

그러므로 여호수아서 11장 1절에 하솔 왕 야빈이 이러한 전쟁 상황을 보고 받고 마돈왕 요밥과 시므론 왕과 악삽 왕과 북방 산지와 긴네롯 남쪽 아라바와 평지와 서방 돌의 높은 곳에 있는 왕들과 동서쪽 가나안 사람과 아모리 사람과 헷 사람과 브리스 사람과 산지의 여부스 사람과 미스바 땅 헤르몬 산 아래 히위 사람들에게 전갈하여서 함께 동맹군을 결성하여서 여호수아와 이스라엘 군대와 싸울 것을 결의하였다.(수 11:1~4)

그러나 여호와께서 여호수아에게 약속하셨다. 그 약속은 이 모든 동맹군을 모두 멸절시키시겠다는 것이다.(수

11:5~9) 그리고 여호와 하나님께서 약속하신대로 그 전투에서 가나안 족속 동맹군들 중에 호흡이 있는 자들은 모두 죽었다. 실로 이것은 정확하게 표현하면 몰살이다.(수 11:10~15)

그리고 이 모든 전쟁의 결과는 여호와 하나님께서 모세에게 명령하신 것이라고 증거한다. 여호수아서 11장 15절이다. **"여호와께서 그 종 모세에게 명하신 것을 모세는 여호수아에게 명하였고 여호수아는 그대로 행하여 여호와께서 무릇 모세에게 명하신 것을 하나도 행치 아니한 것이 없었더라**"(수 11:15) 하나님의 약속의 말씀이 모두 성취되었다는 것을 의미한다. 이는 하나님의 섭리적 역사이다. 그리고 여호수아서 11장 23절에 다음과 같이 증거한다. **"이와 같이 여호수아가 여호와께서 모세에게 이르신 말씀대로 그 온 땅을 취하여 이스라엘 지파의 구별을 따라 기업으로 주었더라 그 땅에 전쟁이 그쳤더라**"(수 11:23)

그리고 오늘 본문은 여호수아서 11장 맨 마지막 단락에 있다. 그리고 이 본문은 하나님의 섭리적 역사에 대하여서 기록하고 있다. 그리고 무엇보다 여호수아서 11장 18~20절 본문은 하나님의 섭리가 그의 약속을 따라서 반드시 성취될 것을 증거하고 있다. 무엇보다 이러한 하나님의 주권적인 섭리는 그것이 발현되기 이전에 이미 하나님의 영원하신 계획 안에 있었던 것이라고 증거한다.

하나님의 섭리는 하나님의 영원하신 계획으로부터 성취되어가는 그의 주권적인 역사이다. 그래서 하나님의 섭리는 인간 편에서 이해하기 어렵다. 매우 신비하다. 하나님의 섭리는 천하 만물이 되어질 것을 그대로 발현하시는 하나님의 신적 작정의 결과이다. 그래서 하나님의 섭리는 하나님의 신적 작정의 성취이다.

만물은 하나님의 섭리 아래에 있다. 하나님의 섭리를 벗어나서 발생되는 사건이나 일들은 없다. 모든 세상만사가 하나님의 절대 주권적 섭리 아래에 있다. 그러므로 개혁신앙을 따라가는 성도들은 이러한 하나님의 절대 주권적 섭리를 깊이 이해해야 한다. 그리고 성도들이 하나님의 절대 주권적인 섭리를 깨닫게 될 때 이 세상의 모든 일에 대하여서 달관할 수 있다.

오늘 본문을 살펴보면 하나님께서 가나안을 진멸시키시고자 하실때에 가나안 족속들의 강퍅한 마음을 섭리적으로 격동시키셨다. 가나안 족속의 악행은 하나님의 심판을 자초하였다.

그렇게 가나안 족속은 그들의 악행으로 인하여서 최후의 심판을 받은 것이다. 하나님께서는 악을 행하지 않는 자를 심판하시지 않는다. 가나안 족속의 죄악은 그들이 강퍅하게 여호와와 그 기름부은 자들을 대적한 것에 있다.

오늘 본문 여호수아서 11장 18~20절을 살펴 보고자 한다. 먼저 여호수아서 11장 18절에 여호수아는 여호수아와 이스라엘 군대가 가나안 족속의 왕들과 싸운지 오래되었다고 말한다.(수 11:18) 그리고 나서 기브온 거민 히위 사람들 외에는 이스라엘과 화친하고자 하는 성읍이 전혀 없었다고 말한다.(수 11:19)

그래서 가나안 족속들이 이스라엘과 싸우고자 하였던 그

강팍한 마음이 모두 여호와께서 그리하신 것이라고 증거한다.(수 11:20) 그리고 그렇게 여호와 하나님께 대적하려고 하는 그들의 강팍한 마음 자체가 하나님의 저주라고 말한다.(수 11:20)

그리고 그렇게 가나안 족속들이 여호와께서 모세에게 명령하신 그대로 진멸되었다고 말한다.(수 11:20) 우리는 여기에서 하나님의 섭리중에서 멸망으로 갈 자들의 강팍한 상태를 보게된다. 그들이 강팍하게 된 것은 여호와 하나님의 섭리적 역사였다. 실로 불쌍한 것이다. 그리고 이러한 하나님의 섭리적 역사는 이미 이스라엘 백성들이 애굽으로부터 탈출할 때에도 분명하게 드러났다. 성경은 말하기를 여호와 하나님께서 애굽왕 바로의 마음을 강팍하게 하셨다고 증거한다. 그렇게 애굽왕 바로가 강팍하게 됨으로서 하나님의 공의의 영광을 찬송하고 있다고 증거한다. 긍휼이 풍성하신 하나님께서 악인들을 책벌하시는 형태는 항상 그들의 악함을 극대화 시켜서 더 이상 그들의 악을 내버려둘 수 없을 정도가 될 때까지 방치하심으로서 심판을 내리시는 형태이다. 그러므로 하나님 앞에서 악을 행하는 자들의 모든 악은 하나님의 심판을 자초할 뿐이다. 다만 악을 행하는 자는 자신들이 하나님의 저주를 받아서 악을 행하며 살고 있다는 사실을 모른다. 그리고 그들의 악행이 돌이킬 수 없을 때에는 이미 늦었다.

하나님의 가공할 심판이 임하는 것이다. 그렇게 하나님께서는 그의 자비하심과 긍휼히 여기심을 만홀히 여기고 악행을 더욱 극대화 하는 자에게 심판하신다. 실로 가나안 정복의 당위성도 거기에 있었다. 여호수아 시대에 가나안 땅의 죄악이 하나님의 심판을 받을 정도로 관영하였다는 것이다. 그들이 하나님 앞에서 변명하지 못할 정도로 충분히 악하였다는 것이다.

여호와 하나님께서 가나안에게 최후의 심판을 내리시기 전에 이스라엘의 족장 시대에는 아직 그들의 죄악이 관영치 않았다고 성경이 증거한다.(창 15:16) 그러나 그렇게 가나안의 죄악이 관영치 않을 때에도 소돔과 고모라는 유황불로 심판을 받았다. 이미 이스라엘 족장 시대에도 소돔과 고모라는 하나님의 심판을 받기에 충분할 정도로 악하였던 것이다. 그리고 이러한 그들의 악은 사백년 후에 모세와 여호수아 시대에 비로소 가나안 일곱 족속이 모두 심판을 받기에 충분할 정도로 악하였다.

그러므로 여호수아서 11장 본문 전체도 증거한다. 가나안 족속 중에 기브온 거민들이 유일하게 화친을 도모하였고 그 외에 모든 가나안 족속들은 그들의 죄악을 돌이키지 않았고 더욱 이스라엘과 싸우고자 하였다.

그리고 그것은 하나님의 심판을 더욱 촉구하는 형태가 되었다. 그것이 하나님의 섭리였다. 대부분의 사람들은 악을 행하여도 책벌이 내려오지 않는다면 그에 합당한 보응을 받지 않는다면 괜찮다고 여긴다. 그래서 결국 그 죄악이 커져서 형벌을 받을 때 비로소 하나님께 심판을 받았다고 여긴다. 그러나 실상은 그렇지가 않다. 인간이 이미 하나님의 말씀을 어기고 제 멋대로 살아가는 것 자체가 하나님의 심판을 받고 있는 것이다. 거기로 부터 돌이키지 않는다면 언젠가 반드시 하나님의 심판이 구체화 될때가 올 것이다. 그래서 악을 행하는 삶 자체가 이미 하나님의 심판이 시작된 것으로 간주해야 한다.

그래서 성경은 증거한다. 악을 행하는 자를 멀리하라. 왜냐하면 그들과 함께 걸어가다가 어떤 해를 당할지 모르기 때문이다. 그렇게 성경은 악은 그 모양이라도 버리라고 명령하고 있다. 이는 사도 바울이 데살로니가에게 보낸 앞선 서신 5장 15~22절에 있다. "**15 삼가 누가 누구에게든지 악으로 악을 갚지 말게 하고 오직 피차 대하든지 모든 사람을 대하든지 항상 선을 좇으라 16 항상 기뻐하라 17 쉬지 말고 기도하라 18 범사에 감사하라 이는 그리스도 예수 안에서 너희를 향하신 하나님의 뜻이니라 19 성령을 소멸치 말며 20 예언을 멸시치 말고 21 범사에 헤아려 좋은 것을 취하고 22 악은 모든 모양이라도 버리라**"(살전 5:15~22) 이렇게 성경은 분명하게 선을 좇아 행하라고 가르친다. 왜냐하면 하나님의 형상을 따라서 지어진 사람이 선을 행하는 것 자체가 하나님의 형상에 부합한 삶이기 때문이다. 이미 그 자체로서 복되다. 그러나 악을 도모하거나 행하는 자들은 이미 하나님의 심판이 시작된 것이다. 돌이키지 않으면 멸망이다.

그렇게 하나님의 심판은 인간들에게 은밀하게 다가와서 지속적으로 최후의 심판을 위한 죄악을 섭리적으로 행하도록 방치하심으로서 결국 마지막에 심판하시는 형태이다. 물론 요한일서 1장 9절 말씀처럼 행하면 심판을 피할 수 있다. "**만일 우리가 우리 죄를 자백하면 저는 미쁘시고 의**

로우사 우리 죄를 사하시며 모든 불의에서 우리를 깨끗케 하실 것이요"**(요일 1:9) 그러므로 신자들이 이 세상을 살아갈 때 삶 가운데 자신들의 죄악을 깨닫고 날마다 돌이키는 행위를 반복적으로 행하는 거룩한 삶의 추구가 얼마나 복된지 모른다. 그러나 대부분의 인생들은 자신의 죄악으로부터 돌이키지 않으며 결국 최후의 심판을 향해서 달려가고 있다. 왜냐하면 자신의 죄를 하나님께 진심으로 자백하지 않기 때문이다. 누구든지 자신의 죄를 깨닫지 못하는 자들은 점점 자기 의가 자기 마음 안에 가득차게 되어있다. 그래서 자기 자랑과 자기 연민이 뒤범벅이 되어서 하나님을 원망하고 이웃을 원망하며 불평과 불만이 가득한 체로 살아간다. 그렇게 삶의 현장 가운데 하나님을 향한 감사과 찬송이 없는 자들은 이미 잘못 가는 중이다. 옛적 길 선한 길을 찾아 돌아가는 자들은 하나님의 자비와 긍휼을 받은 자들이다. 그러나 그 반대로 끝까지 하나님의 명령을 거역하고 제멋대로 살아가는 자들은 하나님의 심판을 자초하는 자들이다. 그리고 이러한 모든 인생들의 삶의 결과는 하나님의 섭리적 역사이다.

 오늘 여호수아서 11장 18~20절 본문에서도 기브온 거민 히위 사람들 외에는 이스라엘 자손과 화친한 성읍이 없다고 증거하고 있다. 그리고 그들이 그렇게 된 것은 여호와 하나님께서 그렇게 하신 것이라고 증거한다. 이것은 하나님의 섭리적 역사를 의미한다. 그래서 여호수아서 11장 20절 중간에 "**그들로 저주받은 자 되게 하여 은혜를 입지 못하게 하시고 여호와께서 모세에게 명하신 대로 진멸하려 하**

심이었더라"(수 11:20)라고 기록되어 있다. 이는 하나님의 섭리가 그의 신적 작정으로부터 구현되는 것이며 이는 이미 아브라함 시대부터 약속된 것이었다는 것이다. 여호와 하나님께서 아브라함에게 그의 자손이 가나안을 차지하여서 그곳에서 나라를 세우게 될 것이라고 약속하셨다. 그런데 그 당시에 가나안에는 일곱 족속들이 살고 있었다. 이들을 몰아내지 않고는 그러한 일은 일어날 수 없었다. 그러나 하나님께서 아브라함과 그의 후손들에게 그 땅 곧 젖과 꿀이 흐르는 가나안 일경을 주시겠다고 약속하셨다. 그러므로 이미 가나안의 심판은 그들의 죄악으로 인하여서 하나님의 심판의 때만 남아 있었고 모세와 여호수아가 가나안을 정복 할 때 그 때였던 것이다. 여호와 하나님께서는 자신들의 악행을 돌이키지 않고 살아가는 가나안 족속들의 죄악 심판하시면서 동시에 아브라함과 약속하신 그 언약을 성취하시고자 가나안 정복 전쟁을 시작하셨다. 그렇게 여호수아의 가나안 정복 전쟁은 이스라엘에게는 하나님의 약속의 성취이면서 동시에 가나안 일곱 족속에게는 그들의 죄악에 대한 하나님의 엄위로우신 심판이었다.

우리는 여호수아서 11장 18~20절 본문을 통하여서 하나님의 일하시는 형태를 알 수 있다. 하나님께서 이 세상 가운데 일하시는 방식은 항상 그의 속성으로부터 비롯된다. 하나님의 속성은 하나님의 섭리의 토대가 된다. 하나님께서는 모든 섭리를 그의 속성으로부터 발현시키신다. 그래서 하나님의 속성을 알아가는 것이 성도들의 신앙생활에 매우 중요하다. 하나님께서는 그의 속성에 반하여서 행하시는 분이 아니시다. 오직 하나님의 속성으로 부터 만물이 되어질 신적 작정이 그의 섭리를 통하여서 구현되는 것이다. 그러므로 이제 하나님의 신적 작정과 섭리의 관계를 살펴보고자 한다.

[교리 강론]
1. 성삼위일체 하나님의 신적 작정

성삼위일체 하나님의 신적 작정은 항상 그의 속성으로부터 영원하신 그의 계획으로서 결정된 것이다. 성삼위일체 하나님의 신적 작정은 역사 안에서 섭리를 통하여서 구현된다. 하나님의 섭리는 하나님의 신적 작정이 발휘는 현장이다. 하나님께서는 섭리를 통하여서 그의 영원하신 계획을 실현해 나가신다.

그러므로 역사란 무엇인가? 하나님의 섭리적 행위의 현장이다. 모든 역사는 하나님께서 그렇게 되도록 섭리하신 결과이다. 이 땅을 살아가는 성도들이 역사를 제대로 알아야 하는 이유가 거기에 있다. 지나온 역사가 하나님의 신적 작정의 섭리적 발현이기 때문이다.

그렇다면 먼저 신적 작정이란 무엇인가? 하나님께서 되어질 모든 것을 이미 결정하신 것이다. 그렇다면 인생들의 행위는 무엇인가? 하나님의 신적 작정이 인생들의 행위를 통하여서 구현된다. 선을 행하는 자들은 복되고 악을 행하는 자들은 화가 있는 것이다. 왜냐하면 그들의 행위 자체가 하나님의 복과 저주이기 때문이다.

선하게 살아가는 것이 복된 이유는 그 자체가 하나님의

섭리적 은총이기 때문이다. 하나님께서 선하게 살도록 그를 섭리하신 것이다. 그래서 선하게 살아가는 자들은 하나님께 감사해야할 것이다. 나로 선하게 살게 하여 주신 하나님의 은총이 있는 것이다.

그렇다면 악하게 살아가는 자는 어떠한가? 악한 자들은 결코 하나님께 감사하지 않는다. 하나님을 찬송하지도 않는다. 자기 의를 따라서 제멋대로 살아간다. 그것이 하나님의 저주의 결과라는 사실도 모른다. 그러나 그들은 하나님의 섭리적 심판 아래에 놓여 있는 자들이다. 악한 자들은 하나님의 공의의 영광을 드러내는 가련한 자들이다. 그러므로 악하게 살아가는 삶 자체가 이미 하나님의 심판의 구현이다.

성삼위일체 하나님의 신적 작정은 두 가지로 나누어진다. 첫째는 일반 작정이다. 만물의 되어질 모든 것을 작정하신 것이다. 그리고 이러한 일반 작정은 일반 섭리로서 설명이 가능하다.

이 세상에 일어나는 제반 모든 일들은 하나님의 섭리적 역사이다. 그것은 만물을 향한 성삼위일체 하나님의 신적 작정의 결과이다. 온 세상은 하나님의 뜻대로 되어지는 것이다. 하나님의 작정적 의지를 벗어나서 행하는 피조물은 없다. 하나님께서 작정하시지도 않았는데 되어지는 일들은 없다. 세상만사가 모두 성삼위일체 하나님의 신적 작정의 결과이다.

그러므로 거기에 우리가 모두 이해할 수 없는 신비가 있다. 그것을 하나님의 불가해성이라고 부른다. 인간 편에서 온전하게 이해할 수 없는 하나님의 감추어진 지식이다. 하나님의 불가해성은 만물 안에서 드러나 있다. 그러므로 모든 인생들은 자신들이 스스로 이해할 수 없는 삶의 영역이 있음을 겸손하게 인정하고 그러한 영역을 하나님의 섭리적 역사로 믿고 행하여야 한다.

우리는 우리의 지성으로 온전하게 이해되지 않는 영역을 하나님의 절대 주권적 은총으로 돌리고 감사해야한다.

그래서 이 세상에서 일어나는 모든 일을 제멋대로 이해하고 단정을 짓고 행하지 말라. 오직 성삼위일체 하나님의 주권적 섭리를 믿고 그분을 의지하고 우리는 행하여야 한다.

그것이 성도들에게만 주어지는 구속의 작정이다. 하나님의 백성들에게만 주어지는 신적 작정이 구속의 작정이다. 그리고 이러한 하나님의 구속의 작정은 특별 섭리로 이해할 수 있다. 그리고 모든 특별 섭리는 하나님의 말씀으로부터 추론할 수 있다. 하나님의 말씀을 벗어난 상태에서 구속의 섭리는 이해될 수 없다. 오히려 오도된다. 잘못 이끌린다. 그리고 그 잘못된 지식을 하나님의 구속의 섭리라고 판단한다. 그것이 기독교 미신화로 이어진다. 기독교가 미신화 되는 이유는 하나님의 말씀을 벗어나서 교인들이 자의로 하나님을 섬기기 때문이다.

이제 성도들은 하나님의 신적 작정을 올바르게 이해하기 위해서라도 하나님의 말씀으로 돌아가야 한다. 하나님의 말씀이 증거하심을 따라서 구속의 섭리를 이해해야 한다.

하나님의 구속의 섭리는 항상 일반 역사 가운데서 주어

졌기 때문에 하나님의 구속의 섭리가 펼쳐지는 현장으로서 세상 나라의 일반 역사가 결코 무가치 한 것이 아니다.

그러므로 복음이 전파된 곳의 일반 역사는 하나님의 구속의 섭리가 발휘되는 현장이다. 그래서 복음이 전파된 곳은 하나님의 구속사가 시작된 곳이기도 하다. 그래서 일반 역사와 하나님의 교회의 성도들에게만 해당하는 구속의 역사가 분리적이지 않다. 다만 구별될 뿐이다.

성도들이 이 세상 나라의 역사에 대하여서 제대로 이해해야 하는 것은 하나님께서 세상 나라 한 가운데서 하나님의 나라를 세우시기 때문이다. 구약 이스라엘 공동체도 애굽이나 바벨론이나 가나안과 같은 인류 문명의 중심지에서 세우셨다. 그리고 새 언약의 거룩한 보편 교회는 그 당시 세상의 중심이라고 할 수 있는 고대 로마 제국의 한 가운데시 세우셨다. 그렇게 여호와 하나님께서는 이방 나라 문명의 가장 정점에 있는 세상 나라 복판에서 성도들을 이끄셨다. 그렇게 일반 역사의 한 가운데서 구속의 역사를 성취하셨다. 그리고 일반 섭리 한 가운데서 구속의 섭리를 이루어가셨다.

하나님의 절대 주권을 믿는 성도들은 우리 하나님의 광범위한 섭리적 역사를 믿으며 또한 그 백성들을 향하신 구속의 섭리를 믿어야 한다. 그렇게 하나님의 나라와 세상 나라가 서로 영향을 주고 받으면서 전진하는 하나님 나라의 궁극적 소망이 무엇인 가를 알아야 한다.

2. 신적 작정과 섭리

하나님의 신적 작정이 섭리로 발현된다. 그렇다고 하면 우리는 다음과 같이 신적 작정과 섭리의 관계를 이해할 수 있다.

하나님의 신적 작정은 영원한 계획이다. 그것은 불변하는 계획이며 중도에 바뀌지 않는 절대적 계획이다. 반드시 그렇게 실현될 계획이다.

그렇다면 하나님의 섭리는 무엇인가? 하나님의 영원한 계획의 구현의 현장이다. 하나님께서는 그의 섭리를 따라서 그의 영원한 계획을 실현해 가신다. 그렇게 영원한 계획과 그 계획의 실현이 신적작정과 섭리의 관계이다. 그러므로 하나님의 신적 작정은 그의 계시된 말씀으로 이해할 수 있고 섭리는 우리가 살아가는 삶의 현장을 통하여서 이해할 수 있다. 앞 주제에서도 언급한대로 역사란 하나님의 섭리의 현장이다. 그런데 모든 역사가 하나님의 속성으로 부터 나왔기에 우리가 앞으로 경험하게 될 역사의 현장은 지나온 역사와 무관한 것이 아니다. 오히려 지나온 역사가 유사한 형태로 반복되기도 한다.

왜냐하면 역사 자체가 하나님의 속성으로 부터 나왔기 때문이다. 하나님의 속성으로부터 발현된 역사가 반복되는 이유는 계속 하나님의 속성이 그 역사 안에 투영되기 때문이다.

모든 역사가 항상 새롭지만 기본적인 구조에 있어서 역사 가운데 본질적으로 다르지는 않다. 그래서 지혜의 왕은 솔로몬은 그의 저서 [**전도서**]에서 "**해 아래에 새것이 없다.**"(전 1:9)고 천명한 것이다. 왜냐하면 해 아래에서 일어나는 일들이 본질적으로 새로운 것은 없기 때문이다. 어제 있었던 일들이 오늘 있고 그것은 내일도 있을 것이기 때문이다.

전도서 1장 4~10절을 살펴 보고자 한다. "**4 한 세대는 가고 한 세대는 오되 땅은 영원히 있도다 5 해는 떴다가 지며 그 떴던 곳으로 빨리 돌아가고 6 바람은 남으로 불다가 북으로 돌이키며 이리 돌며 저리 돌아 불던 곳으로 돌아가고 7 모든 강물은 다 바다로 흐르되 바다를 채우지 못하며 어느 곳으로 흐르든지 그리로 연하여 흐르느니라 8 만물의 피곤함을 사람이 말로 다 할 수 없나니 눈은 보아도 족함이 없고 귀는 들어도 차지 아니하는도다 9 이미 있던 것이 후에 다시 있겠고 이미 한 일을 후에 다시 할지라 해 아래는 새 것이 없나니 10 무엇을 가리켜 이르기를 보라 이것이 새 것이라 할 것이 있으랴 우리 오래 전 세대에도 이미 있었느니라**"(전 1:4~10)

이제 우리는 만물이 하나님이 섭리 아래에 있음을 깨달을 수 있으며 그 모든 섭리가 영원하신 계획으로부터 발현된 것임을 알 수 있다. 그러므로 이제 오늘 여호수아 11장 18~20절 본문을 통하여서 우리가 깨달게되는 것도 마찬가지이다. 성삼위일체 하나님의 신적 작정이 섭리적으로 이스라엘 군대에 의하여서 가나안 일곱 족속이 진멸되는 역사로 구현된 것이다. 우리는 하나님의 섭리적 역사를 따라서 행하여야 한다. 오직 성삼위일체 하나님께서만이 홀로 영광을 받으시리라. 아 멘.

제목: 이스라엘 기업의 분배 의미
본문: 여호수아 14장 5절

[본 문]
이스라엘 자손이 여호와께서 모세에게 명하신 것과 같이 행하여 그 땅을 나누었더라

[원문 직역]
이스라엘 자손들이 여호와께서 모세에게 명령하신 그대로 행하였다. 그래서 그들이 그 땅을 나누었다.

[70인경 역본]
주님께서 모세에게 명령하셨던 본을 따라서 그와같이 이스라엘 아들들이 행하였다. 그래서 그 땅을 나누었다.

[본문 해석]
여호수아 12장부터 시작해서 19장까지 이스라엘 자손들이 여호와께서 모세에게 명령하신 그대로 정복한 가나안의 모든 지경을 각 지파대로 분배한 역사를 기록하고 있다.

여호수아서 12장 1~6절까지는 모세가 정복한 가나안 족속들의 왕들의 명단이 기록되어있다. 그리고 여호수아서 12장 7~24절까지 여호수아가 정복한 가나안 족속의 왕들이 명단이 기록되어있다. 그리고 여호수아서 13장 1~7절까지는 여호수아가 나이가 많아 늙어서 더 이상 전쟁을 지휘하기 어렵게 되었음에도 불구하고 아직 정복하지 못한 가나

안 지경을 기록하고 있다. 그리고 여호수아서 13장 8~14절까지 요단 동편 기업의 분배를 기록하고 있다. 그리고 여호수아서 13장 15~23절은 르우벤 자손에게 분배된 기업의 지경을 기록하고 있다. 여호수아 13장 24~28절은 갓 자손에게 분배된 가나안 지경을 기록하고 있다. 그리고 여호수아서 13장 29~33절은 동쪽 므낫세 자손에게 분배된 기업을 기록하고 있다.

 그리고 여호수아서 14장 1~5절은 요단 서편 기업의 분배를 기록하고 있다. 그리고 여호수아 15장 1~63절까지는 유다 자손에게 분배된 기업의 지경을 기록하고 있다. 그리고 여호수아서 16장 1~4절은 에브라임 지파와 서쪽 므낫세 자손의 기업의 지경을 기록하고 있다. 그리고 여호수아 16장 5~10절은 에브라임 지파의 기업의 지경을 기록하고 있다.

 그리고 여호수아서 17장 1~13절은 요단강 서쪽 므낫세 자손의 기업의 지경을 기록하고 있다. 그리고 여호수아서 19장 1~9절은 시므온 지파 기업의 지경을 기록하고 있다. 그리고 여호수아서 19장 10~16절은 스불론 자손의 기업 지경을 기록하고 있다. 그리고 여호수아서 19장 17~23절은 잇사갈 지파의 지경을 기록하고 있다. 그리고 여호수아서 19장 24~31절은 아셀 지파의 기업의 지경을 기록하고 있다. 그리고 여호수아서 19장 32~39절은 납달리 지파의 기업 지경을 기록하고 있다. 그리고 여호수아서 19장 40~48절은 단 자손의 기업의 지경을 기록하였다.

[교리 강론]

1. 이스라엘 열두 지파의 지경을 분배한 신학적 의미에 대하여서

우리가 오늘 여호수아서 12장부터 시작해서 19장까지 이스라엘 열두 지파의 각 기업의 분배에 대하여서 간략하게 살펴보았다. 그렇다고 하면 이스라엘 열두 지파의 각 기업의 분배는 어떠한 신학적 의미가 있는가를 살펴보고자 한다. 먼저는 이스라엘 나라의 성격에 대하여서 살펴보고자 한다. 구약 시대에 이스라엘 공동체는 하나님의 나라를 예표한다. 구약 이스라엘 열두 지파는 하나님의 나라를 모형적으로 드러낸다. 그러므로 열두 지파로 구성된 이스라엘 나라는 하나님의 나라의 그림자이다. 그렇다면 어떻게 열두 지파로 구성된 이스라엘 나라가 하나님의 나라의 모형과 그림자인가? 그것은 천상의 완전한 교회를 통하여서 살펴보고자 한다. 요한 계시록 21장 9~14절이다. "**9 일곱 대접을 가지고 마지막 일곱 재앙을 담은 일곱 천사 중 하나가 나아와서 내게 말하여 가로되 이리 오라 내가 신부 곧 어린 양의 아내를 네게 보이리라 하고 10 성령으로 나를 데리고 크고 높은 산으로 올라가 하나님께로부터 하늘에서 내려오는 거룩한 성 예루살렘을 보이니 11 하나님의 영광이 있으매 그 성의 빛이 지극히 귀한 보석 같고 벽옥과 수정같이 맑더라 12 크고 높은 성곽이 있고 열두 문이 있는데 문에 열두 천사가 있고 그 문들 위에 이름을 썼으니 이스라엘 자손 열두 지파의 이름들이라 13 동편에 세 문, 북편에 세 문, 남편에 세 문, 서편에 세 문이니 14 그 성에 성곽은 열두 기초석이 있고 그 위에 어린 양의 십이**

사도의 열두 이름이 있더라"(계 21:9~14) 직역하면 이러하다. "9. 그리고 마지막 일곱 재앙을 담은 일곱 대접을 가진 일곱 천사들 중에 하나가 왔다. 그리고 그가 나와 함께 담화 하였다. 그가 말하였다. 여기로 오라. 내가 너에게 어린양의 젊은 아내를 보이리라. 10. 그리고 그가 성령으로 나를 크고 높은 산으로 이끌었다. 그리고 그가 나에게 하나님께로 부터 하늘에서 내려오는 거룩한 성 예루살렘을 보여 주었다. 11. 그 도성은 하나님의 영광을 가지고 있는데 그 도성의 빛이 값비싼 보석과 같았다. 마치 그 보석은 벽옥과 같이 빛난다. 12. 그 도성은 크고 높은 성벽을 가지고 있다. 그리고 열두 문이 있다. 그 열두 문에는 열 두 천사들이 있다. 그리고 이름들이 기록되어 있는데 이스라엘 아들들의 열두 지파의 이름들이다. 13. 동편에 세 개의 문이 있고 그리고 북편에 세 개의 문이 있고 그리고 남편에 세 개의 문이 있고 서편에 세 개의 문이 있다. 14. 그 도성의 성벽에는 열두 기초가 있다. 그리고 그 곳에 어린양의 열두 사도들의 열두 이름들이 있다." 놀라운 것은 하나님의 나라의 실체를 보여주는 형태에 대하여서 헬라어 원문은 모든 동사를 현재형으로 쓰고 있다. 요한 계시록 21장 11~14절은 어린양의 신부로서 새 예루살렘의 형상을 항상 변함없이 그렇게 존재하는 형태로서 헬라어를 쓰고 있다. 헬라어 현재형은 종종 영원한 진리를 표현 할 때 쓰여지는데 요한 계시록 21장 9~14절 본문이 증거하는 현재형이 그러한 의미로 쓰여진 것이다. 그러므로 사도 요한은 자신이 보았던 하나님 나라에 대한 계시를 기록하면서 모두 항상 존재하는 모양으로서 현재형으로 새 예루살렘을 묘사하고 있다.

요한 계시록 21장 9~14절은 영원한 하나님의 나라에 대한 사도 요한의 묘사이다. 그런데 이러한 사도 요한의 하나님의 나라로서 새 예루살렘에 대한 묘사는 매우 중요한 교리적 의미들을 전하고 있다.

첫째는 이스라엘 자손들 열두 지파의 이름들이 하나님의 도성인 새 예루살렘의 열두 성문에 기록되어 있다고 증거한다. "크고 높은 성곽이 있고 열두 문이 있는데 문에 열두 천사가 있고 그 문들 위에 이름을 썼으니 이스라엘 자손 열두 지파의 이름들이라"(계 21:12) 지역하면 이러하다 "그 도성은 크고 높은 성벽을 가지고 있다. 그리고 열두 문이 있다. 그 열두 문에는 열 두 천사들이 있다. 그리고 이름들이 기록되어 있는데 이스라엘 아들들의 열두 지파의 이름들이다" 이러한 요한 계시록의 표현들은 구약 열두 지파가 표상하는 의미를 드러낸다. 그것은 구약 열두 지파의 이름들은 새 예루살렘으로서 하나님의 도성에 기록된 열두 문에 각 이름들이 된다는 것이다. 사도 요한은 묘사하기를 하나님의 도성은 크고 높은 성벽으로 되어있다고 한다. 그런데 여기에서 하나님의 도성이 크고 높은 성벽으로 되어 있다는 것은 어느 누구도 스스로의 힘으로 들어올 수 없다는 것을 의미한다. 거대한 성벽은 인간 편에서 스스로의 힘으로는 들어올 수 없다는 것을 표상한다. 그래서 하나님의 나라에 들어가는 유일한 방도는 열두 문으로 들어와야 한다는 것이다. 결코 열두 문이 아닌 거대한 성벽으로 인간

편에서 자기 힘으로 넘어 올 수 없다는 것이다. 그런데 그 열두 문에는 천사들이 지키고 있으며 그 열두 문에는 이스라엘 열두 지파의 이름들이 기록되어있다. 다시 말해서 모든 구원받은 성도들은 이스라엘 열두 지파 중에 한 지파에 속하여 있어야 한다는 것을 의미한다.

둘째는 새 예루살렘의 성곽의 열두 기초석이 열두 사도들의 이름들이라는 것이다. 요한 계시록 21장 14절이다. "그 성에 성곽은 열두 기초석이 있고 그 위에 어린 양의 십이 사도의 열두 이름이 있더라"(계 21:14) 직역하면 이러하다. "그 도성의 성벽에는 열두 기초가 있다. 그리고 그 곳에 어린양의 열두 사도들의 열두 이름들이 있다." 사도 요한은 증거한다. 열두 사도들이 하나님의 나라의 성벽의 기초가 된다는 것이다. 이것은 무엇인가? 그것은 열두 사도들의 가르침이 하나님의 나라의 기초라는 것이다. 이 의미는 에베소서 2장 20절과 연결된다. "너희는 사도들과 선지자들의 터 위에 세우심을 입은 자라 그리스도 예수께서 친히 모퉁이 돌이 되셨느니라"(엡 2:20) 이 본문을 신학적으로 해석하면 이러하다. [**거룩한 보편 교회는 사도들과 선지자들의 가르침 위에 세워져 있다. 그리스도 예수께서 친히 모퉁이 돌이 되신다.**] 그렇다. 사도들과 선지자들의 가르침으로부터 벗어나면 거룩한 보편 교회는 그 자태를 잃어버리고 타락한다. 에베소서는 그것을 증거하고 있다. 반드시 거룩한 보편 교회는 사도와 선지자들의 가르침 위에 세워져야 한다. 우리 구주 예수 그리스도께서 그 거룩한 보편 교회의 친히 모퉁이 돌이 되신다. 그러므로 구약 여호수아 시대에 여호와 하나님께서 모세에게 명령하신대로 이스라엘은 열두 지파의 기업으로 분배되었고 그것은 구약 시대에 하나님의 나라를 예표하였다.

구약 시대에 하나님의 나라에 속하려고 하면 반드시 이스라엘 열두 지파 중에 한 지파에 속하여서 할례를 받아야 하였다. 부모가 할례받은 이스라엘 자손이면 난지 팔일 만에 할례를 받음으로서 이스라엘 백성이 된다. 그리고 이방인들은 자신들의 신앙 고백으로서 이스라엘 열두 지파 중에 한 지파에 속하여서 할례를 받는다. 그래서 혈통적으로 이스라엘 백성이건 아니면 이방인이건 할례라는 제도를 통하여서 이스라엘 백성이 되었다. 그렇게 이스라엘 열두 지파에 속하여서 그 열두문을 통하여서 하나님의 나라에 들어올 수 있다. 그러므로 원리적으로 하나님의 교회에 속하지 않고 하나님의 백성이 아니다. 어린양의 신부로서 거룩한 보편 교회는 모든 신자들의 어머니로서 비록 한시적이지만 이 세상에 주님께서 오시는 그 때까지 존재할 것이다.

요한 계시록 21장 9~14절을 통하여서 거룩한 보편 교회의 속성을 알수 있다. **첫째는 거룩성이다.** 거룩한 보편 교회의 거룩성은 하나님의 도성의 가장 중요한 속성이다. 하나님의 도성은 거룩한 도성이며 그래서 이 세상 나라와 구별되는 하나님의 나라이다. 하나님의 도성은 이 세상 나라와 뒤섞일 수 없는 거룩성을 가지고 있다. 그것이 하나님의 나라의 속성이다. 그래서 하나님의 도성의 첫 속성은 거룩성이다. 그것은 세상 나라와 구별되는 속성이다.

둘째는 통일성이다. 새 예루살렘은 하나의 도성이다. 그것은 동서 남북으로 견고하게 세워진 성곽을 소유한 완결체의 도성이다. 그리고 모든 성곽의 기초는 열두 사도들의 이름이 새겨져있다. 이것은 거룩한 보편 교회의 통일성을 표상한다. 그리고 그 통일성의 기초는 사도적 교리이다. 그래서 거룩한 보편 교회의 통일성의 기초는 교리적 통일성이다.

셋째는 보편성이다. 열두 지파의 이름이 기록된 열두 문을 소유한 하나님의 도성은 보편성을 가지고 있다. 그것은 특정한 지파의 이름으로만 도성이 구성되어 있지 않다는 것이다. 이스라엘 열두 지파의 이름으로 기록된 성문을 가지고 있다. 거기에는 천사들이 지키고 있다. 그러므로 특정한 지파의 이름만이 구원에 이르는 유일한 성문이라고 주장하는 것은 보편성을 잃어버린 주장이다. 거룩한 보편 교회는 열두 성문을 가진 완전체이다. 누구든지 하나님의 은혜를 따라서 열두 성문으로 들어오면 하나님의 도성에 속하게 된다. 이것이 거룩한 보편 교회의 보편성이다. 어떤 특정한 지파의 이름으로된 성문으로 들어와야 만 구원에 이를 수 있다는 주장은 교회의 보편성을 잃어버린 주장이다. 그러므로 거룩한 보편 교회의 구원은 열두 지파의 이름으로 된 어느 성문으로 들어와도 상관이 없다. 다만 반드시 성문으로 외에 다른 어떠한 방도로서 들어올 수 없다. 예수께서 요한복음 10장 1~2절에 다음과 같이 말씀하셨다. "**1 내가 진실로 진실로 너희에게 이르노니 양의 우리에 문으로 들어가지 아니하고 다른 데로 넘어가는 자는 절도며 강도요 2 문으로 들어가는 이가 양의 목자라**"(요 10:1~2) 그러므로 주님의 이 말씀을 따라서 볼때에 반드시 목자 되신 주님의 양떼들은 양의 문이 되신 그리스도를 통하여서 하나님의 나라에 들어간다. 다른데로 넘어가는 자는 절도며 강도이다. 그들에게는 구원이 없다. 다른데로 넘어가는 자들은 주로 담을 넘어가는 자들이다. 그들은 거짓된 교리에 사로잡혀서 성문이 아닌 성벽을 자기들의 힘으로 넘어가려고 하는 몬타누스주의자들이며 신인협동설 주의자들이다. 모두 자기들의 힘으로 하나님의 도성에 들어갈 수 있다고 여기는 자들이다. 그들은 결단코 하나님의 도성에 들어가지 못한다. 그러므로 하나님의 도성에 성문으로 들어가려고 하지 않고 담을 넘어서 들어가려고 하는 자들은 무질서한 자들이며 모두 멸망할 자들이다.

예수께서 요한복음 10장 7~9절에 다음과 같이 말씀하셨다. "**7 그러므로 예수께서 다시 이르시되 내가 진실로 진실로 너희에게 말하노니 나는 양의 문이라 8 나보다 먼저 온 자는 다 절도요 강도니 양들이 듣지 아니하였느니라 9 내가 문이니 누구든지 나로 말미암아 들어가면 구원을 얻고 또는 들어가며 나오며 꼴을 얻으리라**"(요 10:7~9) 이 본문의 말씀을 따라서 볼 때에 하나님의 도성의 그 성문들은 실은 그리스도 자신이기도 하시다. 그래서 주님께서 요한복음 10장 9절에 "**내가 문이니 누구든지 나로 말미암아 들어가면 구원을 얻고 또는 들어가며 나오며 꼴을 얻으리라**"(요 10:9) 그렇다. 우리 구주 예수 그리스도를 통하지 않고 하나님의 나라에 이를 수 없다.

넷째는 사도성이다. 오늘 요한 계시록 21장 14절 본문을 살펴보면 열두 사도들의 이름들이 하나님의 도성의 성곽의 열두 기초석이다. 그리고 이것은 사도들의 디다케를 의미한다. 열두 사도들의 가르침이 거룩한 보편 교회의 기초이다. 그러므로 참된 교회는 사도들의 가르침에 굳건히 서 있어야 한다. 그러므로 거룩한 보편 교회의 속성 중에 사도성이 중요하다.

그렇다면 사도들의 가르침은 무엇인가? 신구약 성경 그 자체이다. 하나님의 말씀으로서 신구약 성경만이 사도들의 전승이고 사도적 교리이며 사도들의 전통이다. 하나님의 말씀으로서 신구약 성경의 교리에서 벗어나서 사색하고 행동하는 모든 것이 죄악될 뿐이다. 거룩한 보편 교회는 사도적 가르침 위에 세워져야 한다. 그래서 거룩한 보편 교회의 네 번째 속성은 사도성이다.

2. 거룩한 보편 교회의 자태에 대하여서

우리는 천상의 완전한 교회와 본질적으로 일치하는 지상의 불완전한 교회의 지상에서의 한계성을 함께 동시에 이해해야 거룩한 보편 교회를 제대로 이해하게 된다.

주님의 몸 된 교회는 비가시적 교회와 가시적 교회로 나뉘어서 설명되어야 한다. 비가시적 교회는 어느 정도 천상의 완전한 교회를 의미한다. 그리고 요한 계시록 21장 9~14절은 어느 정도 천상의 완전한 교회를 묘사하고 있다. 그리고 이제 가시적 교회는 지상의 불완전한 교회를 의미한다. 그리고 지상의 불완전한 가시적 교회는 사도들의 서신에서 자세하게 묘사되어있다. 요한 계시록 1장~3장에 걸친 소아시아 일곱 교회는 불완전한 지상의 가시적 교회의 다양한 상태를 드러내고 있다. 그렇게 비가시적 교회와 가시적 교회는 모두 주님의 몸된 교회로서 그 자태를 가지고 있다. 그러므로 지상의 가시적 교회가 불완전하고 그래서 전투하는 교회라고 하여서 천상의 완전한 교회와 분리적으로 별개라고 여겨서는 안된다. 지상의 불완전한 그래서 전투하는 교회로서 가시적 교회는 천상의 완전한 교회를 구현해가는 교회가 되어야 한다. 그래서 지상의 불완전한 교회는 천상의 완전한 교회를 더욱 닮아가야 한다. 그렇기 때문에 거룩한 보편 교회를 제대로 이해하기 위하여서는 천상의 완전한 교회를 먼저 이해해야 한다. 그리고 그 다음으로는 지상의 불완전한 교회를 이해해야 한다. 그래서 지상의 불완전하여서 전투하는 가시적 교회가 천상의 완전한 교회의 상태에 이르지 못한 부분이 무엇인가 그 차이들을 성도들은 깊이 이해해야 한다. 그리고 그러한 차이들을 점진적으로 줄여 가는 것이 전투하는 교회로서 지상의 가시적 교회의 사명이다.

이제 먼저 천상의 완전한 교회를 표상하는 요한 계시록 21장 9~14절을 분석함으로서 거룩한 보편 교회의 완전성을 이해하고 나서 그러한 천상의 완전한 교회를 구현해야 하는 전투하는 교회로서 지상의 가시적 교회의 과업이 무엇인가를 살펴보고자 한다.

첫째로 요한 계시록 21장 12절의 열두 성문 위에 열두 지파의 이름들이 있다는 의미이다. 이것은 구원으로 들어가는 문은 열두 지파의 이름이 새겨진 문으로 제한된다는 것이다.

그러므로 열두 지파의 이름이 새겨진 성문은 거룩한 보편 교회를 표상하며 열두 지파의 이름이 새겨진 성문 이외에 다른 곳으로 들어가려고 시도하는 것이 지금의 이단들이다. 이단이란 정당하고 합당한 질서를 어기고 제멋대로 기독교를 규정하고 자기 마음대로 하나님을 섬기는 자들의 종교 집단이다. 이들은 거룩한 보편 교회의 표지가 없다. 그들에게 정당하게 주어진 열두 지파의 이름이 없다. 그러므로 요한복음 10장 9절에 따라서 보면 열두 지파의 이름이 새겨진 열두 성문은 곧 우리 구주이신 예수 그리스도를 표상한다.

그러므로 누구든지 거룩한 보편 교회에 속하지 않고는 하나님의 도성에 들어갈 수 없다. 기본적으로는 거룩한 보편 교회를 통하여서 구원의 성문이 열려지기 때문에 거룩한 보편 교회를 떠나서는 구원이 없다. 그런데 거룩한 보편 교회에 소속된다는 것은 그 교회의 질서에 순응하는 것이다.

모든 이스라엘 백성들은 예외없이 열두 지파에 속하였다. 그리고 모세를 통하여서 주어진 율법의 질서에 순응하였다. 이것을 새 언약의 거룩한 보편 교회에게 연결시켜보면 이러하다. 새 언약의 거룩한 보편 교회에 속한 성도들은 정통 교회에 소속되어 있어야 한다. 그리고 그들은 사도들이 정한 질서에 순응해야한다. 그러므로 지상의 교회에 속하여서 신앙 생활하는 신자들은 비록 불완전하여서 전투하는 교회라고 부르지만 가시적 교회가 정한 질서에 순응해야 한다. 그것은 하나님 앞에서 유효적으로 전투를 하려 함이며 질

서를 지킴으로서 천상의 완전한 교회를 구현하려는 것이다. 하나님은 질서의 하나님이시다.(고전14:33)

둘째로 요한 계시록 21장 12절에 열두 문에 열두 천사가 있다는 의미이다. 여기에서 열두 천사는 요한 계시록 2장과 3장에 소아시아 일곱 교회의 사자에게 편지한다는 그 말씀으로부터 의미를 찾을 수 있다. 요한 계시록 2장 1절과 8절 그리고 12절과 18절 그리고 3장 1절과 7절 14절에서 증거하는 "**사자**"가 누구인가를 해석하면 된다. 요한 계시록 21장 12절의 "**천사**"와 소아시아 일곱 교회의 "**사자**"에게 편지를 보낸다고 할 때에 그 "**사자**"는 모두 헬라어로 "**앙겔로스**"로 되어있다. 헬라어 **앙겔로스**는 영어로 Angel이다. 그래서 번역하면 **천사** 혹은 **사자**가 된다. 그렇다면 각 일곱 교회의 **사자**는 누구인가? 그것은 성직자이다. 사도 바울이 에베소서 4장 11절에 진술한 목사 곧 교사가 거룩한 보편 교회의 사자이다. 장로 교회법은 다음과 같이 목사가 교회의 사자임을 명시하였다. 장로교회법은 목사의 성경적 명칭에 대하여서 몇 가지로 나누어서 진술하고 있다.

"1. 그리스도 안에서 주님의 양떼를 살피는 자이기에 감독이라고 하며

2. 그리스도의 말씀을 가지고 신자들을 영적으로 양육하는 일에 수종드는 고로 목사라고하며

3. 모든 신자들의 모범이 되어 그리스도의 교회를 치리하는 봉사하는 자이므로 장로라고 하며

4. 교회에서 택하여 보낸 자이므로 교회의 사자라고 하며

5. 고난을 받으면서도 그리스도의 복음을 전하는 자이므로

전도인이라고 하며
  6. 진리의 지식을 가르치는 자이므로 교사라고 하며
  7. 하나님의 은혜의 말씀과 그리스도께서 세우신 규례를 지키는 자이므로 청지기 라고 한다."고 되어있다.

이러한 진술 중에서 네 번째 진술에 장로교회법은 목사를 교회의 **사자**라고 규정하고 있다. 그리고 이러한 진술은 요한 계시록 2장과 3장에 걸친 각 교회의 사자에게 보냈다는 그 서신의 수신자에 대한 의미이다.

그러므로 요한 계시록 21장 12절의 "**천사**"는 곧 목사를 의미한다. 목사는 하나님께서 선택하여서 각 교회에게 파송하신 하나님의 **천사**들이다. 다시 말해서 요한 계시록 21장 12절의 열두 성문을 지키는 **천사**들은 각 교회를 치리하는 목사 곧 교사들을 의미한다고 할 수 있다.

그래서 목사는 지교회에 속하여서 신앙생활을 하지만 그 신분은 항상 일반 신자들 보다 높은 위치에 있다. 그래서 목사를 **노회원**이라고 부른다. 목사는 교회를 치리하는 자로서 거룩한 보편 교회가 정한 모든 질서의 가장 높은 위치에 있다. 그것이 노회원이다. 그렇게 장로교회는 목사의 신분을 **노회**에 둔다. 요한 계시록 21장 12절에 열두 성문에 있는 **천사**들은 장로교회의 노회에 속한 목사들을 의미한다. 그것이 올바른 해석이다. 그러므로 하나님의 교회를 치리하는 목사직의 영광스러움은 항상 하나님 앞에 있다. 사람에게는 없다. 그러므로 그 영광된 직분을 사모하는 자가 복되다. 그리고 하나님의 말씀을 따라서 그 영광된 직분을 감당하는 것 자체가 복되다. 그와같이 신자들은 그에 합당한 존경을 성직자들에게 표하는 것이 복되다. 왜냐하면 우리 구주 예수 그리스도께서 천국의 열쇠를 목사들의 치리회로서 장로회에 맡기셨기 때문이다. 천국의 열쇠 권에 참여하는 성직자 직분의 영광됨을 성도들은 깊이 이해해야 할 것이다. 성직자는 공적으로는 교회가 선택하며 그리고 사적으로는 그 개인이 그것을 사모해야 할 것이다. 그래서 누구든지 합당한 자가 성직자의 길을 가는 것은 그 시대 교회와 그 개인에게 크나큰 영광이다. 그것은 하나님의 도성의 성문을 관리하는 청지기이기 때문이다. 그리고 모든 신자들이 오직 그리로 들어가야 구원이 있기 때문이다. 공적으로 제정된 하나님의 교회의 질서를 어지럽히는 자들은 하나님의 도성을 성벽을 뛰어 넘어 들어가려고 하는 절도꾼이며 강도들이다.

세 번째 요한 계시록 21장 14절의 하나님의 도성의 열두 기초석으로서 어린양의 열두 사도들의 의미이다. 이것은 교회의 기초가 무엇인가를 우리에게 증거하고 있다. 교회의 기초는 사도들의 가르침이다. 그렇다면 역사적으로 사도들의 가르침은 어떻게 계승되었으며 또 달리 어떻게 왜곡되었는가를 살펴 보고자 한다.

첫째 사도들의 가르침은 어떻게 계승되었을까? 그것은 속사도 시대와 그 이후에 니케아 공의회 시대 그리고 칼게돈 공의회 시대를 거쳐서 성 어거스틴이 살던 시대까지 사도들의 가르침은 비교적 제대로 계승되었다. 그래서 우리는 그 시대를 초대 교회 시대라고 부르며 이후 교회 시대가 항상 모든 교회 시대의 모범으로서 존경한다. 초대 교회 시대는 후대 모든 교회의 표준이 된다. 그리고 그 초대 교회 시대의 정통 교부들의 가르침이 사도들의 가르침을 합당하게 계승하였다고 우리는 여긴다.

둘째로 어떻게 사도들의 가르침이 왜곡되었는가? 그것은 주로 중세 시대이다. 교회사 중에서 암흑시대라고 불리우는 중세 교회 시대는 조금씩 조금씩 사도들의 가르침으로서 멀어져 갔다.

중세 로마 카톨릭 교회는 사도들의 가르침에 전혀 없는 새로운 가르침을 첨가하였고 결국 그것은 종교 개혁으로 그 부패성이 분명하게 드러났다. 그러므로 고해성사라든가 면죄부 판매라든가 하는 괴이한 교회의 규례들은 중세 교회 시대의 부패성을 드러내고 있다. 중세 로마 카톨릭 교회는 사도들의 가르침을 왜곡시킨 전혀 괴이한 교회로 나아가게 되었다. 그리고 그것이 지금의 로마 카톨릭 교회가 계승하고 있다.

셋째로 그러면 어떻게 사도들의 가르침이 회복되었는가? 그것은 주로 종교 개혁 시대이다. 르네상스 시대 가운데 기독교 인문주의를 토대로 하여서 오직 사도적 가르침을 회복한 역사가 종교 개혁의 역사이다.

종교 개혁은 그 당시의 기독교 인문주의에 매몰되지 않고 그것을 넘어서서 사도적 교리를 회복한 역사이다. 그리고 개신교가 정통 교회로서 세상으로부터도 인정을 받았다. 그러므로 종교 개혁은 로마 카톨릭 교회로부터 사도적 정통성을 회복한 거룩한 보편 교회로 다시 돌아간 역사이다. 그래서 종교 개혁 시대의 개신교를 개혁 교회(Reformed

Church)라고 부른다. 다시 말해서 개신교란 사도적 정통 교회를 회복한 교회라는 것이다. 그리고 그것을 개혁 교회라고 부른다.

우리는 구약의 교회를 통하여서 신약의 교회를 볼 수 있다. 구약의 교회는 신약의 교회를 비추어 주는 거울과도 같다. 우리는 구약의 이스라엘 공동체를 통하여서 거룩한 보편 교회가 어떠한 자태를 가져야 할 것을 살펴 볼 수 있었다. 그리고 이러한 신구약 경륜의 시대에 거룩한 보편 교회는 영원한 천상의 교회의 그림자와 모형과 같다는 것을 알 수 있었다. 지상의 가시적 교회는 천상의 영원한 완전한 교회를 추구 할 때 비로소 그 존재 가치가 있다. 그렇게 천상의 완전한 교회는 지상의 불완전한 교회가 추구해야 할 푯대가 되는 것이다.

제목: 도피성
본문: 여호수아 20장 1~9절

[본 문]

1 여호와께서 여호수아에게 일러 가라사대 2 이스라엘 자손에게 고하여 이르라 내가 모세로 너희에게 말한 도피성을 택정하여 3 부지중 오살한 자를 그리로 도망하게 하라 이는 너희 중 피의 보수자를 피할 곳이니라 4 그 성읍들의 하나에 도피하는 자는 그 성읍에 들어가는 문 어귀에 서서 그 성읍 장로들의 귀에 자기의 사고를 고할 것이요 그들은 그를 받아 성읍에 들여 한 곳을 주어 자기들 중에 거하게 하고 5 피의 보수자가 그 뒤를 따라온다 할지라도 그들은 그 살인자를 그의 손에 내어 주지 말지니 이는 본래 미워함이 없이 부지중에 그 이웃을 죽였음이라 6 그 살인자가 회중의 앞에 서서 재판을 받기까지나 당시 대제사장의 죽기까지 그 성읍에 거하다가 그 후에 그 살인자가 본 성읍 곧 자기가 도망하여 나온 그 성읍의 자기 집으로 돌아갈지니라 7 무리가 납달리의 산지 갈릴리 게데스와 에브라임 산지의 세겜과 유다 산지의 기럇 아르바 곧 헤브론을 구별하였고 8 또 여리고 동 요단 저편 르우벤 지파 중에서 평지 광야의 베셀과 갓 지파 중에서 길르앗 라못과 므낫세 지파 중에서 바산 골란을 택하였으니 9 이는 곧 이스라엘 모든 자손과 그들 중에 우거하는 객을 위하여 선정한 성읍들로서 누구든지 부지중 살인한 자로 그리로 도망하여 피의 보수자의 손에 죽지 않게 하기 위

함이며 그는 회중 앞에 설 때까지 거기 있을 것이니라

[원문 직역]

1. 여호와께서 여호수아에게 말씀하셨다. 그가 이르시기를 2. 이스라엘 자손들에게 고하여 이르라. 모세의 손에 의해서 내가 너희에게 말한 도피성을 그들을 위하여서 주어라. 3. 인식하지 못하여서 부주의함으로서 생명을 상해한 살해자가 거기로 피신하게 하려 함이다. 피의 보복자로부터 도피하기 위하여서 너희들 에게 그것들이 있을 것이다. 4. 그가 이 도시들 중에 한 곳으로 피신할 것이다. 그리고 성읍의 출입문에 서서 있을 것이다. 그리고 그의 사건을 그 성읍 장로들의 귀에 이를 것이다. 그리고 그들은 그들에게 속한 성읍으로 그를 맞아들일 것이다. 그리고 그에게 한 곳을 줄 것이다. 그가 그들과 함께 거주할 것이다. 5. 피의 보복자가 그의 뒤를 뒤쫓아 온다고 할지라도 살인자를 그의 손에 넘겨주지 말 것이다. 왜냐하면 그가 인식의 부주의로 이웃을 상해하였기 때문이다. 그리고 그가 어제 그리고 그제로부터 그를 미워하지 않았기 때문이다. 6. 그는 회중들 앞에서 재판을 받으려고 서 있을 때까지 그 성읍에 거할 것이다. 대제사장이 죽을 때까지 그리할 것이다. 그는 그 날까지 있을 것이다. 그 살인자는 그의 성읍으로 그의 집으로 그가 도망쳐 나온 그곳으로 돌아갈 것이다. 7. 그들이 납달리 산지 갈릴리 게데스와 에브라임 산지 세겜과 유다 산지의 기럇 아르바 곧 헤브론을 구별하였다. 8. 그리고 여리고 동편 요단강의

건너편에 르우벤 지파 중에 평지 광야에 있는 베셀과 그리고 갓 지파 중에서 길르앗 안에 있는 라못과 므낫세 지파 중에서 바산에 있는 골란을 구별하였다. 9. 이곳들이 이스라엘 자손들과 그들 가운데 기거하는 거류민들 모두에게 지정된 도성이 되었다. 부지중에 생명을 상해하게 된 모든자들이 거기로 도피하여서 회중 앞에서 재판을 받기 까지 피의 보복자의 손에 죽지 않게 하려는 것이다.

[70인경 역본]

1. 그리고 주님께서 이스라엘에게 담화하셨다. 그가 말씀하시기를 2. 너는 이스라엘 아들들에게 말하라. 너는 이르기를 내가 모세를 통하여서 너희에게 말한 도피성을 마련하라. 3. 부지중에 생명을 상해한 살인자들에게 도피성을 마련하여서 그들에게 그 도피성들에 있게 하라. 그래서 회중들 앞에서 재판을 받을 때까지 그 살인자가 피의 보복을 하는 자에 의해서 죽지 않게 하려 함이다. 4. (없음) 5. (없음) 6. (없음) 7. 그리고 그는 납달리에 산지에 있는 갈릴리의 가데스와 에브라임 산지에 있는 세겜과 유다 지파의 산지에 있는 헤브론 즉 아르복 도성과 8. 그리고 요르단강 건너편에 르우벤 지파로부터 평지에 있는 광야의 보소르에게 주어진 곳과 갓 지파로부터 갈라드에 있는 아레오드와 므낫세 지파의 바산니티스에 있는 가울론을 구별하였다. 9. 이곳들이 이스라엘 아들들과 그들 중에 거주하는 개종자들 중에 의도치 않게 생명을 상해한 모든 자들에게 거기로 피신하라고 지정된 성읍들이다. 이

는 회중들 앞에서 재판을 받기 까지 피의 복수자의 손에 죽지 않게 하려 함이다.

[본문 해석]

오늘 본문은 이스라엘 나라 가운데 여호와 하나님께서 이스라엘 백성들과 그 가운데 거류하는 이방인 여행객들 혹은 개종자들에게 부지중에 생명을 상해하여서 죽인자들이 피의 복수를 당하지 않도록 피신할 수 있는 도피성을 마련하라는 명령을 기록하고 있다.

오늘 본문 여호수아서 20장 2~3절에 보면 여호와께서 여호수아에게 도피성을 세울 것을 명령하신다. "**2 이스라엘 자손에게 고하여 이르라 내가 모세로 너희에게 말한 도피성을 택정하여 3 부지중 오살한 자를 그리로 도망하게 하라 이는 너희 중 피의 보수자를 피할 곳이니라**"(수 20:2~3) 이러한 명령은 이미 모세에게 하신 것이다. 민수기 35장 10~12절이다. "**9 여호와께서 또 모세에게 일러 가라사대 10 이스라엘 자손에게 말하여 그들에게 이르라 너희가 요단을 건너 가나안 땅에 들어가거든 11 너희를 위하여 성읍을 도피성으로 정하여 그릇 살인한 자로 그리로 피하게 하라 12 이는 너희가 보수할 자에게서 도피하는 성을 삼아 살인자가 회중 앞에 서서 판결을 받기까지 죽지 않게 하기 위함이니라**"(민 35:9~12)

구약의 형벌 제도에는 징역형이 없다. 혐의가 있는 피의자가 재판을 받고 무죄가 되거나 유죄가 되면 사형이다. 그 사형제도는 주로 회중들이 돌로 그 죄인을 쳐서 죽이는 것이다. 그런데 도피성은 그 살인자가 자신도 모르게 부지중에 이웃의 생명을 상해하였을 때에 그것이 회중 앞에서 재판을 통하여서 그가 실로 부지중에 그러한 살인을 하게 되었다는 것을 입증하게 될 때까지 도피성에서 피의 보복을 하려는 자들로 부터 보호를 받게 하려는 제도이다.

부지중에 이웃의 생명을 해하게 되는 경우가 많이 있다. 민수기 35장 22~25절이다. "**22 원한 없이 우연히 사람을 밀치거나 기회를 엿봄이 없이 무엇을 던지거나 23 보지 못하고 사람을 죽일 만한 돌을 던져서 죽였다 하자 이는 원한도 없고 해하려 한 것도 아닌즉 24 회중이 친 자와 피를 보수하는 자 간에 이 규례대로 판결하여 25 피를 보수하는 자의 손에서 살인자를 건져내어 그가 피하였던 도피성으로 돌려 보낼 것이요 그는 거룩한 기름 부음을 받은 대제사장의 죽기까지 거기 거할 것이니라**"(민 35:22~25) 그러므로 이웃이 어떤 사람의 건물 아래를 지나갈 때 그 어떤 사람이 무거운 물건을 다루다가 실수로 옥상에서 그 물건을 떨어뜨리게 되면 아래에 지나가던 그 사람은 죽을 수 있다. 이러한 경우를 우리는 과실치사라고 한다. 과실치사란 고의없이 부주의나 실수로 인해 타인의 생명을 앗아간 경우에 해당하는 법률적 표현이다. 그러므로 비록 다행히도 도피성으로 피신하게 된 자라고 할지라도 그가 재판 결과 매우 고의적으로 이웃의 생명을 해하였다는 판결에 이르게 되면 그는 회중 들 앞에서 사형을 당한다. 그래서 도피성에 피신한 자 모두가 생명을 유지하게 되는 것은 아니다. 만약 도피성으로 피신하였다고 할지라도 유죄 판결을 받게 되면 이스라엘 회중 앞에서 돌팔매질을 통하여서 사형을 당한다. 그러므로 하나님께서 도피성을 마련하신 의도는 이러하다. 이는 억울한 피의 복수를 당하지 않게 하려는 것이다. 그래서 악한 의도로 이웃을 상해한 자와 부지중 실수로 이웃을 상해한 자를 구별하시고자 하심이었다.

그래서 도피성 제도를 통하여서 살인을 한자가 다시 사적인 살인을 당하지 않게 하려 하심이다. 그래서 이스라엘이 피의 복수가 무한 반복되는 죄악을 막고자 하심이었다. 도피성 제도는 이스라엘 백성들의 살인죄에 대하여서 공적인 재판의 과정이다. 일단 살인자는 도피성으로 피할 수 있다. 그러나 재판 과정에서 그것이 실수가 아니라 아주 악한 고의적인 살인이었다는 결론에 이르게되면 그는 그 판결을 따라서 사형을 당한다.

구약 시대는 **동해 보복법**이 있었다. **동해 보복법**이란 눈에는 눈으로 이에는 이로 복수하는 것이다. 그래서 사람의 생명을 해 한자는 그대로 그 생명을 거두어 가는 것이다. 그런데 이 **동해 보복법**은 잔인한 법이 아니다. 인간들의 복수심으로 더욱 과한 복수를 하지 못하게 하려 함이다. 그러므로 이스라엘은 이 도피성 제도를 통하여서 그 사람의 살인죄가 어떠한 형태인 것을 판결하고 고의적으로 살인을 한 것이 아니라면 그를 도피성에서 살게 하여서 생명을 보존하게 하려 함이다. 민수기 35장 16~21절은 **동해 보복법**을 제시하고 있다. "**16 만일 철 연장으로 사람을 쳐죽이면 이는 고살한 자니 그 고살자를 반드시 죽일 것이요 17 만일**

사람을 죽일 만한 돌을 손에 들고 사람을 쳐죽이면 이는 고살한 자니 그 고살자를 반드시 죽일 것이요 18 만일 사람을 죽일 만한 나무 연장을 손에 들고 사람을 쳐죽이면 이는 고살한 자니 그 고살자를 반드시 죽일 것이니라 19 피를 보수하는 자가 그 고살자를 친히 죽일 것이니 그를 만나거든 죽일 것이요 20 만일 미워하는 까닭에 밀쳐 죽이거나 기회를 엿보아 무엇을 던져 죽이거나 21 원한으로 인하여 손으로 쳐죽이면 그 친 자를 반드시 죽일 것이니 이는 고살하였음이라 피를 보수하는 자가 그 고살자를 만나거든 죽일 것이니라"(민 35:16~21)

[교리 강론]
1. 새 언약의 경륜 아래에서 동해 보복법의 의미

주님께서는 마태복음 5장 38~47절에 **동해 보복법**에 대하여 새 언약의 경륜 아래에서 새롭게 해석하여 주셨다. "38 또 눈은 눈으로, 이는 이로 갚으라 하였다는 것을 너희가 들었으나 39 나는 너희에게 이르노니 악한 자를 대적지 말라 누구든지 네 오른편 뺨을 치거든 왼편도 돌려대며 40 또 너를 송사하여 속옷을 가지고자 하는 자에게 겉옷까지도 가지게 하며 41 또 누구든지 너로 억지로 오 리를 가게 하거든 그 사람과 십리를 동행하고 42 네게 구하는 자에게 주며 네게 꾸고자 하는 자에게 거절하지 말라 43 또 네 이웃을 사랑하고 네 원수를 미워하라 하였다는 것을 너희가 들었으나 44 나는 너희에게 이르노니 너희 원수를 사랑하며 너희를 핍박하는 자를 위하여 기도하라 45 이같이 한즉 하늘에 계신 너희 아버지의 아들이 되리니 이는 하나님이 그 해를 악인과 선인에게 비취게 하시며 비를 의로운 자와 불의한 자에게 내리우심이니라 46 너희가 너희를 사랑하는 자를 사랑하면 무슨 상이 있으리요 세리도 이같이 아니하느냐 47 또 너희가 너희 형제에게만 문안하면 남보다 더하는 것이 무엇이냐 이방인들도 이같이 아니하느냐 48 그러므로 하늘에 계신 너희 아버지의 온전하심과 같이 너희도 온전하라"(마 5:38~48)

구약의 **동해 보복법**은 더욱 과도한 보복을 하지 못하게 하려는 하나님의 긍휼의 법이었다. 그래서 구약 **동해 보복법**은 인간의 복수심에 대한 재제의 성격이 있었다. 그런데 주님께서는 산상 보훈의 교훈 가운데 **동해 보복법**을 새롭게 해석하셨다. 그것은 더 이상 **동해 보복법**으로는 하나님의 긍휼과 자비가 풍성하게 드러나지 않는다는 것이다. 구약 **동해 보복법**은 율법에 속하여서 악을 행한 자에 대한 과도한 복수심을 제재하는 형태의 엄정한 규제라면 이제 새 언약의 경륜 아래에서 주님께서 그 당시 유대인들에게 말씀하신 이 새로운 형태의 격조 높은 복수란 이웃을 사랑하는 것이다. 어떻게 나에게 악을 행한 자를 사랑하는 것이 그 악한 자에 대한 가장 처절한 복수가 되는가? 그것을 주님께서 말씀하시고 계신다. 첫째는 원수 갚는 것이 여호와 하나님께 있다는 것이다.(롬 12:19) 둘째로 그리스도의 사랑이 이웃을 향하여서 원수 갚고자 하는 마음을 녹여 버리신다는 것이다.

주님께서는 구약에 있는 **동해 보복법**에 대하여서 이제 새 언약의 경륜 아래에 있는 성도들은 다른 방식으로 이웃을 대하라고 말씀하신다.

마태복음 5장 43~44절이다. "**43 또 네 이웃을 사랑하고 네 원수를 미워하라 하였다는 것을 너희가 들었으나 44 나는 너희에게 이르노니 너희 원수를 사랑하며 너희를 핍박하는 자를 위하여 기도하라**"(마 5:43~44) 이에 대하여서 사도 바울이 로마서 12장 17~21절에 더욱 분명하게 증거하고 있다. "**17 아무에게도 악으로 악을 갚지 말고 모든 사람 앞에서 선한 일을 도모하라 18 할 수 있거든 너희로서는 모든 사람으로 더불어 평화하라 19 내 사랑하는 자들아 너희가 친히 원수를 갚지 말고 진노하심에 맡기라 기록되었으되 원수 갚는 것이 내게 있으니 내가 갚으리라고 주께서 말씀하시니라 20 네 원수가 주리거든 먹이고 목마르거든 마시우라 그리함으로 네가 숯불을 그 머리에 쌓아 놓으리라 21 악에게 지지 말고 선으로 악을 이기라**"(롬 12:17~21) 로마서 12장 17~21절은 우리에게 구약의 **동해 보복법**에 대하여서 새 언약의 경륜 아래에서의 새로운 해석을 제시한다. 그것은 "**악을 악으로 갚지 말라**"(롬 12:17)는 것이다. 그리고 "**모든 사람 앞에서 선을 도모하라**"(롬 12:7)는 것이다. 그러나 이것은 선을 행한답시고 모든 사람들의 호의를 사라는 것은 아니다. 그리고 화평을 위한답시고 모든 사람들에게 굴종하라는 것도 아니다. 그래서 그들의 죄악까지 굽신거리며 따라가라는 것은 아니다. 우리가 모든 사람들과 화평을 유지하기는 어렵다. 그러므로 이것은 "**할 수 있거든**"이 중요한 지침이다.

그러므로 종종 필요한 경우 단호하게 악에 대하여서 싸울 준비가 되어 있어야 하지만 각자 자신의 역량을 따라서 할 수 있는 한 많이 참으며 이웃을 용서하고 평화를 소중히 여기며 이웃을 대하는 것이다.

사도 바울은 로마서 12장 21절에 다음과 같이 증거한다. **"악에게 지지 말고 선으로 악을 이기라"**(롬 12:21) 사도는 말한다. 우리의 싸움이 혈과 육에 대한 싸움이 아니라 공중의 권세 잡은 마귀와의 싸움이라는 것이다. 에베소서 6장 12절이다. **"우리의 씨름은 혈과 육에 대한 것이 아니요 정사와 권세와 이 어두움의 세상 주관자들과 하늘에 있는 악의 영들에게 대함이라"**(엡 6:12) 그래서 누구든지 악으로 악을 제압하면 먼저 악을 행한 자에게 상당한 물리적 경제적 신체적 피해를 줄 수 있다. 그러나 그것은 자신의 파멸을 초래할 뿐이다. 그러므로 악으로 악을 제압한 자 또한 파멸에 이른다. 이는 그리스도인의 싸움의 성격이 아니다. 그리스도인의 싸움은 선으로 악을 이기는 격조 높은 싸움이다. 그래서 결국 하나님의 선하심을 그리스도인들을 통하여서 입증하는 그러한 신령한 싸움이다.

이 세상에 살면서 그리스도인들이 싸우는 신령한 싸움은 악을 극복하는 싸움이다. 그 싸움은 하나님의 거룩하심을 드러내는 싸움이다. 그래서 하나님께서 승리하시는 그러한 싸움이다. 그러므로 자신을 십자가에 못박는데 동참한 유대인들을 향한 예수님의 외침이 거기에 있다. **"예수께서 돌이켜 그들을 향하여 가라사대 예루살렘의 딸들아 나를 위하여 울지 말고 너희와 너희 자녀를 위하여 울라"**(눅

23:28) 그리고 그 주님께서 십자가상에서 자신을 십자가에 내어준 자들을 용서하셨다. "**이에 예수께서 가라사대 아버지여 저희를 사하여 주옵소서 자기의 하는 것을 알지 못함이니이다 하시더라**"(눅 23:34) 그리고 그와같이 로마 제국의 콜로세움에서 죽어간 그리스도인 순교자들의 싸움도 그러하다. 모두 이 세상에서 핍박받고 고난을 당하며 환란 가운데 있었으나 그리스도와 함께 승리하였다. 그리고 이러한 믿음의 큰 싸움을 이기는 것이 이 세상에서 그리스도인들이 그리스도와 함께 천년 동안 왕 노릇한다는 의미이다. 이것은 이 세상이 결코 그리스도인들을 이기지 못하리라는 것이다.

주님께서 마태복음 5장 48절에 "**그러므로 하늘에 계신 너희 아버지의 온전하심과 같이 너희도 온전하라**"(마 5:48)고 말씀하신 것은 마태복음 5장 38~48절의 결론이다. 첫째 아버지의 온전하심은 무엇인가? 그것은 그의 거룩하심이다. 하나님의 속성은 거룩하심이다. 그 거룩하심은 만물과 구별되시는 거룩하심이다. 이제 그의 백성으로 부르심을 받은 성도들은 이 세상과 구별이 되는 삶을 살아가는 자들이다. 그러므로 우리의 온전함이란 무엇인가? 그것은 성삼위일체 하나님의 온전하심을 따라서 그의 형상을 온전하게 회복하는 것이다.

둘째로 우리의 온전함이란 이러한 것이다. 그것은 결국 모든 죄를 이기고 십자가로 궁극적으로 승리하는 것이다. 왜냐하면 주님께서 이미 십자가로 모든 죄를 정복하시고 승리하셨기 때문이다. "**이것을 너희에게 이름은 너희로 내**

안에서 평안을 누리게 하려 함이라 세상에서는 너희가 환난을 당하나 담대하라 내가 세상을 이기었노라 하시니라"(요 16:33) 그리고 사도 바울이 그러한 그리스도의 십자가의 승리가 우리의 승리가 될 것을 선포하였다. "**35 누가 우리를 그리스도의 사랑에서 끊으리요 환난이나 곤고나 핍박이나 기근이나 적신이나 위험이나 칼이랴 36 기록된 바 우리가 종일 주를 위하여 죽임을 당케 되며 도살할 양 같이 여김을 받았나이다 함과 같으니라 37 그러나 이 모든 일에 우리를 사랑하시는 이로 말미암아 우리가 넉넉히 이기느니라**"(롬 8:35~37)

2. 거룩한 보편 교회의 권징의 의미에 대하여서

오늘 본문 여호수아서 20장 1~9절의 도피성은 새 언약의 거룩한 보편 교회에게는 권징에 대한 말씀과 연결된다. 구약 시대부터 하나님의 나라는 권징을 통하여서 이스라엘의 거룩성을 보존하여 왔다. 여호와 하나님께서는 도피성을 통하여서 이스라엘의 거룩성을 보존하시고자 하셨다.

첫째는 피의 복수를 통하여서 이스라엘이 더러워지지 않게 하시고자 도피성을 마련하셨다. 둘째로는 이스라엘 백성 중에서 사적인 복수를 제재하시고 도피성이란 제도를 통하여서 공적인 심판을 마련하셨다. 그와같이 거룩한 보편 교회도 성도 상호간에 사적인 복수를 금지한다. 그리고 그것을 그리스도께서 치리회에 맡기셨다.

사도들과 선지자들을 시작으로 거룩한 보편 교회의 감독 곧 목사들과 치리 장로들을 통하여서 거룩한 보편 교회를 치리하게 하셨다. 그러므로 권징의 주체는 우리 구주 예수 그리스도이시다. 권징의 수단은 거룩한 보편 교회법이다. 그것은 가장 최고의 권위가 신구약 성경이며 그 다음이 공의회의 법이다. 그리고 그 아래에서 치리회가 있다. 장로교 치리회는 성도들의 신앙을 돕거나 혹은 잘못을 교정하는 기관이다.

그렇다고 하면 권징을 하는 목적과 그 시행 방식에 대하여서 살펴보고자 한다. 새 언약의 경륜 아래에서 신자들을 권징하는 목적은 두 가지이다. 첫째는 권징을 해야하는 대상에 대한 교정이 목적이다. 그들의 신앙의 부패성을 제거하고 새롭게 하고자 함이다. 둘째는 그 공동체의 거룩성의 보존이다. 권징을 받는 대상을 교정함으로서 공동체 전체의 거룩성을 보존하는 것이 두 번째 목적이다. 그러나 거룩한 보편 교회의 권징은 그 방식에 있어서 기본적으로 하나님의 긍휼과 자비가 그 바탕이다. 그래서 장로교회법은 긍휼의 법이다. 하나님께서 거룩한 보편 교회 안에 율법을 마련하여 주신 것은 신자들을 세우려고 하심이다.

이제 사도 시대 이후에는 사도적 율법이 성도들이 지켜야 할 규례와 법도이다. 그러므로 장로교회법이 정한 권징의 의미와 목적과 자세를 설명하고 마치려한다. 장로 교회법에 보면 권징의 의미를 다음과 같이 선언하고 있다.

"**권징은 예수 그리스도께서 그 교회에게 주신 권리를 행사하여 그가 세우신 법도를 시행하는 것이다.(출 20:20, 마 16:16~19), 즉 교회의 각급 치리회가 그 범죄한 교인과 직원과 작은 치리회를 징계하는 것을 의미한**

다.(갈 6:1~2)"

그리고 나서 장로교회법은 권징의 목적을 다음과 같이 천명한다. "권징의 목적은 교회로 하나님의 거룩하심에 참여케 함에 있다.(벧전 1:15) 곧 진리를 보호하며 그리스도의 권위와 교회의 질서를 유지하고, 악행을 제거하고 교회를 정결하게 하며, 덕을 세우고, 범죄한 자의 영적 유익을 도모하는 것이다." 이어서 권징의 자세에 대하여서 다음과같이 진술한다. "권징은 그리스도의 권위에 의하여 그 법도를 시행하는 것이므로 1. 그리스도의 마음과 사랑으로 시행해야한다. 즉 벌하는 데 목적을 두지 말고 교훈과 교정과 훈련에 주목적을 두어야 한다.(딤전 1:5, 딤후 2:25~26) 2. 치리회(당회, 노회, 총회)는 그 범행과 사건의 전후 형편을 신중하게 살펴서 지혜롭게 권징해야 한다. 왜냐하면 사건은 같으나 전후 형편에 따라 다르게 권징 할 경우도 있기 때문이다."

제목: 레위 지파의 의미
본문: 여호수아 21장 1~3절

[본 문]
1 때에 레위 사람의 족장들이 제사장 엘르아살과 눈의 아들 여호수아와 이스라엘 자손의 지파 족장들에게 나아와 2 가나안 땅 실로에서 그들에게 말하여 가로되 여호와께서 모세로 명하사 우리의 거할 성읍들과 우리의 가축 먹일 그 들을 우리에게 주라 하셨었나이다 하매 3 이스라엘 자손이 여호와의 명을 따라 자기의 기업에서 이 아래 성읍들과 그 들을 레위 사람에게 주니라

[원문 직역]
1. 그 레위인들의 족장의 우두머리들이 그 제사장 엘리아제르와 눈의 아들 여호수아와 이스라엘 자손들의 지파 족장들에게 다가갔다. 2. 그리고 그들이 가나안 땅 실로에서 그들에게 말하였다. 그들이 이르기를 여호와께서 모세의 손을 통하여서 우리가 거할 성읍들과 우리의 가축들을 위한 들판을 주라고 명령하셨다. 3. 이스라엘 자손들이 여호와의 말씀을 따라서 자기들의 기업으로부터 이 성읍들과 들판들을 레위 사람들에게 주었다.

[70인경 역본]
1. 그리고 레위의 아들들의 족장들이 제사장 엘레아자르와 눈의 아들 예수와 이스라엘 지파들의 족장들에게 나

아갔다. 2. 그리고 그들이 가나안에 있는 실로에서 그들에게 말하였다. 그들이 이르기를 주님께서 모세의 손으로 우리에게 거할 성읍들과 우리의 가축들이 거할 들판들을 주라고 명령하셨습니다. 3. 그러자 이스라엘 아들들이 그들의 소유들 중에서 주님의 명령을 통하여서 성읍들과 그들의 들판들을 레위사람들에게 주었다.

[본문 해석]

구약 시대에 이스라엘 열두 지파들 가운데 매우 놀라운 지파가 있다. 그들은 레위 지파이다. 이스라엘을 애굽에서 인도하였던 모세는 레위 지파의 아들이었다. 그리고 모세의 형이었던 아론도 레위 지파이며 이스라엘 제사장 직분을 맡았다. 그리고 이스라엘 제사장 직분은 아론의 후손들에게 맡겨졌다. 그러므로 모든 제사장들은 레위 지파에 속하여 있었다. 그렇다고 하면 이스라엘의 레위 지파가 구약 시대에 어떠한 의미가 있는 가 살펴 보고자 한다.

먼저 모세가 레위인이었다는 것이다. 이것은 여호와 하나님께서 레위 지파를 따로 세워서 쓰시고자 하신 목적이 있었다는 것을 증거한다. 레위인으로서 모세는 이스라엘 백성들을 이끌고 애굽을 탈출하여서 광야로 나오게된다. 그리고 여호와 하나님의 명령을 따라서 그의 형 아론을 제사장으로 세운다. 그리고 아론의 자손들을 대대로 이스라엘의 제사장 직분을 맡게 하였다. 그런데 이 모든 제사장 직분을 맡은 자들이 레위인이라는 것이다. 그렇게 레위인들이 구약 경륜에서 차지하는 위치가 사뭇 놀랍다. 그렇다면 레위인들은 구약 교회 시대에 어떠한 역할을 하였는가?

레위 지파는 여호와 하나님께서 특별하게 따로 세우신 지파로서 이스라엘 성전에서 봉사하는 역할을 맡았다. 물론 가장 핵심적인 직분은 제사장 직분이었다. 그러나 그 제사장 직무를 전적으로 돕는 사역을 레위 지파의 사람들이 맡았다. 민수기 3장 5~9절이다. "**5 여호와께서 또 모세에게 일러 가라사대 6 레위 지파로 나아와 제사장 아론 앞에 서서 그에게 시종하게 하라 7 그들이 회막 앞에서 아론의 직무와 온 회중의 직무를 위하여 회막에서 시무하되 8 곧 회막의 모든 기구를 수직하며 이스라엘 자손의 직무를 위하여 장막에서 시무할지니 9 너는 레위인을 아론과 그 아들들에게 주라 그들은 이스라엘 자손 중에서 아론에게 온전히 돌리운 자니라**"(레 3:5~9)

그러므로 레위 지파 사람들은 광야 교회 시대에서 성막을 세우거나 그것을 다시 분해해서 짐으로 짊어지고 광야를 지났다. 그들은 여호와 하나님의 영광이 머무르는 곳에 성막을 세웠다. 그리고 여호와 하나님의 영광이 성막을 떠나시면 그 성막을 해체하여서 등짐으로 지고 나아갔다. 그리고 성막과 성막에 쓰이는 모든 기구들은 레위 지파 외에 어느 누구도 손을 대어서는 안되었다. 모두 여호와의 성물에 함부로 손을 대는 자는 즉사하였다. 오직 레위 지파만이 여호와의 성막에 손을 댈 수 있었다. 그것은 여호와 하나님의 명령이었다.

민수기 1장 45~53절이다. "**45 이같이 이스라엘 자손의 그 종족을 따라 이십 세 이상으로 싸움에 나갈 만한 자가**

이스라엘 중에서 다 계수함을 입었으니 46 계수함을 입은 자의 총계가 육십만 삼천오백오십 명이었더라 47 오직 레위인은 그 조상의 지파대로 그 계수에 들지 아니하였으니 48 이는 여호와께서 모세에게 일러 가라사대 49 레위 지파만은 너는 계수치 말며 그들을 이스라엘 자손 계수 중에 넣지 말고 50 그들로 증거막과 그 모든 기구와 그 모든 부속품을 관리하게 하라 그들은 그 장막과 그 모든 기구를 운반하며 거기서 봉사하며 장막 사면에 진을 칠지며 51 장막을 운반할 때에는 레위인이 그것을 걷고 장막을 세울 때에는 레위인이 그것을 세울 것이요 외인이 가까이 오면 죽일지며 52 이스라엘 자손은 막을 치되 그 군대대로 각각 그 진과 기 곁에 칠 것이나 53 레위인은 증거막 사면에 진을 쳐서 이스라엘 자손의 회중에게 진노가 임하지 않게 할 것이라 레위인은 증거막에 대한 책임을 지킬지니라 하셨음이라"(민 1:45~53) 그러므로 이스라엘 백성들은 성막을 중심으로 진을 쳤으며 레위인들은 그 성막 주변에 진을 쳤다. 민수기 2장 17절이다. "**그 다음에 회막이 레위인의 진과 함께 모든 진의 중앙에 있어 진행하되 그들의 진친 순서대로 각 사람은 그 위치에서 그 기를 따라 앞으로 행할지니라**"(민 2:17) 이제 그리고 이스라엘은 여호수아 시대에 가나안 전체를 정복하고 각 지파들이 여호와 하나님께서 모세에게 명령하신 대로 가나안의 땅을 각 지파의 기업으로 분배받았다. 그때에 레위는 기업을 분배받지 못하였다. 레위 지파는 하나님의 소유로서 각 지파들의 기업으로 부터 일정한 부분을 소유로 얻어서 생활하였다.(민 8:14, 18:20) 그러므로 도피성도 레위 지파의 분깃이었다.

민수기 8장 14절과 18장 20절이다. "**너는 이같이 이스라엘 자손 중에서 레위인을 구별하라 그리하면 그들이 내게 속할 것이라**"(민 8:14) "**여호와께서 또 아론에게 이르시되 너는 이스라엘 자손의 땅의 기업도 없겠고 그들 중에 아무 분깃도 없을 것이나 나는 이스라엘 자손 중에 네 분깃이요 네 기업이니라**"(민 18:20) 레위인들은 여호와 하나님이 그들의 기업이었으며 분깃이었다.

이제 여호와 하나님께서는 이스라엘의 자손 중에 처음 태어난 남자의 이름수를 기록하고 그것을 레위인들에게 돌리라고 말씀하신다. 민수기 3장 40~41절이다. "**40 여호와께서 또 모세에게 이르시되 이스라엘 자손의 처음 난 남자를 일 개월 이상으로 다 계수하여 그 명수를 기록하라 41 나는 여호와라 이스라엘 자손 중 모든 처음 난 자의 대신에 레위인을 내게 돌리고 또 이스라엘 자손의 가축 중 모든 처음 난 것의 대신에 레위인의 가축을 내게 돌리라**"(민 3:40~41) 이 의미는 이러하다. 이스라엘 자손들 중에 초태생 남자들은 여호와에게 바쳐진다. 그리고 그 바쳐진 초태생 남자들을 대신하여서 레위인들이 여호와 하나님께 바쳐지는 것이다. 다시 말해서 이스라엘 자손 중에 첫 태에 처음 난자는 여호와 하나님께 바쳐져야 하는 자들이었다. 그런데 그 모든 이스라엘 자손들 중에 첫 태에 처음 난자의 명수를 레위인들에게로 돌리는 것이다.

레위인들이 이스라엘 자손 중에 바쳐진 초태생의 대리가

된다는 것이다. 그래서 민수기 3장 12절에 여호와 하나님께서 다음과 같이 말씀하신다. "**보라 내가 이스라엘 자손 중에서 레위인을 택하여 이스라엘 자손 중 모든 첫 태에 처음 난 자를 대신케 하였은즉 레위인은 내 것이라**"(민 3:12) 그래서 민수기 2장 33절에 다음과 같이 기록하고 있다. "**레위인은 이스라엘 자손과 함께 계수되지 아니하였으니 여호와께서 모세에게 명하심과 같았느니라**"(민 2:33)

여호와 하나님께서 모세에게 레위인들이 행할 일에 대하여서 다음과 같이 말씀하신다. 먼저 민수기 8장 5~6절이다. "**5 여호와께서 모세에게 일러 가라사대 6 이스라엘 자손 중에서 레위인을 취하여 정결케 하라**"(민 8:5~6) 그리고 민수기 8장 11절이다. "**아론이 이스라엘 자손을 위하여 레위인을 요제로 여호와 앞에 드릴지니 이는 그들로 여호와를 봉사케 하기 위함이라**"(민 8:11) 그리고 민수기 8장 14~15절이다. "**14 너는 이같이 이스라엘 자손 중에서 레위인을 구별하라 그리하면 그들이 내게 속할 것이라 15 네가 그들을 정결케 하여 요제로 드린 후에 그들이 회막에 들어가서 봉사할 것이니라**"(민 8:14~15)

여호와 하나님께서는 이스라엘 자손들 중에서 처음 태에서 난 남자들이 해야 할 모든 성전의 봉사의 일을 레위인들에게 대신하게 하셨다. 그래서 레위인들은 성막에서 제사장들의 직무를 돕는 일로 봉사하였다.

이제 여호와 하나님께서 이스라엘 자손들 중에 처음 태에서 난 자들이 왜 여호와께 속하였는 지를 말씀하시며 그러한 일의 대리로서 레위인이 선택되었다고 말씀하신다. 민수기 8장 17~20절이다. "**17 이스라엘 자손 중에 처음 난 것은 사람이든지 짐승이든지 다 내게 속하였음은 내가 애굽 땅에서 그 모든 처음 난 자를 치던 날에 내가 그들을 내게 구별하였음이라 18 이러므로 내가 이스라엘 자손 중 모든 처음 난 자의 대신으로 레위인을 취하였느니라 19 내가 이스라엘 자손 중에서 레위인을 취하여 그들을 아론과 그 아들들에게 선물로 주어서 그들로 회막에서 이스라엘 자손을 대신하여 봉사하게 하며 또 이스라엘 자손을 위하여 속죄하게 하였나니 이는 이스라엘 자손이 성소에 가까이 할 때에 그들 중에 재앙이 없게 하려 하였음이니라 20 모세와 아론과 이스라엘 자손의 온 회중이 여호와께서 레위인에게 대하여 모세에게 명하신 것을 다 좇아 레위인에게 행하였으되 곧 이스라엘 자손이 그와 같이 그들에게 행하였더라**"(민 8:17~20) 그러므로 여호와 하나님께서 레위인들이 제사장의 직무를 도울 것을 말씀하신다. "**레위인은 너와 합동하여 장막의 모든 일과 회막의 직무를 지킬 것이요 외인은 너희에게 가까이 못할 것이니라**"(민 18:4)

이제 여호와 하나님께서 무엇이 레위인들의 기업이 될 것을 말씀하신다. "**20 여호와께서 또 아론에게 이르시되 너는 이스라엘 자손의 땅의 기업도 없겠고 그들 중에 아무 분깃도 없을 것이나 나는 이스라엘 자손 중에 네 분깃이요 네 기업이니라 21 내가 이스라엘의 십일조를 레위 자손에게 기업으로 다 주어서 그들의 하는 일 곧 회막에서 하는 일을 갚나니 22 이 후로는 이스라엘 자손이 회막에 가까이 말 것이라 죄를 당하여 죽을까 하노라 23 오직 레위인은 회막에서 봉사하며 자기들의 죄를 담당할 것이요 이스라엘 자손 중에는 기업이 없을 것이니 이는 너희의 대대에 영원한 율례라 24 이스라엘 자손이 여호와께 거제로 드리는 십일조를 레위인에게 기업으로 준 고로 내가 그들에 대하여 말하기를 이스라엘 자손 중에 기업이 없을 것이라 하였노라"(민 18:20~24) 그러므로 구약 레위인들이 여호와 하나님께서 받은 기업은 이스라엘 지파 가운데 48개 성읍과 그 중에서 여섯 개 성읍의 도피성이 전부이다. 그리고 레위인들은 성막에서 봉사하는 일을 함으로서 이스라엘 자손들 중에 처음 태어난 자가 섬겨야 할 모든 의무를 레위인들로 대신하게 하셨다.

민수기 35장 6~8절이다. "6 너희가 레위인에게 줄 성읍은 살인자로 피케 할 도피성으로 여섯 성읍이요 그 외에 사십이 성읍이라 7 너희가 레위인에게 모두 사십팔 성읍을 주고 그들도 함께 주되 8 이스라엘 자손의 산업에서 레위인에게 너희가 성읍을 줄 때에 많이 얻은 자에게서는 많이 취하여 주고 적게 얻은 자에게서는 적게 취하여 줄 것이라 각기 얻은 산업을 따라서 그 성읍들을 레위인에게 줄지니라"(민 35:6~8)

신명기 10장 8절에 다음과 같이 레위인들의 직무에 대하여서 증거하고 있다. "그 때에 여호와께서 레위 지파를 구별하여 여호와의 언약궤를 메이며 여호와 앞에 서서 그를 섬기며 또 여호와의 이름으로 축복하게 하셨고 그 일은 오늘날까지 이르느니라"(신 10:8)

여기까지 우리는 이스라엘 열두 지파 중에서 매우 독특한 역할을 맡게된 레위 지파의 성격에 대하여서 대략 살펴보았다. 구약 이스라엘 역사에 있어서 레위 지파는 모든 지파의 신앙적 영역을 대신하는 역할을 맡았다.

레위 지파 가운데 우리 구주 예수 그리스도의 예표가 되는 제사장 직분을 맡은 아론의 자손들도 속하여 있었다. 그러므로 구약의 모든 제사장 직무는 오직 우리 구주 예수 그리스도에게만 속한다. 이스라엘 종교에서 속죄의 사역을 담당하는 제사장들은 오직 우리 구주 예수 그리스도의 예표가 될 뿐이다. 그렇다고 하면 레위인은 어떠한 예표적 성격을 갖는가 하는 것이다. 그것을 교리 강론 시간에 살펴보기로 한다.

[교리 강론]

1. 새 언약의 경륜 아래에 거룩한 보편 교회의 직원들에 대하여서

우리 구주 예수 그리스도께서 구약의 모든 제사 제도를 완전하게 성취하시고자 아버지 하나님 앞에서 온전한 제사를 드리셨다.

사도 바울은 히브리서 4장 8~9절에 여호수아가 이스라엘 백성들에게 나누어 준 가나안 땅의 기업들은 완전한 것이 아니라고 증거한다. "**8 만일 여호수아가 저희에게 안식을 주었더면 그 후에 다른 날을 말씀하지 아니하셨으리라 9 그런즉 안식할 때가 하나님의 백성에게 남아 있도다**"(히 4:8~9) 그렇다. 구약 이스라엘 백성들이 여호수아에게서 분배받은 가나안의 기업들은 단지 예표와 모형에 불과하였다. 그러한 예표와 모형은 오직 우리 구주 예수 그리스도 안에서 성취되어야 할 것들이었다.

사도 바울은 증거한다. "**그러므로 우리에게 큰 대제사장이 있으니 승천하신 자 곧 하나님 아들 예수시라 우리가 믿는 도리를 굳게 잡을지어다**"(히 4:14) 사도 바울은 우리 구주 예수 그리스도께서 행하신 완전한 속죄의 제사로 인하여서 옛 언약의 경륜 아래에 행하였던 구약의 불완전한 제사 제도가 그리스도 안에서 성취됨으로서 다시는 그러한 불완전한 제사 제도를 행할 필요가 없어졌다고 증거한다.

히브리서 10상 11~14절이다. "**11 제사장마다 매일 서서 섬기며 자주 같은 제사를 드리되 이 제사는 언제든지 죄를 없게 하지 못하거니와 12 오직 그리스도는 죄를 위하여 한 영원한 제사를 드리시고 하나님 우편에 앉으사 13 그 후에 자기 원수들로 자기 발등상이 되게 하실 때까지 기다리시나니 14 저가 한 제물로 거룩하게 된 자들을 영원히 온전케 하셨느니라**"(히 10:11~14)

사도 바울은 우리 구주 예수 그리스도께서 완전하게 성취하신 구속 사역을 인하여서 새 언약의 경륜이 시작되었으며 이제 새 언약의 경륜 아래에서 옛 언약의 경륜 아래에 있었던 예법들이 사라지고 사도들과 선지자들의 규례와 법도로 대치 되게 됨을 증거한다. 이제 새 언약의 경륜 아래에 있는 거룩한 보편 교회는 사도와 선지자들의 터 위에 세워짐을 증거한다.

에베소서 2장 20절이다. "**너희는 사도들과 선지자들의**

터 위에 세우심을 입은 자라 그리스도 예수께서 친히 모퉁이 돌이 되셨느니라"(엡 2:20) 이제 새 언약의 거룩한 보편 교회는 사도들과 선지자들의 터 위에 세워진다. 그렇다고 하면 사도와 선지자들의 직무는 무엇인가? 그것은 새 언약의 거룩한 보편 교회의 터가 되는 직무이다. 무엇이 그러한 직무인가? 그것은 그리스도의 전권대사로서 사도들과 선지자들이 세운 규례와 법도가 새 언약의 경륜 아래에 거룩한 보편 교회에게 항구적인 규례와 법도가 된다는 것이다.

그렇다고 하면 사도와 선지자들이 세운 규례와 법도가 무엇인가? 사도와 선지자들은 구약을 그대로 계승하였다. 사도와 선지자들은 구약의 예표적 교리에 대하여서 단 한 가지도 더하거나 덜하거나 하지 않았다. 구약의 모든 규례와 법도가 그대로 새 언약의 경륜 아래에서 계승이 되지만 좀더 완전한 형태로 계승이 됨을 증거한다.

그렇다고 하면 사도들이 우리 구주 예수 그리스도의 지시하심을 따라서 세운 새 언약의 더 나은 규례와 법도는 무엇인가?

첫째 사도들은 구약의 제사 제도를 폐하고 새 언약의 경륜 아래에서는 하나님께서 드리는 예배로 대체하였다. 그래서 이제 더 이상 구약의 제사 제도는 불필요하며 새 언약의 거룩한 보편 교회는 하나님께 예배 드린다.

그렇다면 어떻게 예배 드리는가? 사도들의 가르침을 따라서 시편송을 부르고 서로 찬미하며 신령한 노래를 부르고 교제하고 떡을 떼며 기도하기를 힘쓰는 형태의 예배를 드린다.(엡 5:19, 행 2:42) 그렇다면 그 예배드리는 자세는 어떠해야 하는가? 그것은 요한 복음 4장 23~24절이다. "**23 아버지께 참으로 예배하는 자들은 신령과 진정으로 예배할 때가 오나니 곧 이 때라 아버지께서는 이렇게 자기에게 예배하는 자들을 찾으시느니라 24 하나님은 영이시니 예배하는 자가 신령과 진정으로 예배할지니라**"(요 4:23~24) 이제 새 언약의 경륜 아래에 속한 거룩한 보편 교회는 오직 신령과 진리 안에서 하나님께 예배 드린다. 그리고 그 예배의 방식은 사도들의 규례이다.

이러한 사도들의 규례에 대하여서 장로교회 예배 지침서는 다음과 같이 증거한다. 첫째는 주일에 예배를 드려야 한다. 새 언약의 안식일로서 하루가 전진한 주님의 날에 예배를 드리는 것이 사도들이 세운 규례이다. 이제 둘째는 시편송을 불러야 한다. 시편송은 구약의 찬송을 그대로 계승한 것이다. 그리고 셋째는 하나님의 말씀의 강론이 있어야 한다. 이것은 이제 모든 구속의 사역을 완성하신 구주 예수 그리스도의 그 크신 권능을 가르쳐야 하는 것이다. 넷째는 헌상을 드려야 한다. 이것은 구약 시대부터 이미 명령되어진 십일조와 주일 헌상을 반드시 드리는 것이 예배에 매우 중요한 요소라는 것을 의미한다. 사도들과 선지자들은 구약의 예배에 명령되어진 헌상의 제도를 그대로 계승하였다. 그래서 반드시 자신의 소유의 십분의 일 이상을 드려야 하며 매주일 **빠짐** 없이 하나님 앞에 헌상을 드리는 것이 사도와 선지자들의 규례이다. 그러므로 주일에 예배에 헌상을 드리지 않는 것은 사도와 선지자들의 규례를 어기는 죄악이다. 하나님께 나아올 때에 예물을 가지고 나오진 않는 행위는 구약 시대부터 하나님께 대한 무례한 행위이다. 더욱 새 언약의 경륜 아래에서 산 제물로서 자신을 드려야 하는 성도들에게 헌상은 매우 중요한 신앙의 요소가 된다. 그리고 다섯째 성만찬을 나누어야 한다. 이러한 규례들은 매우 중요한 불변하는 항구적인 예배 요소들이다. 이러한 예배 지침서를 따라서 예배를 드리는 것이 신령과 진리로 드리는 예배의 중요한 자태이다.

둘째는 사도들이 세운 거룩한 질서가 있다. 사도들과 선지자들은 그들의 직무가 자신들이 사라지면서 계승될 수 없다는 것을 알고 있었다. 사도들과 선지자들의 직무는 거룩한 보편 교회의 비상 직원으로서 다시는 반복될 수 없었다. 그래서 장로교회법은 사도들과 선지자들을 비범한 기초 직원이라고 부른다. 그들의 직무는 어느 누구에게도 그대로 계승되지 않았다. 그렇기 때문에 그들의 직무는 영원하다. 그들이 사라지면서 동시에 후대 교회에게 그들의 **디다케**가 영원한 규례가 되는 것이다. 사도들의 규례를 하나씩 벗어 버리면서 부터 교회는 점차로 거짓 교회로 변질되어 간다. 그러므로 주님께서 다시 오시는 그 날까지 그리스도의 전권 대사로서 사도들과 선지자들의 직무적 성격은 들이 거룩한 보편 교회에게 남긴 유산으로서 사도들의 디다케 안에 고스란히 담겨져 있다. 그래서 사도들과 선지자들의 규례는 영원한다.

그렇다고 하면 사도와 선지자들이 세운 질서는 무엇인가? 사도와 선지자들은 자신들이 떠나서 사라질 때에도 지속적으로 거룩한 보편 교회가 그 거룩성을 보존하도록 목사와 교사를 세웠다. 목사와 교사는 사도 시대에도 이미 있었으나 사도들이 사라진 이후에는 감독 혹은 가르치는 장로라는 직무적 명칭으로 남아 있게 되었다. 그래서 목사와 교사를 거룩한 보편 교회의 평범한 항존 직원이라고 부른다.

 여기에서 평범하다는 것은 그 직무의 성격이 사도들과 선지자들 처럼 표적과 기사를 행하거나 할 권세가 없다는 것을 의미한다. 사도들과 선지자들이 행하였던 계시적 표적은 속 사도 시대에는 그쳐졌다. 그와같이 거룩한 보편 교회의 감독이며 가르치는 장로이고 치리회에 속하여서 사역하는 목사 곧 교사들은 표적과 기사를 행할 권세가 없다는 측면에서 평범하다는 것이다.

 그리고 항존적이란 이 목사와 교사의 직무는 항구적이라는 것이다. 사도들과 선지자들 처럼 그 직무를 맡은 자들이 사라지는 것이 아니라 후대 거룩한 보편 교회에게도 지속적으로 계승이 된다는 것이다.

 그러므로 속 사도 시대 이후에 교회의 아버지로 불리웠던 정통 교부들은 그 시대에 교회의 감독이며 가르치는 장로 이고 목사 곧 교사들이다. 그러므로 목사 곧 교사들은 사도들이 사라진 이후에도 주님의 몸된 교회에게 사도들의 가르침을 계승하도록 세워진 질서이다. 로마 교회 이 거룩한 질서를 파괴 시켜 버렸다. 그러므로 이교도 비슷한 교회가 되었다. 그렇게 로마 카톨릭 교회는 거짓 교회이다. 종교 개혁은 이렇게 심각하게 훼손되고 파괴된 거룩한 질서를 온전하게 회복하였다. 그것이 장로 정치 제도에 담겨 있다. 이러한 항구적 질서는 회복하는 것이 사도적 정통 교회로 돌아가는 것이며 이것을 방치하는 것이 거짓 교회로 남는 길이다.

사도적 질서는 그렇게 사도들의 거룩한 가르침을 보존하는 그릇과도 같다. 우리는 합당한 그릇에 양식을 담는다. 그와같이 그릇이 잘못되어 있으면 진리를 담지 못하게 되어있다. 지금의 개신교의 회중 교회적인 형태로는 진리를 담지 못한다. 그러므로 회중 교회도 거짓 교회이다.

사도들이 그들의 사역 기간 주의 몸 된 교회에 세웠던 질서는 장로 정치 제도라는 질서이다. 그러므로 목사와 교사는 사도들이 사라진 이후에 가장 높은 질서에 속하여서 사도 시대 이후에 거룩한 보편 교회를 세우는 우두머리 역할을 하는 것이다. 일반적으로 성직자로 불리는 목사 곧 교사들은 하나님의 교회를 세우는 매우 중추적인 질서이다.

그리고 사도들은 교회 안에서 성도들의 신앙을 대표하는 자들로서 다스리는 장로들을 세웠다. 이들은 구약의 각 지파에 속한 족장들과 유사하다. 치리 장로들은 신자들의 대표자들이다. 그래서 치리 장로들은 회중이 세우고 장립하여서 당회원이 된다. 이러한 놀라운 질서들은 거룩한 보편 교회에 지속되어야 한다. 그래서 목사와 함께 당회를 구성해서 지교회를 치리하는 직무를 행한다.

그리고 사도들은 교회에 제반 업무를 실행할 집사 제도를 세웠다. 이 세번째 질서에 속한 안수 집사들은 거룩한 보편 교회를 세우는 중추적인 역할을 수행한다. 가난한 자들을 위한 구제와 교회 재정의 출납을 담당한다.

그렇게 거룩한 보편 교회는 사도들이 세운 질서를 따라서 구약의 교회를 계승하면서 동시에 새로운 질서로서 세워진다. 사도들은 구약의 질서를 그대로 계승하면서 새 언약의 경륜에 잘 조화를 이루도록 새로운 질서를 세웠다.

이러한 사도들의 질서를 따라서 세워지는 것이 구약의 교회를 계승하면서 동시에 더욱 분명하게 구약의 교회를 완전하게 성취하신 우리 구주 예수 그리스도의 구속 사역을 분명하게 드러내는 교회로서 나아가는 것이다.

제목: 이스라엘 하나님 여호와
본문: 여호수아 24장 14~18절

[본 문]

14 그러므로 이제는 여호와를 경외하며 성실과 진정으로 그를 섬길 것이라 너희의 열조가 강 저편과 애굽에서 섬기던 신들을 제하여 버리고 여호와만 섬기라 15 만일 여호와를 섬기는 것이 너희에게 좋지 않게 보이거든 너희 열조가 강 저편에서 섬기던 신이든지 혹 너희의 거하는 땅 아모리 사람의 신이든지 너희 섬길 자를 오늘날 택하라 오직 나와 내 집은 여호와를 섬기겠노라 16 백성이 대답하여 가로되 여호와를 버리고 다른 신들 섬기는 일을 우리가 결단코 하지 아니하오리니 17 이는 우리 하나님 여호와 그가 우리와 우리의 열조를 인도하여 애굽 땅 종 되었던 집에서 나오게 하시고 우리 목전에서 그 큰 이적들을 행하시고 우리가 행한 모든 길에서, 우리의 지난 모든 백성 중에서 우리를 보호하셨음이며 18 여호와께서 또 모든 백성 곧 이 땅에 거하던 아모리 사람을 우리 앞에서 쫓아내셨음이라 그러므로 우리도 여호와를 섬기리니 그는 우리 하나님이심이니이다.

[원문 직역]

14. 그리고 지금 너희들은 여호와를 경외하라. 그리고 순전함과 진리로 그를 섬기라. 너희 조상들이 애굽과 강 건너편에서 섬겼던 신들로 부터 돌이키라. 그리고 너희는

여호와를 섬기라. 15. 그리고 만약 여호와를 섬기는 것이 너희 눈에 좋게 보이지 않는다면 너희가 누구를 섬기든지 너희 조상들이 강 건너편에서 섬겼던 신들이든지 너희가 거하는 땅의 아모리 신들이든지 오늘날 너희를 위하여서 선택하라. 나와 내 집은 여호와를 섬길 것이다. 16. 그리고 백성이 답변하였다. 그리고 그가 말하였다. 여호와를 버리고 다른 신들을 섬기는 것은 결코 있을 수 없습니다. 17. 왜냐하면 우리와 우리 조상들을 애굽 땅 종 되었던 집으로부터 인도하여 내시고 우리 목전에서 이러한 크나큰 이적들을 행하셨기 때문입니다. 그 땅 안에서 우리가 걸었던 모든 길 가운데 그리고 우리가 지나온 모든 백성들 가운데서 그가 우리를 지켜 주셨습니다. 18. 그리고 여호와께서 모든 백성들과 그 땅에 거하던 아모리 사람들을 우리 앞에서 쫓아 내셨습니다. 그러므로 우리도 여호와를 섬길 것입니다. 그는 우리 하나님이시기 때문입니다.

[70인경 역본]

14. 그리고 이제 주님을 경외하라. 그리고 정직함과 의로 그를 섬기라. 그리고 애굽에서 그리고 강 건너편에서 너희 조상들이 섬겼던 다른 신들을 쫓아 내어라. 그리고 주님을 섬기라. 15. 그러나 만약 너희가 주님께 예배드리기를 기뻐하지 않는다면 너희는 너희 자신들을 위해서 오늘날 어떤 신을 섬길 것인지 선택하라. 너희 조상들이 강 건너편에서 섬겼던 신들이든지 혹은 너희들이 그들의 땅

에 거주하는 아모리인들의 신들이든지 그리할 것이다. 그러나 나와 나의 집은 주님을 섬기겠노라. 그것이 거룩함이다. 16. 그리고 백성이 답변하였다. 그가 말하였다. 우리가 주님을 버리고 그렇게 다른 신들을 섬기는 것은 그럴 수 없느니라. 17. 우리 주 하나님 그는 하나님이십니다. 그가 우리와 우리 조상들을 애굽으로부터 인도하셨습니다. 그리고 그가 우리를 모든 길 가운데서 그들을 통하여서 우리가 지나쳐온 모든 백성들 가운데서 보호하셨습니다. 18. 그리고 주님께서 아모리인들을 그리고 그 땅에 거하는 모든 나라들을 우리 앞에서 쫓아 내셨습니다. 그래서 우리는 주님을 섬길 것입니다. 그가 우리의 하나님이십니다.

[본문 해석]

14 그러므로 이제는 여호와를 경외하며 성실과 진정으로 그를 섬길 것이라 너희의 열조가 강 저편과 애굽에서 섬기던 신들을 제하여 버리고 여호와만 섬기라

14. 그리고 지금 너희들은 여호와를 경외하라. 그리고 순전함과 진리로 그를 섬기라. 너희 조상들이 애굽과 강 건너편에서 섬겼던 신들로 부터 돌이키라. 그리고 너희는 여호와를 섬기라.

14. 그리고 이제 주님을 경외하라. 그리고 정직함과 의로 그를 섬기라. 그리고 애굽에서 그리고 강 건너편에서 너희 조상들이 섬겼던 다른 신들을 쫓아 내어라. 그리고 주님을 섬기라.

여호수아는 이스라엘 백성들에게 선포한다. "**이제는 여호와를 경외하며 성실과 진정으로 그를 섬길 것이라 너희의 열조가 강 저편과 애굽에서 섬기던 신들을 제하여 버리고 여호와만 섬기라**"(수 24:14)

이 본문에서 "**성실과 진정**"은 히브리어로 "**베 타밈 우베 에메트**"로 되어있다. 직역하면 "**순전함과 진리**"이다. 본문 중에 "**성실**"에 해당하는 히브리어 "**타밈**"은 "**순결하다**"라는 의미가 있다. 혹은 "**정직하다**"라는 의미도 있다. 그래서 70인경은 그 본문을 "**유데테스**"로 역본하였다. 헬라어 "**유데테스**"는 "**정직한**", 혹은 "**공평한**"이라는 의미가 있다.

그리고 "**진정**"에 해당하는 히브리어는 "**에메트**"로 되어 있다. "**에메트**"는 "**진리**"이다. 혹은 "**신실함**"으로도 해석이 된다. 70인경 헬라어는 "**디카이오쉬네**"로 역본하였다. 헬라어 "**디카이오쉬네**"는 "**의로운**", "**올바른**"이라는 의미가 있다.

여호수아는 이스라엘 백성들에게 성실과 진정으로 여호와를 섬기라고 명령한다. "**섬기다**"에 해당하는 히브리어 "**에베드**"는 "**섬기다**"는 뜻 외에도 "**예배하다**"라는 뜻이 있다. 그래서 70인경은 "**라트류오**"로 역본하였다. 그 의미는 이러하다. "**예배 드리다**" 그러니까 여호수아는 증거한다. 이스라엘 백성들은 여호와께 진리로 예배를 드려야 한다는 것이다. 이것은 요한복음 4장 24절과 연결된다. "**하나님은 영이시니 예배하는 자가 신령과 진정으로 예배할지니라**" (요 4:24)

그러므로 여호수아 24장 14절 말씀을 따라서 볼 때에 신자들이 하나님께 나아가는 예배의 자세는 두 가지이다. 하나는 성실한 마음이다. 순결하고 거룩한 마음이다. 온전한 마음이다. 다른 하나는 진리이다. 진리로 예배 드리지 않는 모든 예배는 헛될 뿐이다. 그것은 종교적 행위에 불과하다. 참된 예배가 아니다.

여호수아는 이스라엘 백성들에게 순결한 마음과 진리로 하나님께 예배 드릴 것을 명령한다.

그때에 여호수아가 경계한 말씀이 있다. 그것은 이방 신상들을 제하여 버리라는 것이다. 본문 중에 있는 "**제하여 버리라**"에 해당하는 히브리어 원문은 "**수르**"로 되어있다. 이것은 "**제하여 버리라**" 혹은 "**돌이키다**"라는 의미가 있다. 70인경은 그것을 "**페리 아이레오**"로 역본하였다. 그 의미는 "**던져 버리다**", "**제하여 버리다**"라는 뜻이 있다. 그리고 "**쫓아 내버리다**"라는 뜻도 있다.

그리고 여호수아는 명령한다. "**여호와만 섬기라**" 그렇다. 이스라엘 백성들에게 선포된 신의 계명은 "**여호와만 섬기라**"는 것이다. 이것은 십계명의 첫 번째 계명과 연결된다. 십계명의 첫 번째 계명은 이것이다. "**나 외에 다른 신을 네게 두지 말라**" 다시 말해서 유일신 신앙이다. 이스라엘 종교는 유일신 종교이다.

오직 하나님 한 분 만이 참되신 하나님이시다. 그외에 다른 여러 잡다한 신들은 거짓되다. 그들은 참된 신이 아니다. 오로지 허상에 불과하다.

구약 여호수아 시대에는 다양한 신들이 존재하였고 그에 걸맞는 다양한 신상들이 즐비하였다. 이스라엘 백성들은 그러한 이방 종교들에게 때로 미혹되기도 하였다. 그렇게 이 방 신상이 가지고 있는 미혹은 이스라엘 백성들에게 크나 큰 고통이었다.

15 만일 여호와를 섬기는 것이 너희에게 좋지 않게 보이거든 너희 열조가 강 저편에서 섬기던 신이든지 혹 너희의 거하는 땅 아모리 사람의 신이든지 너희 섬길 자를 오늘날 택하라 오직 나와 내 집은 여호와를 섬기겠노라

15. 그리고 만약 여호와를 섬기는 것이 너희 눈에 좋게 보이지 않는다면 너희가 누구를 섬기든지 너희 조상들이 강 건너편에서 섬겼던 신들이든지 너희가 거하는 땅의 아모리 신들이든지 오늘날 너희를 위하여서 선택하라. 나와 내 집은 여호와를 섬길 것이다.

15. 그러나 만약 너희가 주님께 예배드리기를 기뻐하지 않는다면 너희는 너희 자신들을 위해서 오늘날 어떤 신을 섬길 것인지 선택하라. 너희 조상들이 강 건너편에서 섬겼던 신들이든지 혹은 너희들이 그들의 땅에 거주하는 아모리인들의 신들이든지 그리할 것이다. 그러나 나와 나의 집은 주님을 섬기겠노라. 그것이 거룩함이다.

여호수아는 15절에 다음과 같이 이스라엘 백성들에게 그들의 종교를 선택하라고 말한다. "**만일 여호와를 섬기는 것이 너희에게 좋지 않게 보이거든 너희 열조가 강 저편에서 섬기던 신이든지 혹 너희의 거하는 땅 아모리 사람의 신이든지 너희 섬길 자를 오늘날 택하라**"(수 24:15)

여호수아가 이렇게 말한 이유가 있다. 이는 그들이 여호

와 하나님을 섬기는 것이 누구의 강요가 아니라 그들 스스로 선택임을 확증하려는 것이다. 그들의 신앙이 여호수아가 강요해서 따라오게된 신앙이 아니라 그들 스스로의 선택에 의하여서 자발적으로 따라 나선 신앙임을 확고하게 하고자 하였던 것이다.

이제 이스라엘은 여호수아의 권면에 따라서 자신들의 신앙의 갈길을 정해야 했다. 이스라엘의 신앙은 확고하였다. 오직 여호와 만 섬기겠다는 것이다.

구약 시대에 여러 신들을 섬기는 것은 일상적이었다. 구약 시대에 이방인들은 그들의 취향에 따라서 여러 신들을 섬겼다. 그들에게 신들이란 자신들의 종교적 취향을 따라서 취사 선택할 수 있는 대상이었다. 그것은 주로 자신들의 세속적인 욕망을 따라서 신들을 선택하였다. 결국 사람들의 그러한 욕망을 따라서 다양한 종교들이 생겨났다. 주로 자연 숭배 사상이었다.

인간들이 살아가는 주변 환경에 따라서 다양한 신들이 생겨났다. 인간들은 자신들의 필요를 따라서 신들을 대상화하고 섬겼다. 그리고 예외없이 모든 이방 종교들에게는 그들이 섬겨야 할 신들에 대한 신상들이 있었다. 그리고 그러한 신상들에게 자신들의 욕망을 표출하면서 신들을 섬겼다.

그러나 아브라함과 이삭과 이스라엘의 하나님 여호와께서는 이러한 이방 종교가 표상하는 신앙과 달랐다. 무엇보다 이방 종교들은 여러가지 형태의 신상들을 세워서 섬겼으나 하나의 일관된 종교관이 없었다. 모두 다양하게 분화된 신들을 섬겼으며 다양한 신상들이 있었다.

그러나 구약 여호와의 종교는 그 종교를 시작한 첫 언약의 당사자인 아브라함과 이삭과 이스라엘이 그들의 조상으로 이미 알려져있었다.

그리고 모세 시대가 되면 이스라엘은 모세 오경이라는 율법서를 갖게 되었다. 히브리어로 **토라**라고 부르는 이 율법서는 이스라엘 신앙의 가장 핵심적인 가르침을 담고 있다.

이스라엘의 유일신 신앙은 바로 이 **토라**로 부터 나왔다. 그리고 무엇보다 이스라엘의 유일신 신앙은 다른 종교와 너무나 달랐다. 구약의 이스라엘 종교는 **토라**라는 경전이 있었다. 그리고 그 **토라**와 함께 후대에 전승된 다양한 시적 문헌들이 남겨졌다. 주로 이스라엘 역사를 담은 역사적와 이스라엘 계시 문학의 금자탑이라고 할 만한 **시편과 욥기서와 시가서** 등이다.

그리고 이러한 여러 종류의 경전들은 여호와 하나님만을 섬기는 유일신 신앙에 있어서 일치한다.

이제 여호수아는 말한다. "**오직 나와 내 집은 여호와를 섬기겠노라**" 여기에서 "**내 집**"이란 단지 몇몇 가족들을 의미하지 않는다. 그가 속한 지파를 의미한다.

16 백성이 대답하여 가로되 여호와를 버리고 다른 신들 섬기는 일을 우리가 결단코 하지 아니하오리니 17 이는 우리 하나님 여호와 그가 우리와 우리의 열조를 인도하여 애굽 땅 종 되었던 집에서 나오게 하시고 우리 목전에서 그 큰 이적들을 행하시고 우리가 행한 모든 길에서, 우리

의 지난 모든 백성 중에서 우리를 보호하셨음이며 18 여호와께서 또 모든 백성 곧 이 땅에 거하던 아모리 사람을 우리 앞에서 쫓아내셨음이라 그러므로 우리도 여호와를 섬기리니 그는 우리 하나님이심이니이다.

16. 그리고 백성이 답변하였다. 그리고 그가 말하였다. 여호와를 버리고 다른 신들을 섬기는 것은 결코 있을 수 없습니다. 17. 왜냐하면 우리와 우리 조상들을 애굽 땅 종 되었던 집으로부터 인도하여 내시고 우리 목전에서 이러한 크나큰 이적들을 행하셨기 때문입니다. 그 땅 안에서 우리가 걸었던 모든 길 가운데 그리고 우리가 지나온 모든 백성들 가운데서 그가 우리를 지켜 주셨습니다. 18. 그리고 여호와께서 모든 백성들과 그 땅에 거하던 아모리 사람들을 우리 앞에서 쫓아 내셨습니다. 그러므로 우리도 여호와를 섬길 것입니다. 그는 우리 하나님이시기 때문입니다.

16. 그리고 백성이 답변하였다. 그가 말하였다. 우리가 주님을 버리고 그렇게 다른 신들을 섬기는 것은 그럴 수 없느니라. 17. 우리 주 하나님 그는 하나님이십니다. 그가 우리와 우리 조상들을 애굽으로부터 인도하셨습니다. 그리고 그가 우리를 모든 길 가운데서 그들을 통하여서 우리가 지나쳐온 모든 백성들 가운데서 보호하셨습니다. 18. 그리고 주님께서 아모리인들을 그리고 그 땅에 거하는 모든 나라들을 우리 앞에서 쫓아 내셨습니다. 그래서 우리는 주님을 섬길 것입니다. 그가 우리의 하나님이십니다.

이제 이스라엘 백성들이 여호수아에게 답변하였다. "**여호와를 버리고 다른 신들을 섬기는 것은 결코 있을 수 없습니다.**"(수 24:16) 그리고 이어서 이스라엘 백성들은 말한다. "**왜냐하면 우리와 우리 조상들을 애굽 땅 종 되었던 집으로부터 인도하여 내시고 우리 목전에서 이러한 크나큰 이적들을 행하셨기 때문입니다. 그 땅 안에서 우리가 걸었던 모든 길 가운데 그리고 우리가 지나온 모든 백성들 가운데서 그가 우리를 지켜 주셨습니다.**"(수 24:17) 광야 교회 시대를 거치고 가나안에 정착하게된 이스라엘 백성들은 광야에서 여호와 하나님의 놀라운 표적과 기사를 보았다. 그들은 여호와 하나님만이 참되신 하나님이시고 다른 신들은 헛것이라는 사실을 그들의 경험을 통하여서 확신할 수 있었다.

이 세계 역사 가운데 어느 민족도 이스라엘과 같이 광야에서 온 백성들이 만나라는 양식을 얻으며 인도함을 받아서 가나안으로 이끌려진 민족은 없었다. 인류 역사에서 그러한 종교는 없었다. 이 세상 나라의 모든 신들은 모두 인간의 필요를 따라서 만들어 진 우상들이었다. 실로 이방 나라의 종교들은 우상 숭배였다. 그들은 헛 신을 섬겼던 것이다.

그러나 이스라엘이 출애굽 시기부터 광야에서의 40년 기간 동안 경험한 모든 표적과 기사들은 하나님의 계시적 표출이었다. 그러므로 그 모든 표적과 기사는 그 자체가 하나님의 계시였다. 이스라엘은 하나님의 계시의 말씀을 따라서 그렇게 인도함을 받은 민족이었다. 그렇게 출애굽과 광야 교회를 지나온 세대들의 신앙은 견고하였다.

이스라엘 백성들은 여호수아서 24장 18절에서 여호와 하나님을 향한 신앙 고백을 드린다. "그리고 **여호와께서 모든 백성들과 그 땅에 거하던 아모리 사람들을 우리 앞에서 쫓아 내셨습니다. 그러므로 우리도 여호와를 섬길 것입니다. 그는 우리 하나님이시기 때문입니다.**"(수 24:18) 이 본문 중에서 마지막 진술이 중요하다. "**우리는 여호와를 섬길 것입니다. 그는 우리 하나님이시기 때문입니다.**"(수 24:18) 구약 본문 중에서 "**하나님**"에 해당하는 히브리어 **엘로힘**은 일종의 보통 명사이다. 구약 시대에 모든 신들의 이름은 **엘로힘**이었다. 우리가 각 나라의 인종들을 한 가지로 "**사람**" 혹은 "**인간**"이라고 하듯이 히브리어 **엘로힘**은 이스라엘 하나님에게만 해당하는 칭호가 아니었다. 모든 이방 신들의 칭호도 **엘로힘**이었다. 그래서 여호수아서 24장 16절에 있는 "**다른 신들**"을 히브리어로 "**엘로힘 아헤림**"이라고 부른다. 그러므로 히브리어 **엘로힘**은 신들이라는 의미를 갖는다. 그러나 여호와라는 호칭은 다르다. 여호와는 이스라엘 언약의 하나님의 성호이다. 그러므로 여호와라는 호칭은 이스라엘 백성에게만 알려진 하나님의 성호이다. 여호와라는 뜻은 스스로 계신분이라는 뜻이다. 다시 말해서 지존자라는 것이다. 만물 위에 홀로 존재하여 계신 분이라는 뜻이다. 그러므로 여호와라는 성호에는 하나님의 속성이 계시되어있다. 그것은 오직 여호와 하나님 만이 참되신 하나님이시라는 것을 드러내고 있다. 여호와 하나님 외에 다른 신은 모두 허상이다.

그러므로 이스라엘 백성들이 "우리는 여호와를 섬길 것입니다. 그는 우리 하나님이시기 때문입니다."(수 24:18)라고 신앙으로 고백한 것은 매우 중요하다. 거기에 **여호와**라는 성호가 담겨 있기 때문이다. 오직 언약의 백성인 이스라엘 백성들만이 부를 수 있는 하나님의 성호는 여호와 이셨다. 모든 신들 가운데 **여호와**로 불리우시는 그 하나님만이 이스라엘의 하나님이시라는 것이다. 그래서 이스라엘은 여호와 하나님만이 우리의 하나님이시라고 신앙으로 고백하였다.

[교리 강론]
1. 하나님의 칭호와 그의 속성

여호수아 본문이 증거하는 하나님의 칭호는 두 가지이다.

첫째는 **엘로힘**이다. 그것은 일반적인 신에 대한 칭호이다. 그래서 **엘로힘**이라는 호칭으로 이방 민족들도 신을 섬겼다. 그러나 **엘로힘**이 다른 말씀과 결합하면 이스라엘 하나님의 성호가 된다.

대표적으로 **엘-사다이**(창 43:13)이다. 이것은 **전능하신 하나님**이라는 의미가 있다. 이스라엘 하나님 여호와의 전능성은 이방 신들에게는 결코 보여지지 않는 여호와 하나님의 고유한 속성이시다. 이방 신들은 제한된 권능을 가지고 행한다. 그리고 다양한 여러 형태의 신들이 있기에 전능하신 하나님이라는 의미를 가질 수 없다. 그러나 이스라엘 하나님 여호와는 홀로 유일하신 하나님이시다. 그러므로 그 한 분 하나님이 전능하시다는 것은 매우 조화를 이룬다.

그리고 **엘-올람**(창 22:33)이라는 칭호이다. 그 의미는 **영생하시는 하나님**이다. 이는 하나님의 영원성을 드러낸다. 그와 동시에 하나님의 불변성과 절대성을 드러낸다.

우리 주님께서 겟세마네 동산에서 기도하실 때에 아버지 하나님께 간구하셨던 그 말씀 가운데 영생하시는 하나님의 의미가 드러나 있다. **"영생은 곧 유일하신 참 하나님과 그의 보내신 자 예수 그리스도를 아는 것이니이다"**(요 17:3) 영생하시는 하나님을 아는 것이 영생이다. 그러므로 영생은 하나의 지식이다. 하나님을 아는 지식이다. 그러므로 성도들은 영생이 무엇인가 알고 싶다면 하나님을 아는 지식 가운데 자라가야 한다.

둘째로는 **여호와**라는 성호이다. 이 **여호와**는 그 자체로서도 이스라엘의 언약의 하나님의 성호이면서 동시에 다른 말씀과 결합하여서 더욱 강력한 의미를 갖는다. 그것이 대표적으로 **"만군의 하나님 여호와"**라고 할 때에 히브리어로 **츠바오트 아도나이**(사 1:24)로 불리는 성호가 있다. 그것은 여호와 하나님께서 만군의 주가 되신다는 의미이다. 여호와 하나님의 권능을 표현하고 있다. 이는 하나님의 지극히 높으신 위엄을 드러낸다.

2. 이스라엘의 신앙 고백

여호수아서 24장 14~18절은 이스라엘의 신앙 고백적 신앙을 엿볼 수 있다. 구약 이스라엘 백성들이 섬겼던 그 하나님께서는 항상 이스라엘 가운데 공적으로 자신을 계시하셨다. 하나님께서는 한 번도 사사로이 자신을 계시하시지 않았다. 항상 하나님께서는 후대에 전승할 말씀을 왕과 제사장과 선지자들을 통하여서 전하셨다. 그리고 지속적으로 이스라엘 백성들은 하나님 앞에서 신앙을 고백하였다. 그리고 이러한 구약의 전통들은 그대로 새 언약의 거룩한 보편 교회에게도 전수되었다. 사도들은 구약을 해석하면서 하나님의 말씀으로서 신약 성경을 남겼다.

그리고 그 이후부터 지속적으로 거룩한 보편 교회는 신조와 신앙고백서를 남겼다. 그리고 그것은 성삼위일체 하나님과 우리 구주 예수 그리스도에 대한 정통 교리로 남았다. 모든 신앙 고백서 중에 최고의 신앙 고백서는 사도 신경이다. 그리고 니케아 신경과 칼게돈 신경이 있다. 그리고 아타나시우스 신경이 있다.

이러한 에큐메니칼 신경들은 신구약 성경 바로 아래에 질서를 따라서 세워진 모든 만국 교회가 신앙의 고백으로 수납하고 따라가야 할 중요한 신앙고백서들이다. 그러므로 구약 시대부터 신앙 고백적 신앙이란 매우 중요한 정통 신앙이다. 가장 객관적으로 공적인 신앙은 신앙 고백적 신앙이다. 그러므로 신앙 고백적 신앙은 온 교회가 함께 신앙을 고백하는 매우 공적이고 객관적이며 신뢰할 만한 신앙이다. 그러한 신앙은 항상 외적인 질서에 순응하면서 더욱 성숙해져가는 신앙이 된다. 그러므로 모든 새 언약의 경륜 아래에 있는 기독교 신자들은 신앙 고백적 신앙을 추구해야할 것이다.

제목: 여호수아 언약
본문: 여호수아 24장 25~28절

[본 문]

25 그 날에 여호수아가 세겜에서 백성으로 더불어 언약을 세우고 그들을 위하여 율례와 법도를 베풀었더라 26 여호수아가 이 모든 말씀을 하나님의 율법책에 기록하고 큰 돌을 취하여 거기 여호와의 성소 곁에 있는 상수리나무 아래 세우고 27 모든 백성에게 이르되 보라 이 돌이 우리에게 증거가 되리니 이는 여호와께서 우리에게 하신 모든 말씀을 이 돌이 들었음이라 그런즉 너희로 너희 하나님을 배반치 않게 하도록 이 돌이 증거가 되리라 하고 28 백성을 보내어 각기 기업으로 돌아가게 하였더라

[원문 직역]

25. 여호수아가 이 날에 세겜에서 그들과 함께 언약을 체결하였다. 그리고 규례와 법도를 그들을 위하여서 세웠다. 26. 여호수아가 이 말씀들을 하나님의 율법 책에 기록하였다. 그리고 그가 큰 돌을 취하였다. 여호와의 성소에 있는 상수리 나무 아래에 두었다. 27. 여호수아가 모든 백성에게 말했다. 보라! 이 돌이 우리 가운데 있어서 증거가 되리라. 왜냐하면 이 돌이 여호와께서 우리와 함께 말씀하신 모든 말씀을 들었기 때문이다. 너희 가운데 증거가 있다. 이는 너희 하나님을 속이지 않게 하려 함이다. 28. 여호수아가 백성을 그들의 기업으로 돌아가게 하

였다.

[70인경 역본]

25. 그리고 그날에 예수가 세겜에서 그 백성에게 언약을 세웠다. 그리고 이스라엘 하나님 성소 앞에서 그 백성에게 율법과 법도를 베풀었다. 26. 그리고 이 말씀을 하나님의 율법 책 안에 기록했다. 그리고 그가 큰 돌을 취하였다. 그리고 예수가 그것을 주님 앞에 상수리 나무 아래에 두었다. 27. 그리고 예수가 그 백성에게 말하였다. 보라! 이 돌이 너희 가운데 증거가 되리라. 이것이 주님에 의해서 그 돌에게 들려진 모든 말씀이 될 것이다. 오늘날 우리에게 그가 담화 하신 것이다. 그리고 이것이 만약 너희가 나의 주 하나님을 속인다면 이 날들의 마지막에 너희 안에 증거가 되리라. 28. 그리고 예수가 백성을 보냈다. 그러자 그들이 그 처소로 각각 돌아갔다.

[본문 해석]

여호수아서 마지막 장은 언약의 갱신을 기록하고 있다. 이 언약의 갱신은 이스라엘 백성들이 가나안에 들어가서 살아가는 삶과 연결되어있다. 여호수아가 이스라엘 백성과 세운 이 언약은 그들의 첫 조상이라고 할 수 있는 아브라함이 여호와 하나님과 체결한 언약과 연결된다.

창세기 15장 여호와 하나님께서 아브라함에게 언약을 체결하시고 가나안 땅 일경을 그와 그 자손들에게 주시겠다고 약속하셨다. 그러나 그 약속은 즉시 성취 된 것이 아니다. 대략 430년의 세월이 흐른 이후에 성취되었다. 그 과정에서 여러가지 우여 곡절이 많았다. 먼저는 가나안에 살던 이스라엘 백성들이 야곱과 함께 애굽으로 내려갔다는 것이다. 그리고 애굽에서 사백년 동안 살면서 요셉을 모르는 왕정이 애굽에 정권으로 집권하면서 이스라엘은 출애굽 시기까지 크나큰 고통에 시달렸다. 그리고 여호와 하나님께서 아브라함과 맺은 언약을 기억하시고 모세를 부르셔서 이스라엘의 지도자로 삼으시고 이제 그들의 조상 아브라함과 맺으셨던 언약을 성취하시고자 모세를 애굽으로 보냈다.

모세는 여호와 하나님의 명령을 따라서 애굽의 바로왕에게 이스라엘을 내보내 줄것을 요청하였으나 하나님의 섭리 가운데 애굽의 바로왕이 강퍅하여져서 계속 모세의 요청을 거절하게 되었다. 여호와 하나님께서는 이스라엘을 애굽으로부터 탈출시키시기 전에 애굽의 모든 종교를 파괴시키셨다. 여호와 하나님께서는 모세를 통하여서 애굽에 열가지 재앙을 내리셨고 그 열 가지 재앙은 모두 애굽의 신들의 허상을 드러내신 것이다. 애굽의 신들은 주로 나일강의 범람을 통하여서 애굽에 허락된 물질적 풍요로움을 드러내는 자연신들이었다. 애굽의 모든 신들은 자연을 신으로 섬기는 애굽의 다신교의 결과였다. 결국 이러한 허망한 신들의 실체를 모두 드러내셔서 이스라엘 하나님 여호와께서 어떠하신 신이신 것을 온 땅 가운데 선포하신 사건이 애굽에 내리신 열 가지 재앙이다. 그리고 여호와 하나님께서 마지막 재앙을 통하여서 이스라엘을 출애굽시키셨다. 그것은 애굽의 모든 장자를 치시겠다는 재앙이었다. 애굽왕 바로는 그

때에도 여전히 모세의 요청을 거부하였고 애굽의 모든 장자가 그 밤 여호와의 밤에 죽었다.

그 날을 기념하여서 이스라엘이 지키는 절기가 유월절이다. 여호와 하나님께서는 어린양의 피를 문 좌우와 인방에 발라두었던 이스라엘 백성들의 장자를 모두 살리셨다. 그러나 그 문 앞에 어린양의 피를 바르지 않은 가정의 장자의 생명을 거두어 가셨다. 이스라엘의 유월절은 그리스도의 구속을 표상한다. 하나님의 어린양이신 우리 구주 예수 그리스도의 보혈을 표상하기 때문이다. 그렇게 이스라엘은 어린양의 피로서 구속을 받았다. 그리고 이스라엘은 무사히 홍해를 건너고 시내 산에서 아브라함이 받은 언약을 갱신한다. 그것이 시내 산 언약이었다. 시내 산 언약은 아브라함이 받은 언약의 보조 언약이었다. 그것을 율법 언약이라고도 부른다.

그렇다고 하면 모세가 받은 율법 언약은 어떠한 의미가 있는가? 그것은 이스라엘이 가나안에 들어가기 전에 광야에서 어떻게 살아가야 할 것을 드러내는 언약이다. 무엇보다 율법 언약을 통하여서 드러난 십계명은 이제 모든 인류가 그렇게 살아가야 한다는 영원한 도덕법으로서 이스라엘 가운데 알려진 계명이 되었다. 전 인류가 그렇게 살아가야할 계명으로서 십계명이 오직 이스라엘에게만 직접적으로 알려졌다. 그것이 택함을 받은 이스라엘 백성들의 축복이었다. 율법은 이스라엘을 살리는 생명의 법이었다.(롬 7:10) 그러나 이스라엘 백성들 조차도 그들의 노력과 의지로 이 법을 지킬 수 없었다. 그래서 사도 바울은 율법의 행위로 어느누구도 의롭다함을 받을 수 없으며 율법으로는 죄를 깨닫게되는 것이라고 증거하였다.(롬 3:20, 갈 2:16)

그렇게 온 인류가 지켜야할 당위법으로서 율법이 시내 산에서 선포되었다. 이스라엘은 영원한 도덕법을 간직한 택함받은 백성이라는 위치가 있다. 그렇게 여호와 하나님께서는 이스라엘에게 모세를 통하여서 율법을 베풀어 주심으로서 이스라엘의 존재 가치가 어디에 있는 가를 드러내셨다.

이제 이스라엘은 시내 산에서 받은 율법을 따라서 광야 교회 시대를 맞이하였다. 사도 시대 교회의 순교자 스데반은 모세가 인도하였던 광야 시대의 이스라엘을 광야 교회라고 증거하였다. **"시내 산에서 말하던 그 천사와 및 우리 조상들과 함께 광야 교회에 있었고 또 생명의 도를 받아 우리에게 주던 자가 이 사람이라"**(행 7:38) 광야 40년의 기간은 이스라엘이 가나안을 정복하기에 부족함이 없는 강군으로 거듭나는 기간이 되었다. 이제 이스라엘이 가나안을 침공하여서 진멸 정책을 따라서 가나안 일곱 족속을 모두 멸하고 젖과 꿀이 흐르는 땅 가나안 일경을 그들의 기업으로 얻게되는 역사의 서막과 같은 시기가 광야 40년의 이스라엘 연단 기간이었다.

결국 이스라엘은 그 어려운 시련을 잘 이기고 결국 여호수아 시대에 가나안을 정복하는 정복 전쟁을 치르게 되었다. 이제 오늘 본문에서 가나안 정복을 모두 마치고 여호수아고 매우 나이가 많이 들어서 다시한번 이스라엘과 언약을 체결하여서 아브라함과 이삭과 이스라엘 그리고 애굽에서의 요셉의 시대를 지나서 모세 시대에 시내 산에서 갱신

하였던 그 언약을 다시 가나안 땅에서 갱신하고 있다.

이러한 언약의 갱신은 처음 아브라함이 받은 언약에 대한 재확인이며 강화이다. 이러한 언약의 갱신을 통하여서 아브라함의 언약의 실체가 점진적으로 더욱 분명하게 드러나며 궁극적으로 이 언약의 성취가 어떠하게 될 것을 예표하고 있다. 그렇게 시내 산 언약은 가나안을 정복한 이후에 여호수아가 이스라엘 백성들과 함께 체결한 언약을 통하여서 그 약속들의 성취를 증거한다.

여호와 하나님께서 아브라함에게 약속하신 그 언약이 모세를 통하여서 시내 산에서 율법 언약으로 드러났고 이제 가나안을 정복한 이후에 가나안 땅에서 그 언약의 성취를 보게 되는 것이다. 그래서 가나안 땅에서 정복 전쟁이 마무리 된 이후에 여호수아가 이스라엘 백성과 맺은 이 언약은 매우 의미가 크다. 그것은 여호와 하나님께서 아브라함의 언약 가운데 약속하셨던 그 모든 것을 성취하셨다는 것이다. 이제 우리는 아브라함이 받은 언약의 약속들이 그대로 여호수아가 이스라엘과 맺은 언약으로 성취되었다는 것을 알 수 있다.

아브라함이 받은 언약 가운데 약속하신 모든 것은 성취되었다. 아브라함 언약의 성취가 여호수아가 이스라엘 백성들과 체결한 언약에서 확인되었다. 여호와 하나님께서는 이러한 언약의 갱신을 통하여서 이스라엘 백성들로 하여금 가나안에 정착하여서 살아갈 때 더욱 여호와 하나님을 경외하게 하려 하신 것이다. 무엇보다 비록 가나안에 이스라엘 백성들이 정착하여서 살아갈지라도 여전히 주변 국가들의 이방신들이 이스라엘 백성들을 미혹하게 될 것을 여호와 하나님께서 아셨다.

그러므로 여호수아 시대에 언약의 갱신을 통하여서 하나님께서는 가나안 정착 이후에 이스라엘이 겪게 될 여러 시련과 미혹들에 대하여서 흔들리지 않을 표지를 마련하여 주신 것이다. 이스라엘은 다시한번 언약의 갱신을 통하여서 아브라함의 언약의 성취를 확정하며 그 아브라함 언약의 구체적인 실체를 보여준 모세의 시내 산 언약을 기억하게 하셔서 가나안에서 이스라엘 백성이 어떻게 살아가야 할 것을 제시하신 것이다.

여호수아서 24장 25절 후반부에 여호수아가 이스라엘 백성들을 위하여서 규례와 법도를 세웠다고 증거한다.(수 24:25) 그리고 율법책에 기록하고 이스라엘 가운데 선포하였다고 증거한다. 여호수아가 큰 돌을 가져다가 증거로 삼은 것은 이유가 없지 않다. 여호수아는 무생물이라고 할 수 있는 돌들을 증거자로 세움으로서 이스라엘이 여호와 하나님의 계명을 어길 때에는 이 돌들만도 못한 존재가 되는 것을 의미한다. 이스라엘 백성들이 여호와의 계명이 어기면 증거자로 채택된 큰 돌만도 못한 자들이 된다.

여호와 하나님께서 이렇게 자연물을 통하여서 하나님의 율법의 증거를 삼으시는 것은 만약 이스라엘 백성들이 율법을 어기는 죄를 범하게 되면 그것이 얼마나 심각한 상황인 것을 역설적으로 드러내시고자 하신 것이다. 구약 70인경 여호수아서 24장 27절을 보면 중간에 **"오늘날 우리에게 그가 담화 하신 것이다."** "담화 하시다"가 헬라어로

"랄레오"(λαλέω)로 되어있다. 이 헬라어 "랄레오"(λαλέω)는 그 의미가 서로 담소를 나누거나 대화를 하거나 하는 의미로 해석이 되는 동사이다. 그러므로 여호수아 24장 27절 중간에 "랄레오"(λαλέω)로 되어있다는 것은 여호와 하나님께서 이스라엘과 담화 하신다는 의미가 된다. 그리고 그것은 그들의 사정을 충분히 아시고 그들에게 말씀하시는 것을 의미한다. 그것은 하나님의 인자하심과 성실하심 그리고 자비하심과 긍휼하심이 드러나 있다.

하나님께서 이스라엘에게 폭군적으로 대하시지 않으시고 항상 그의 크신 인자하심으로서 이스라엘을 자비롭게 대하여 주시는 것을 의미한다. 그러므로 이스라엘이 죄악에 대하여서 돌이키기를 원하시는 여호와 하나님의 크신 자비하심과 인내하심과 용납하심이 드러나 있다.

여호수아서 24장 28절에 이스라엘 백성들이 각자 자신들의 처소로 돌아갔다고 기록하고 있다. 이제 이스라엘은 본격적인 가나안 정착 시대로 들어갔다는 것을 의미한다. 그리고 가나안 정착 시대의 초기 역사가 사사 시대이다. 사사 시대는 여호와 하나님께서 이스라엘을 직접 통치하셨던 신정 정치 시대였다. 초기 이스라엘 역사 시대는 그야말로 이스라엘에게는 어쩌면 가장 복된 시대라고 할 수 있다. 왜냐하면 이스라엘에게는 중앙 집권적인 정치 제도가 없고 각 지파들이 자신들의 형편을 따라서 하나님을 자발적으로 섬겼던 시기이기 때문이다. 그러나 사사 시대부터 이스라엘은 점차적으로 하나님으로부터 멀어져 간다. 그러므로 사사 시대는 이스라엘의 타락과 하나님의 권징과 이스라엘의 회복의 역사가 반복되어서 나타나고 있다. 그러나 그 가운데서 하나님의 놀라운 역사가 펼쳐지는 것이 사사 시대의 이스라엘 역사이다.

[교리 강론]
1. 아브라함 언약의 궁극적 의미

창세기 15장에 아브라함이 받은 그 언약은 여호수아 시대에 성취되었다. 그러므로 구약의 관점에서만 본다면 아브라함의 언약은 여호수아 시대에 성취된 것으로 보아야할 것이다. 그러나 사도 바울이 이에 대하여서 히브리서에서 잘 설명하고 있다. 히브리서 4장 8~9절이다. "**8 만일 여호수아가 저희에게 안식을 주었더면 그 후에 다른 날을 말씀하지 아니하셨으리라 9 그런즉 안식할 때가 하나님의 백성에게 남아 있도다**"(히 4:8~9) 사도 바울이 기록한 히브리서는 그 수신자가 히브리인들이다. 대체로 유대인 기독교도들을 향하여서 서신을 기록한 것이다. 사도 바울은 여호수아가 가나안을 정복하고 그곳에 정착한 역사적 사실을 가지고 영원한 안식의 의미에 대하여서 해석하고 있다. 사도는 말한다. 여호수아가 이스라엘과 함께 정복하였던 가나안 땅에서의 안식은 영원한 안식이 아니라는 것이다. 비록 여호수아가 이스라엘 백성들과 함께 정복한 가나안 땅과 그 땅에서 정착한 이스라엘 역사가 아브라함의 언약의 성취한 역사이기는 하지만 그것이 궁극적으로 언약이 성취된 상태는 아니라는 것이다. 그것이 히브리서 4장 9절이다. "**그런즉 안식할 때가 하나님의 백성에게 남아 있도다**"(히

4:9) 그러므로 우리는 구약 여호수아의 가나안 정복의 역사와 이스라엘의 가나안 정착은 영원한 안식의 예표와 모형이었다는 것을 알 수 있다. 사도바울은 히브리서 수신자들에게 증거한다.

여호수아 시대부터 가나안을 정복하여서 살아오고 있는 이스라엘이 영원한 안식에 들어간 것은 아니라는 것이다. 그것은 하나의 예표적 역사였으며 그것의 실체는 하나님 나라에 있다고 증거한다. 그것이 히브리서 4장 10절이다. **"이미 그의 안식에 들어간 자는 하나님이 자기 일을 쉬심과 같이 자기 일을 쉬느니라"**(히 4:10) 사도 바울은 이 본문에서 이 세상에 하나님의 뜻을 따라서 살다가 죽은 자들은 이제 하나님께서 자기 일을 쉬심과 같이 안식한다고 말한다. 그러므로 사도 바울은 영원한 안식은 이 세상에서의 삶이 마치고 하나님의 나라에 들어가는 그 때라고 증거한다.

그래서 사도 바울은 히브리서 4장 11절에 증거한다. **"그러므로 우리가 저 안식에 들어가기를 힘쓸지니 이는 누구든지 저 순종치 아니하는 본에 빠지지 않게 하려 함이라"**(히 4:11) 이 말씀의 해석은 이러하다. 사도 바울은 성도들에게 가르친다. 하나님 나라에 들어가기를 힘쓰라. 그래서 하나님의 계명에 순종하기를 거절하는 멸망으로 가는 자들의 본을 따라가지 말라는 것이다. 그러므로 성도들이 이 세상에 살면서 영원한 안식에 들어가는 것은 이 세상에서는 불가능하다. 그러나 성도들이 그 영원한 안식을 사모하며 그것을 희미하게 나마 경험하는 것이 이 세상에서도

가능하다. 신자들이 하나님의 계명에 순종할 때에 이다. 성도들이 하나님의 계명에 순종할 때에 비로소 영원한 안식을 지상에서 희미하게나마 경험할 수 있다. 하나님의 계명에 불순종하는 자들은 결코 하나님의 나라를 경험할 수 없다.

하나님의 나라는 그의 계명으로 세워져 있는 완전한 나라이다. 하나님의 나라는 하나님의 계명으로 그 기초와 기둥과 건축물이 세워져 있다. 그러므로 누구든지 하나님의 계명을 즐겨 순종하려 하지 않는다면 그는 하나님의 나라에 들어갈 수 없다. 하나님의 나라는 그의 계명에 신실하게 순종하는 자들이 들어가는 나라이다. 그래서 사도바울은 그 영원한 안식에 들어가기를 힘쓰라고 권면한 것이다. 이제 사도바울은 히브리서 4장 12절에서 하나님의 계명의 그 강력한 권능을 증거한다. "**하나님의 말씀은 살았고 운동력이 있어 좌우에 날선 어떤 검보다도 예리하여 혼과 영과 및 관절과 골수를 찔러 쪼개기까지 하며 또 마음의 생각과 뜻을 감찰하나니**"(히 4:12) 그렇다. 하나님의 계명은 살았고 운동력이 있어서 좌우에 날이 선 검보다 예리하다. 그래서 인간의 혼과 영과 및 관절과 골수를 찌러 쪼갤 수도 있다. 그리고 인간의 마음의 생각과 뜻을 판단한다.

사도 바울은 히브리서 4장 13~16절에 신자들이 어떻게 신앙생활 해야 할 것을 권면한다. "**13 지으신 것이 하나라도 그 앞에 나타나지 않음이 없고 오직 만물이 우리를 상관하시는 자의 눈 앞에 벌거벗은 것같이 드러나느니라 14 그러므로 우리에게 큰 대제사장이 있으니 승천하신 자 곧**

하나님 아들 예수시라 우리가 믿는 도리를 굳게 잡을지어다 15 우리에게 있는 대제사장은 우리 연약함을 체휼하지 아니하는 자가 아니요 모든 일에 우리와 한결같이 시험을 받은 자로되 죄는 없으시니라 16 그러므로 우리가 긍휼하심을 받고 때를 따라 돕는 은혜를 얻기 위하여 은혜의 보좌 앞에 담대히 나아갈 것이니라"(히 4:13~16) 사도 바울은 증거한다. 만물이 하나님 앞에 모두 드러나 있다는 것이다. 그렇게 만물의 실체가 하나님 앞에 낱낱이 벌거벗은 것 같이 드러나 있다는 것이다. 사도 바울은 하나님의 말씀의 권능을 증거하면서 인간이 하나님의 계명을 피할 수 없다는 사실을 드러낸다. 그러므로 사도는 말한다. 이제 우리가 우리 자신의 의로는 하나님 앞에 설 수 없으니 우리의 모든 죄를 속죄하여 주신 대제사장이신 승천하신 자 곧 하나님의 아들 구주 예수 그리스도의 말씀을 굳게 붙잡으라고 권면한다.

무엇보다 우리의 대제사장이신 우리 구주 예수 그리스도는 이미 우리 앞서서의 우리의 모든 연약함을 몸소 체휼하신 분이시라는 것이다. 그러나 죄는 없으시다. 그렇게 우리 구주 예수 그리스도는 우리처럼 시험을 받으셨으나 십자가로 승리하시고 하늘에 오르셔서 아버지 우편에 앉아 계신다. 그러므로 신자들은 그의 긍휼하심을 믿음으로 그의 은혜를 얻기 위하여서 그 은혜 보좌 앞에 담대히 나아가야 할 것을 사도 바울은 권면한다.

사도 바울은 증거한다. 아브라함 언약의 궁극적인 성취는 우리 구주 예수 그리스도 안에서 이루어졌다. 이제 새 언약의 경륜 아래에 속하여 있는 그리스도인 신자들은 그 안식에 들어가기를 힘쓰라 그 안식은 오직 하나님의 계명에 순종함으로서 얻을 수 있다.

2. 이스라엘 백성들의 기업

예수 그리스도께서 산상 보훈에서 하나님 나라의 기업에 대하여서 말씀하셨다. 산상 보훈은 그 당대의 유대인들에게 하나님 나라의 복에 대하여서 말씀하신 긴 강화이다. 그 당대에 유대인들은 이미 가나안 정복 시대와 사사 시대와 이스라엘 왕정 시대와 그리고 이스라엘의 분열 왕국 시대와 바벨론 유수의 역사를 경험한 이후 세대들이었다. 그래서 그들에게 하나님 나라의 기업은 로마 제국의 식민지 상태에 불완전한 독립에 머물러 있는 이스라엘의 완전한 정치적 회복이었다. 그래서 이스라엘이 로마 제국으로부터 정치적으로 완전하게 독립하여서 각자 자신들의 기업을 회복하는 것이었다. 그렇게 그들은 보이는 가시적 세상에 집착하였다. 그러므로 예수께서는 산상 보훈에서 하나님의 나라의 기업이 무엇인가를 분명하게 말씀하셨다.

먼저 예수께서는 이스라엘 백성들의 기업에 대하여서 여덟가지 복을 말씀하셨다. "**3 심령이 가난한 자는 복이 있나니 천국이 저희 것임이요 4 애통하는 자는 복이 있나니 저희가 위로를 받을 것임이요 5 온유한 자는 복이 있나니 저희가 땅을 기업으로 받을 것임이요 6 의에 주리고 목마른 자는 복이 있나니 저희가 배부를 것임이요 7 긍휼히 여기는 자는 복이 있나니 저희가 긍휼히 여김을 받을 것임이요 8 마음이 청결한 자는 복이 있나니 저희가 하나님을 볼 것임이요 9 화평케 하는 자는 복이 있나니 저희가 하나님의 아들이라 일컬음을 받을 것임이요 10 의를 위하여 핍박을 받은 자는 복이 있나니 천국이 저희 것임이라 11 나를 인하여 너희를 욕하고 핍박하고 거짓으로 너희를 거스려 모든 악한 말을 할 때에는 너희에게 복이 있나니 12 기뻐하고 즐거워하라 하늘에서 너희의 상이 큼이라 너희 전에 있던 선지자들을 이같이 핍박하였느니라"(마 5:3~12) 마태복음 5장 3~12절이 증거하는 이 여덟가지 복은 하나님의 백성들의 성품에 대한 것이다. 그리고 그 성품을 소유하는 자는 이 세상의 그 무엇보다 바꿀 수 없는 하나님 나라의 복을 받은 것이다. 하나님 나라의 복은 하나님의 백성들이 그들의 마음 안에 갖게 되는 품격이다. 그래서 주님께서는 유대인들에게 하나님의 나라의 유업에 대하여서 말씀하시면서 가장 먼저 성도들이 갖추어야할 격조 높은 성품에 대하여서 그 놀라운 하나님 나라의 복에 대하여서 증거하셨던 것이다. 그러므로 마태복음 5장 3~12절까지 증거하고 있는 여덟가지 복은 십계명을 성실하게 지켜나아가는 자들에게 더욱 넘치도록 쏟아 부어진다. 그렇게 십계명을 신실하게 지키는 것이 주님께서 산상 보훈 첫 강화에서 말씀하신 여덟가지 복을 충만하게 받는 은혜의 방도이다.

그래서 주님께서 마태복음 5장 17절에서 다음과 같이 말씀하셨다. "**내가 율법이나 선지자나 폐하러 온 줄로 생각지 말라 폐하러 온 것이 아니요 완전케 하려 함이로다**"

(마 5:17) 그렇다. 주님께서는 구약을 성취하러 오셨다. 오히려 완전케 하러 오셨다. 그러므로 구약이 예표하는 하나님 나라의 복은 십계명 안에 담겨 있고 그것은 우리 구주 예수 그리스도의 복음 안에서 더욱 분명하게 드러났다.

예수께서는 마태복음 5장 21~절에 걸쳐서 십계명의 두 번째 돌판의 계명들을 해석하여 주신다. 먼저 십계명의 6번째 계명을 해석하신다. "**21 옛 사람에게 말한 바 살인치 말라 누구든지 살인하면 심판을 받게 되리라 하였다는 것을 너희가 들었으나 22 나는 너희에게 이르노니 형제에게 노하는 자마다 심판을 받게 되고 형제를 대하여 라가라 하는 자는 공회에 잡히게 되고 미련한 놈이라 하는 자는 지옥 불에 들어가게 되리라 23 그러므로 예물을 제단에 드리다가 거기서 네 형제에게 원망 들을 만한 일이 있는 줄 생각나거든 24 예물을 제단 앞에 두고 먼저 가서 형제와 화목하고 그 후에 와서 예물을 드리라 25 너를 송사하는 자와 함께 길에 있을 때에 급히 사화하라 그 송사하는 자가 너를 재판관에게 내어 주고 재판관이 관예에게 내어 주어 옥에 가둘까 염려하라 26 진실로 네게 이르노니 네가 호리라도 남김이 없이 다 갚기 전에는 결단코 거기서 나오지 못하리라**"(마 5:21~26) 그리고 십계명의 일곱 번째 계명을 해석하여 주셨다. "**27 또 간음치 말라 하였다는 것을 너희가 들었으나 28 나는 너희에게 이르노니 여자를 보고 음욕을 품는 자마다 마음에 이미 간음하였느니라 29 만일 네 오른눈이 너로 실족케 하거든 빼어 내버리라 네 백체 중 하나가 없어지고 온 몸이 지옥에 던지우지 않는**

것이 유익하며 30 또한 만일 네 오른손이 너로 실족케 하거든 찍어 내버리라 네 백체 중 하나가 없어지고 온 몸이 지옥에 던지우지 않는 것이 유익하니라 31 또 일렀으되 누구든지 아내를 버리거든 이혼 증서를 줄 것이라 하였으나 32 나는 너희에게 이르노니 누구든지 음행한 연고없이 아내를 버리면 이는 저로 간음하게 함이요 또 누구든지 버린 여자에게 장가드는 자도 간음함이니라"(마 5:27~32)

그리고 이제 십계명의 아홉번째 계명인 거짓 증거하지 말라는 계명을 해석하신다. "33 또 옛 사람에게 말한 바 헛 맹세를 하지 말고 네 맹세한 것을 주께 지키라 하였다는 것을 너희가 들었으나 34 나는 너희에게 이르노니 도무지 맹세하지 말지니 하늘로도 말라 이는 하나님의 보좌임이요 35 땅으로도 말라 이는 하나님의 발등상임이요 예루살렘으로도 말라 이는 큰 임금의 성임이요 36 네 머리로도 말라 이는 네가 한 터럭도 희고 검게 할 수 없음이라 37 오직 너희 말은 옳다 옳다, 아니라 아니라 하라 이에서 지나는 것은 악으로 좇아 나느니라"(마 5:33~37) 그리고 마태복음 5장 38~48절에 구약 율법이 증거하는 동해보복법에 대하여서 재해석하신다. "38 또 눈은 눈으로, 이는 이로 갚으라 하였다는 것을 너희가 들었으나 39 나는 너희에게 이르노니 악한 자를 대적지 말라 누구든지 네 오른편 뺨을 치거든 왼편도 돌려대며 40 또 너를 송사하여 속옷을 가지고자 하는 자에게 겉옷까지도 가지게 하며 41 또 누구든지 너로 억지로 오리를 가게 하거든 그 사람과 십리를 동행하고 42 네게 구하는 자에게 주며 네게 꾸고자 하는 자에게 거절하지 말라 43 또 네 이웃을 사랑하고 네 원수를 미워하라 하였다는 것을 너희가 들었으나 44 나는 너희에게 이르노니 너희 원수를 사랑하며 너희를 핍박하는 자를 위하여 기도하라 45 이같이 한즉 하늘에 계신 너희 아버지의 아들이 되리니 이는 하나님이 그 해를 악인과 선인에게 비취게 하시며 비를 의로운 자와 불의한 자에게 내리우심이니라 46 너희가 너희를 사랑하는 자를 사랑하면 무슨 상이 있으리요 세리도 이같이 아니하느냐 47 또 너희가 너희 형제에게만 문안하면 남보다 더 하는 것이 무엇이냐 이방인들도 이같이 아니하느냐 48 그러므로 하늘에 계신 너희 아버지의 온전하심과 같이 너희도 온전하라"(마 5:38~48)

주님께서는 산상 보훈 전체에서 하나님 나라의 기업에 대하여서 말씀하신다. 마태복음 6장 1~5절은 구제에 대하여서 말씀하신다. 그리고 마태복음 6장 6~18절에 기도와 금식에 대하여서 말씀하신다. 그리고 마태복음 6장 19~34절에 하나님의 나라와 이 세상 나라에 속한 재물에 대한 관계를 해설하신다.

그리고 마태복음 7장 1~5절에 걸쳐서 **이웃을 판단하는 죄**에 대하여서 지적하신다. 그리고 마태복음 7장 13절에서 **"생명길은 좁다"**(마 7:13)는 말씀을 하신다. 그리고 마태복음 7장 16~28절에 걸쳐서 하나님의 계명에 순종하는 참된 신앙에 대하여서 증거하신다.

그러므로 산상 보훈의 마지막 결론은 하나님의 계명에 순종하라는 것이다. 예수께서 마태복음 7장 16절에 다음과 같이 말씀하신다. "16 그의 열매로 그들을 알지니 가시나무에서 포도를, 또는 엉겅퀴에서 무화과를 따겠느냐 17 이와 같이 좋은 나무마다 아름다운 열매를 맺고 못된 나무가 나쁜 열매를 맺나니 18 좋은 나무가 나쁜 열매를 맺을 수 없고 못된 나무가 아름다운 열매를 맺을 수 없느니라 19 아름다운 열매를 맺지 아니하는 나무마다 찍혀 불에 던지우느니라 20 이러므로 그의 열매로 그들을 알리라"(마 7:16~20)

그래서 마태복음 7장 마지막 단락에서 예수께서 참된 신앙과 거짓된 신앙에 대하여서 증거하셨다. "24 그러므로 누구든지 나의 이 말을 듣고 행하는 자는 그 집을 반석 위에 지은 지혜로운 사람 같으리니 25 비가 내리고 창수가 나고 바람이 불어 그 집에 부딪히되 무너지지 아니하나니 이는 주초를 반석 위에 놓은 연고요 26 나의 이 말을 듣고 행치 아니하는 자는 그 집을 모래 위에 지은 어리석은 사람 같으리니 27 비가 내리고 창수가 나고 바람이 불어 그 집에 부딪히매 무너져 그 무너짐이 심하니라"(마 7:24~27)

예수께서 산상보훈의 마지막에 하신 말씀은 하나님의 계명에 순종하지 않는 자에게 하나님의 나라는 없다는 것이다. 하나님의 계명에 힘써 순종하는 자가 하나님의 나라에 들어갈 자라는 것이다.

지은이 소개

지은이는 합동 신학 대학원 대학교(M.Div)를 졸업하고 현재 대한 예수교 장로회 (합신) 주교 개혁 장로 교회 담임 목사로 시무중이다.

주교 문화사 출간 도서

기독교 역사에 있어서 유아 세례 논쟁. 2005.4.17. | 성경과 계시. 2007.2.21. | 역사적 장로 교회 예배 지침서. 2007.5.7. | 하늘이여 들으라 땅이여 귀를 기울이라. 2007.7.3. | 에베소서 주석. 2008.4.10. | 개혁 장로 교회사. 2008.7.1. | 구약과 고대 근동의 문헌. 2011.4.30. | 빌립보서 강해. 2011.12.7. | 로마서 강해. 2013.7.31. | 대영제국 장로교회사. 2014.02.18. | 교회 정치를 위한 지침서. (지은이: 토마스 카트라이트) 2014.04.30. | 히브리서 강해. 2014.07.14. | 개혁주의 칭의론. (지은이: 존 포베스) 2014.12.27. | 시편 강해. 2015.08. 07. | 개혁주의 예정론. 2015.12.31. (지은이: 윌리엄 트위스) | 사도행전 강해. 2016.07.31. | 미합중국 장로 교회사. 2016.12.31. | 마태복음 강해 1. 2017.07.31. | 창세기 노트. 2017.10.31. | 개혁과 공감 창간호 제 1 권 1호. 2018.03.01. | 로마서 원어 성경 분석. 2018.05.15. | 베드로전후서 강해. 2018.09.15. | 시편 원어 분석. 2018.12.31. | 개혁과 공감 제 2 권 1호. 2019.03.01. | 갈라디아서 강해. 2019.07.31. | 개혁 신앙 산책. 2020.05.15. | 데살로니가 전후서 강해. 2020.07.31. | 개혁과 공감 제 3 권 1호. 2020.10.27. | 고린도 전후서 강해. 2020.11.27. | 성경으로 해석하는 웨스트민스터 신앙 고백서. 2021.01.27. | 시편 강해서. 2021.07.27. | 개혁과 공감 제 4 권 1 호 2021.11.07. | 에베소서 강해 2022.04.27. | 개혁 장로교회사 (제 2 판) 2022.07.27. | 모세 오경 강해서 2023.0517. | 거룩한 보편 교회사 2024.03.07. | 계시 철학 해제 2024.07.01. | 개혁과 공감 제 5권 1호 2024.10.17.

여호수아 강해

2025년 4월 7일 초판 발행
지 은 이   배 현 주
발 행 처   주교 문화사
판   권   주교 문화사
주   소   경기도 고양시 덕양구 주교동 582-3번지 상가주택 2층
등   록   2006년 5월 2일 제 395-2005-00042 호
대표 전화 031-962-4120
ISBN   979-11-85762-24-1 03230
가격: 35,000원